Uma Oficina de Sonhos

Afinal, o que é o ser humano senão uma oficina de sonhos?

Uma
Oficina de
Sonhos

Afinal, o que é o ser humano senão
uma oficina de sonhos?

ANTÔNIO WALTER DE ANDRADE NASCIMENTO

Copyright© 2005 by Antônio Walter de Andrade Nascimento

Todos os direitos desta edição reservados à Qualitymark Editora Ltda.
É proibida a duplicação ou reprodução deste volume, ou parte do mesmo,
sob qualquer meio, sem autorização expressa da Editora.

Direção Editorial SAIDUL RAHMAN MAHOMED editor@qualitymark.com.br	Produção Editorial EQUIPE QUALITYMARK
Capa WILSON COTRIM	Editoração Eletrônica MS EDITORAÇÃO ELETRÔNICA

CIP-Brasil. Catalogação-na-fonte
Sindicato Nacional dos Editores de Livros, RJ

N193o

  Nascimento, Antônio Walter de A. (Antônio Walter de Andrade), 1936 –
    Uma oficina de sonhos : afinal, o que é o ser humano senão uma oficina de sonhos? / Antônio Walter de Andrade Nascimento. – Rio de Janeiro : Qualitymark, 2005
    328p.

  Inclui bibliografia
  ISBN 85-7303-577-3

  1. Vida. 2. Felicidade. 3. Sucesso.
  I. Título.

05-2218

CDD 158.1
CDU 159.947

2005
IMPRESSO NO BRASIL

Qualitymark Editora Ltda.
Rua Teixeira Júnior, 441
São Cristóvão
20921-400 – Rio de Janeiro – RJ
Tel.: (0XX21) 3860-8422

Fax: (0XX21) 3860-8424
www.qualitymark.com.br
E-Mail: quality@qualitymark.com.br
QualityPhone: 0800-263311

Dedicatória

Aos meus pais,
Kleber e Lucíola,
que sonharam e
perseguiram seus
sonhos.

Aos meus filhos
Marcello, Paula, Antônio Walter Júnior,
Cláudia e Josiane, e aos meus netos
Séan e Patrícia: que sempre persigam
e realizem seus sonhos.

Agradecimentos

A todos os que sonham e realizam seus sonhos.

A todos os que sonham e reconhecem a força de seus sonhos.

A todos os que sonham e se contentam em sonhar com seus sonhos.

A todos os que sonham e esquecem seus sonhos.

Enfim, a todos os que sonham.

A todos.

- À Rosana, pelo constante estímulo e apoio logístico.
- À Aparecida e à Cláudia, pela leitura do texto e proveitosas sugestões.
- À Fabíola, pela digitação e correções do texto.
- Ao Mahomed e ao José Carlos, da Qualitymark, pela atenção e confiança.

Sumário

Introdução 1

Parte 1:
A Construção da Vida 9
   Alguns Fundamentos 11
   Sonhos 23
      Sentido 28
   A Questão da Verdade 31
   Divagações Sobre o Bom Senso 37
   Elucubrações Sobre o Amparo Divino 41
   A Teoria na Prática – Uma Questão de Aprendizagem 47
   Uma Questão de Atitude 57
   Parênteses Para a Esperança 63
   De Olho na Competência – Ela Tem Duas Faces 67
   Perseguindo Sonhos – Pelos Caminhos da Vida 79
   O Autoconhecimento 93
   O Autodesenvolvimento 99
   Auto-estima e Autoconfiança 111
   Autocontrole 119
   Relações Humanas 137
   Motivação e Comprometimento 153
   Um Resumo com Jeito de Conclusão 159
      Um Exemplo 165

Parte 2:
A Construção do Sucesso Profissional 177

Inserindo no Contexto 179
O Desenvolvimento da Competência 197
Algumas Dicas Para o Sucesso Profissional 205
   1. Eficiência, Eficácia e Efetividade 205
   2. O Problema É Você 211
   3. Onde Foi que Eu Errei? 214
   Pequenos Anúncios Classificados 218
O Líder e a Liderança Necessária – A Essência da Liderança 221
   É Possível Forjar um Líder? 226
   Uma Pequena História 229
O Líder na Empresa 235
A Equipe 241
O Líder e a Liderança de Equipes – Algumas Habilidades
Complementares 251
   1. O Líder Como Exemplo 252
   2. O Líder Como Coordenador 254
   3. O Líder Como Energizador 281
12 Coisas que Tornam um Gerente (Muito) Competente –
o Resto é Conseqüência 295
   Um Resumo à Maneira dos Americanos 295
Um Apoio ao Desenvolvimento –
Cursos, Cursos E Mais Cursos 299
   A Fonte do Tororó – Também conhecido como Ciranda Cirandinha 300
   Perdidos na Selva – Mas com muita esperança
   de se encontrarem na cidade 301
   Olha Eu Aqui! É um circo! E quem não gosta de circo? 301
   Lava-roupa (Suja) – O paraíso das almas atormentadas 302
   Feira High-tech – O fantástico show da tecnologia
   no país das Feiras High-tech – maravilhas 302
   Sentimental Demais – Vamos todos ser felizes. OBA! 303
   Faz-de-conta – Era uma vez... o teatro da vida. 303
   Cátedra – As universidades acabaram com os Catedráticos.
   Onde mais poderiam ir os gurus? 304
Uma Palavra Quase Final 307
Uma Palavra Final 313

Introdução

Observando bem de perto, mesmo a olho nu, dá para perceber algumas diferenças notáveis entre você e um robô.

Por favor, não se sinta melindrado. Quando falo de você, não é propriamente a você – uma pessoa tão singular – que pretendo me referir, mas a você ser humano, autêntico representante de nossa incomparável espécie.

O problema é que já tem gente por aí apostando na supremacia da máquina-robô e pondo em dúvida a nossa – a minha, a sua e a de todos nós – inteligência.

E olha que não pára por aí a imaginação dessa gente (eu quase escrevi petulância). Já não basta o cinema mostrar os tais andróides com a **sua** cara, a **sua** pele claro-bronzeada e os **seus** olhos azuis, e já apostam que é uma questão de tempo, muito pouco por sinal, para que os robôs-andróides, além de superarem de longe sua inteligência e sua capacidade de elaborar raciocínios e tomar decisões, também mostrem sentimentos e **sintam emoções**, as mesmas emoções que sentimos.

Aí então, meu amigo leitor, nem com uma potente lupa notaríamos diferença entre você e ele, a não ser, talvez, a superioridade incontestável... DELE.

Superioridade essa representada, principalmente, pelo autoconhecimento, isto é, o conhecimento de si mesmo e de sua própria origem, proporcionando-lhe as condições essenciais para o completo controle de SEUS atos, de SUAS reações e, quiçá, até mesmo de SUA existência.

Aí é que mora o perigo.

Não me entenda mal. Não estou visualizando uma futura batalha infernal entre andróides e seres humanos, com a superioridade deles ameaçando a sobrevivência de nossa espécie.

Nada disso. Afinal, este é um livro sério, principalmente em sua intenção.

O que preocupa é nossa auto-estima, nossa capacidade de adaptação e de gerenciarmos nossa própria existência, usando a tecnologia e, principalmente, nossos próprios recursos físicos e mentais, não para dominar, destruir, prosperar, consumir, mas, simplesmente... para sermos mais felizes.

Mesmo porque, por mais espantosa que seja a alta tecnologia de nossos dias, é difícil imaginar uma máquina pensante e emotiva. Reproduzir o raciocínio pela combinação de sinais e informações não é um processo tão inimaginável – afinal, é o que já se copia razoavelmente o que faz o nosso cérebro. Reproduzir as reações fisionômicas ou corporais que acompanham nossas emoções pode não ser nada fácil, mas, talvez, realizável.

No entanto, reações fisionômicas e corporais, como na raiva, na tristeza, na alegria, são expressões de emoções, mas não são emoções, entendidas como algo que se sinta.

Uma expressão de raiva no rosto de alguém nos leva a identificar a raiva que ele sente (desde que não seja um ator representando). Essa expressão talvez um dia venha a ser conseguida na máquina, bem como as demais manifestações físicas da emoção. Mas levá-la a **sentir** raiva?

Hoje conhecemos, em detalhes até mesmo surpreendentes, como funciona nossa visão, desde a reflexão da luz no meio externo até o momento exato em que um impulso eletroquímico atinge determinadas células da região posterior de nosso córtex cerebral... e, aí, enxergamos.

Esse **aí enxergamos**, o ato de ver, de vislumbrar imagens reconhecíveis, isto é, a sensação em si, continua um mistério. O mesmo mistério que sempre foi.

Fatores físicos e químicos, vias anatômicas, processos neurofisiológicos, combinações de sinais, tudo isto já é razoavelmente identificado e explicado, mas, a sensação, o ato de ver, de sentir...

Disse Deus: "Faça-se a luz!" E a luz se fez.

Pensa o parteiro, ao tirar a criança do ventre da mãe, soprar-lhe as narinas e aplicar-lhe saudável palmada: "Faça-se a vida!" E a vida se manifesta.

De onde vem? Para onde vai?

No princípio, o homem vivia do que a natureza produzia; depois, passou a produzir muito do que necessitava com suas próprias mãos – foi o início do progresso. Mais tarde, produziu máquinas para produzir, em maior escala, aquilo de que necessitava. Passou então a criar máquinas para produzir máquinas que produzem os bens que utiliza. Hoje, já produz máquinas que processam informações para produzir máquinas que produzem máquinas que produzem bens.

Esse extraordinário desenvolvimento da tecnologia, além de proporcionar diretamente mais comodidade, melhor desenvolvimento físico e intelectual e melhor qualidade de vida, promove uma impressionante aceleração na evolução da própria tecnologia aplicada.

Nos mais diversos campos da atividade humana, os efeitos se fazem notar imediatamente: a evolução das ciências biológicas, simplesmente notável, amplia os limites da vida humana, tornando-a mais saudável; também se desenvolvem no mesmo ritmo as ciências humanas e sociais, avolumando o conhecimento do homem sobre si mesmo e sobre suas relações com a natureza que o cerca e que o sustenta.

Seria de esperar que tal acúmulo de conhecimentos resultasse, como conseqüência lógica, numa melhoria substancial da qualidade de vida dos seres humanos.

Verdade?

Verdade. Mas só se consideramos como qualidade de vida uma boa casa repleta de eletrodomésticos e mobiliários vistosos e confortáveis, uma despensa farta e variada, dois carros na garagem e viagens periódicas ao velho mundo – ou a outro mundo qualquer que não o seu.

Se incluirmos nessa qualidade de vida coisas como **felicidade, auto-realização, paz, auto-estima, autoconfiança, autogestão, bem-estar, amor...** aí tudo muda de figura. Estes componentes permanecem praticamente imutáveis desde... a Grécia antiga, talvez? Ou muito antes de os filósofos gregos tecerem considerações sobre o comportamento que se fazem, muitas delas, verdadeiras até hoje.

Aplicar as constantes descobertas e os avanços da tecnologia na transformação da natureza para sua comodidade é uma forte especialidade humana. Já aplicar os novos conhecimentos em si mesmo, para aprimorar seu comportamento e a gestão de seu destino, parece ser uma de suas principais deficiências.

Resistência a mudanças?

Medo?

Conformismo?

Ou simples falta de acesso a tais conhecimentos ou ao hábito de refletir sobre sua própria vida? Uma vida que talvez não desperte ou não mereça maiores reflexões, por falta de um sentido, um significado, uma razão de ser.

Mas eis que em torno da virada do milênio, com todos os seus mitos apocalípticos, o homem desperta para si mesmo, buscando as razões de sua existência e o sentido de sua vida no esoterismo, na religiosidade e na gostosa fantasia de mágicos, bruxos, elfos, fadas e duendes.

E infiltrando-se nos manuais de auto-ajuda em busca de felicidade e de sucesso.

E, no entanto, resiste.

Ainda assim resiste.

Este texto é uma nova e mais vigorosa tentativa de quebrar tal resistência. De despertar e induzir realmente à reflexão, não pela simples reflexão, mas como base concreta – lógica e confiável – para as ações de mudança.

Vamos refletir sobre o ato de viver e suas conseqüências na felicidade e no sucesso, mas partindo do princípio.

Não, não estamos nos arvorando em donos da verdade, sobretudo por tratar-se de uma verdade que ninguém, absolutamente ninguém, conhece.

No entanto, podemos usar dados, informações e descobertas científicas para embasamento das reflexões, ampliando-as com as observações, experiências e vivências profissionais, além da liberdade de dedução, intuição e projeção, resguardadas pelo confronto com a lógica.

E podemos sempre confirmar nossos propósitos de estimular mudanças que levem à felicidade e ao sucesso, submetendo as conclusões a que chegarmos à experimentação no dia-a-dia.

Não é, portanto, um livro de verdades absolutas, **que verdades não costumam ser absolutas. E, muitas vezes, nem mesmo verdades.**

Não é um texto restrito à ciência, que se limita, por sua própria prerrogativa, àquilo que se produz e reproduz em laboratório, mas que se louva também na imaginação, essa incrível capacidade humana que, freqüentemente, muito freqüentemente mesmo, orienta, contradiz e reorienta a própria ciência, fornecendo-lhe as hipóteses que norteiam seus experimentos e precedem suas teses e suas verdades – muitas vezes provisórias, embora posando de definitivas.

É, acima de tudo, um **convite**, um **desafio**, um **estímulo** e, principalmente, um **apoio ao autodesenvolvimento**, à **auto-realização** e à **competência no ato de viver.**

À realização de sonhos.

Vamos falar de sonhos.

Não daqueles sonhos que sonhamos quando nos entregamos ao sono, mas daqueles sonhos que sonhamos de olhos abertos, quando imaginamos a vida que gostaríamos de ter e as conquistas que gostaríamos de alcançar.

Vamos falar da vida que gostaríamos de ter e que habita nossos sonhos, os sonhos de cada um de nós, tão universais e tão particularmente individuais.

Para muitos, tão distantes.

Para alguns, tão próximos que juramos poder alcançá-los e poder tocá-los.

E que podemos, se valorizarmos esses sonhos.

Se acreditarmos.

Mas não apenas acreditarmos, que a crença não é, como alguns procuram entender, a solução para todos os males, mas a luz que dá sentido e dirige as ações do esforço pessoal, a luz que ilumina o caminho do desenvolvimento da competência para viver.

E para ter sucesso, naquilo que representa sucesso para cada um de nós.

São temas, além de sérios e atuais, indiscutivelmente práticos e objetivos para quem leva a vida a sério, e assim serão tratados aqui, mas com alegria, bom humor e poesia (sem aspas), pois alegria, bom humor e poesia são essenciais a uma boa e reflexiva leitura e à própria vida.

Dividimos o texto em duas partes: a primeira, **a construção da vida**, uma reflexão sobre a vida, o significado e o sentido do ato de viver, como embasamento para a felicidade e para a realização como ser humano.

A segunda, a **construção do sucesso profissional**, investigando a comunicação, as relações interpessoais, a motivação e a busca da competência e da realização profissional, pelo trabalho em equipe e pela liderança.

Sempre a partir dos sonhos, dessa oficina de sonhos que é o ser humano.

Mas adianto um alerta: não confie em minhas palavras – apenas reflita sobre elas e tire suas próprias conclusões. Elabore, a partir delas, suas próprias verdades. Então, coloque-as em prática. Experimente – e confie nos resultados que obtiver. Confie apenas em sua própria experiência. O que quero lhe passar não são conselhos ou receitas, mas algumas informações e conhecimentos, acrescidos de deduções e projeções – frutos de observação, análise e experiências profissionais e pessoais –, para estimular e apoiar suas próprias reflexões. Pois entendemos que o único valor que têm os conselhos e tudo aquilo que nos dizem é o que formos capazes de elaborar a partir deles, à luz de nossa própria vivência e de nossos próprios interesses, e de criar nossas próprias crenças, traduzindo nossas próprias verdades e nossos próprios valores.

Não é, portanto, este texto, um livro de auto-ajuda na forma como têm sido, às vezes, pejorativamente rotulados os livros que buscam estimular o desenvolvimento pessoal, mas um livro de embasamento e apoio ao autodesenvolvimento.

E o que mais é o autodesenvolvimento do que o ajudar a si próprio a se desenvolver?

Então, completando: não é um "livro de auto-ajuda", mas um livro de estímulo e apoio à auto-ajuda.

Pois que faça bom proveito.

Se lhe convier.

> "Cada um pode conhecer o seu destino.
> Ele mesmo o faz."
>
> *Aparecida*

Parte 1
A Construção da Vida

"A felicidade começa no sonho,
passa pelo otimismo e pela autoconfiança
e se completa na alegria de viver e
no amor à vida, seja ela como for."

Alguns Fundamentos

Comecemos pelo princípio: um dia nascemos.

E viemos ao mundo desamparados e despreparados, sem um manual de instruções que nos orientasse ou, pelo menos, orientasse nossos pais a dirigir nossa vida.

Melhor seria se viéssemos acompanhados de um livreto, de preferência em cores e bem ilustrado, indicando e nomeando cada uma de nossas partes constituintes, o porquê de sua existência e suas respectivas funções, além de o que fazer para manutenção e desenvolvimento adequados de cada uma e como proceder em caso de defeitos de origem ou avarias durante a jornada.

Ou, pelo menos, um *site* informativo e instrutivo na Internet, como quase tudo no mundo civilizado de hoje.

Mas, não. Nem uma frase, nem uma palavra a respeito.

Se ao menos alguém nos dissesse o porquê... seria uma grande ajuda. Por que nascemos? Por que vivemos?

Por que devemos morrer? Ou, no mínimo, quanto tempo vamos viver... mas, nem isso. Aliás, este detalhe tivemos que descobrir por nossa conta –, vendo morrer e morrendo. Ainda assim, só temos idéia do prazo de validade – sessenta, setenta, noventa anos talvez – sem, entretanto, nenhuma garantia de durabilidade nem aviso prévio.

Mas graças aos nossos pais, aos pais de nossos pais e a todas as mais primitivas gerações de pais, sanamos as primeiras dificuldades à custa de intuição e empirismo: como manter e desenvolver o estranho e frágil ser que somos ao nascer.

Graças à ciência e a tantas gerações de abnegados cientistas, aprimoramos esta arte em um nível bastante satisfatório, com conhecimentos suficientes para garantirmos a sobrevivência e tornarmos nosso dia-a-dia bastante confortável.

No entanto, se a intuição, o empirismo e, finalmente, a ciência cuidaram de resolver esta parte de nosso problema existencial, permanecem até hoje – e talvez para sempre – a incógnita e a angústia como respostas às perguntas que fazemos sobre nossa origem e nosso destino, isto é, sobre o significado e o sentido de nossa vida, talvez as maiores e mais gritantes falhas de comunicação entre nós e o Criador (pelo menos em nosso ponto de vista).

Por que nascemos? Por que vivemos? Qual o nosso destino – qual o sentido e o significado da vida?

Não sabemos, ninguém sabe. Talvez nunca venhamos a saber.

No entanto, especulamos. Alguns vão fundo, apostando muitos bons momentos da própria vida na especulação; outros, a imensa maioria, nem tanto, aceitando, mesmo que nem sempre de bom grado, a ignorância inevitável ou as suposições que lhes são apresentadas, e deixando tudo nas mãos de Deus.

Mas, ainda assim, quando a dor de uma grande perda nos acomete, ou quando nos sentimos solitários ou frustrados em nossas esperanças, voltamos a indagar: por quê?

A aparente aceitação deste fato, todavia, tem sua razão de ser: **não podemos aceitar a ausência de um significado para nossa vida**. Por quê? Não se trata apenas de um angústia existencial, vai mais longe: precisamos de um significado para orientar nossas ações, enfim, para nortear o ato de viver.

A vida precisa ter um significado. Tudo nela, em todos os seus detalhes, precisa fazer sentido. Se não fazem, não são percebidos por nós como reais.

E precisamos de um sentido de realidade para viver, para dar suporte a nossas ações e sustentá-las.

Então, que fazemos?

Criamos um sentido e um significado para nossa vida.

Se perguntar a você, assim, de repente, sem qualquer aviso prévio:

– Qual o significado de sua vida, que sentido tem ela? Afinal, qual a razão de sua existência?

Você certamente não responderá que sua vida, como a de qualquer pessoa, não tem um significado ou um sentido. Dirá, provavelmente, que a razão de sua existência é a busca da felicidade, ou do sucesso profissional, ou do amor. Ou, talvez, cuidar da família e educar os filhos. Ou, quem sabe, ser rico e poderoso, ou conhecer o mundo, ou se tornar famoso, ou até mesmo, simplesmente, viver e gozar a vida.

Ou qualquer outra coisa que signifique, para você, um sentido, uma razão para existir.

Para você! Não para o ser humano ou para a espécie humana. Um sentido muito particular para **sua** vida.

De onde vem? Do Criador?

Certamente não. Vem de sua própria mente, de sua própria experiência.

Se não lhe dizem qual o significado de sua vida, você cria um, porque precisa dele, mesmo sabendo não ser o sentido real, que continua ignorando. Você o cria voluntária ou involuntariamente, conscientemente ou não, ainda que provisório.

E passa a acreditar nele, a lutar por ele, a vivê-lo. E tudo que compõe o seu ato de viver, todas as suas aspirações, todas as suas ações passam a ter um sentido em função dele.

Mas, para criá-lo, você precisa de uma referência. De onde ela vem? De sua própria experiência, naturalmente. Como?

Raciocinemos, a partir de alguns conhecimentos já estabelecidos pela ciência.

Imagine você recém-nascido, despertando para a vida: acabou de nascer. O que você vê? Nada. Todo o seu aparelho visual já está completamente formado, mas ainda não funcionante.

Aos poucos, você começa a enxergar. Primeiro, distingue a luz. Você não sabe o que é, mas seu cérebro começa a registrar uma tênue diferença entre claridade e sombras.

Então, você vê o primeiro objeto, mas não sabe o que é; não há nenhum registro em seu cérebro que lhe indique do que se trata. Você não tem ainda nenhuma idéia do que seja um objeto, ou mesmo do que seja forma, cor, textura, peso ou qualquer outra coisa.

Mas essa primeira visão, esse primeiro ato de enxergar, tem um significado especial no desenvolvimento de sua percepção do mundo à sua volta, de si mesmo e da vida: ele será registrado em seu cérebro, constituindo-se no primeiro item de seu banco de dados, base orgânica de sua memória.

Aí você vê outro objeto e tem sua segunda experiência visual. Ainda dessa vez, você não sabe o que está vendo, mas, lá no seu cérebro, uma coisa muito interessante começa a acontecer: a imagem desse segundo objeto é comparada automaticamente com a imagem registrada do primeiro, e então, ainda que inconscientemente, você começa a distinguir um do outro, pela forma, pela cor, pela textura etc. – você começa a ter sua primeira experiência com a diversidade.

Esse processo inaugura um sistema de se ver o mundo. Todas as visões que você for tendo daí a diante seguem o mesmo roteiro: seu cérebro a compara com todos os registros anteriores e lhe fornece uma percepção consciente daquilo que está vendo.

Isto é: você não vê aquilo que está enxergando exatamente da maneira como ele existe no meio externo, como uma imagem sem sentido e sem significado. O que você realmente vê é uma imagem transformada por todas as suas experiências anteriores com coisas semelhantes, que lhe definem e identificam a forma, a cor, a textura, o brilho, a consistência, e mais: uma imagem impregnada de crenças e valores, de vivências pessoais e de emoções, positivas ou negativas, exaltando detalhes associados a prazeres passados e omitindo ou disfarçando outros associados aos desprazeres da vida.

Em resumo, o que você vê não é a imagem pura, a sensação visual, resultado de um mero estímulo físico decodificado pelo cérebro, mas a percepção de uma imagem com um significado claro e específico, ditado por suas experiências sensoriais, e filtrado por suas emoções.

Tome um exemplo prático para reflexão: o que você está vendo neste exato momento? Certamente estará vendo este livro, aberto nesta página.

Você está vendo palavras (conhecidas, por sinal) que formam frases, que lhe transmitem idéias que têm significado para você.

De onde vem esse significado? Vem, naturalmente, da associação de todos esses símbolos com aqueles registrados em sua mente e que traduzem idéias que você conhece e vivências que já experimentou.

Imagine este mesmo texto frente aos olhos de um analfabeto: que significado teria para ele? Talvez não visse palavras, mas apenas letras, ou mesmo rabiscos e garatujas incompreensíveis.

Certamente não perceberia idéias.

Que significado teria para ele? O mesmo que para você? Teria o mesmo prazer ou desprazer que você sente neste momento, as mesmas dúvidas, as mesmas certezas, ou incertezas, as mesmas descobertas ou confirmações de algo já conhecido?

Certamente não. A percepção dele deste mesmo objeto depende das experiências que ele já teve com letras e livros, e que são bem diferentes das suas.

Portanto, não pode ter a mesma percepção que você; não pode, jamais, ver o livro da mesma maneira que você o vê.

E se não fosse ele apenas analfabeto, fosse, por exemplo, um índio perdido nas profundezas de uma selva, sem jamais ter tido contato com a nossa chamada civilização? Como veria ele o livro? Da mesma forma que você?

O livro, para ele, seria apenas uma imagem, uma sensação pura com forma, cor etc. bem definidas, mas sem nenhum significado que lhe despertasse algo além de curiosidade ou surpresa.

Nessa circunstância, certamente não veria o livro da mesma maneira que você, também em outro sentido: deixaria de enxergar detalhes que você enxerga, omitidos e mascarados pela falta de interesse e de referência em sua memória com que os pudesse associar.

Portanto, não só o significado como também detalhes físicos do objeto percebido serão alterados pela experiência anterior que serve de referência para a percepção.

Certamente você já teve seus momentos de diletantismo olhando para o céu e se divertindo com figuras familiares que conseguia discernir na conformação das nuvens; figuras, provavelmente, que só você via, porque não estavam nas nuvens, mas eram projetadas nelas por suas lembranças e experiências.

Pelas imagens registradas em seu cérebro ao longo de sua vida, e que, portanto, só você podia ver. Só você podia evocá-las, associando-as a um estímulo físico externo.

Também o inverso pode fornecer uma experiência interessante.

Pare um pouco a leitura. Feche o livro e também os olhos. Agora, faça uma descrição mental, para você mesmo, de tudo o que está à sua frente e ao seu redor, em todo o ambiente que o cerca. Depois, abra os olhos, corra a vista à sua volta e compare a descrição que você fez com o que está vendo. Quantas coisas estão aí, de fato, que você viu (sem realmente ver) talvez centenas de vezes, e não estão na descrição que você fez, porque realmente, conscientemente, não sabia que existiam.

Como não encontravam uma associação satisfatória em suas experiências anteriores, isto é, não faziam parte de seu quadro de interesses, seu cérebro simplesmente as excluiu de sua percepção consciente.

E você deixou de vê-las.

E provavelmente seria capaz de jurar que nunca existiram.

Assim é nossa percepção. Assim enxergamos o mundo, o mundo que chamamos de real. Não o mundo como ele é fisicamente, mas uma imagem do mundo filtrada e condicionada pelas inevitáveis associações com todas as nossas experiências e as emoções que elas provocaram e que as acompanharam.

Se formos a fundo nessa linha de raciocínio, acabaremos fatalmente por concluir que o mundo real, tal qual o percebemos, depende essencialmente da estrutura de nossos órgãos dos sentidos, de nossa composição genética, da organização de nosso cérebro e, **significativamente, dos registros que temos de tudo que já vivemos**.

Matéria, espaço, tempo, energia – os conceitos básicos com que lidamos na composição de nosso mundo – são razoavelmente bem estudados e conhecidos por seus efeitos, mas serão por sua essência? Afinal, o que é exatamente energia? E tempo? E espaço? E, finalmente, matéria?

Mas não precisamos ir tão longe. Fixemos apenas uma idéia, resultante de nossos conhecimentos e elucubrações: não vemos o mundo como ele é na realidade física. O que vemos é uma interpretação nossa, até certo ponto pessoal e intransferível, das coisas que nos rodeiam.

E como não há duas pessoas com as mesmas vivências e experiências sensoriais, podemos afirmar, sem medo de errar, que não existem duas pessoas, quaisquer que sejam, que vêem o mundo da mesma maneira.

Ainda que sejam gêmeas univitelinas. Ainda que sejam clones.

Ou, invertendo o ponto de vista: a realidade percebida por cada pessoa é bastante diferente da realidade percebida por todas as outras, em todo o mundo, em todos os tempos.

O livro que eu vejo não é o mesmo que você vê.

Claro que há pontos comuns: a vivência em uma mesma cultura, as experiências em comum nos asseguram algumas semelhanças básicas, possibilitando certo nível de comunicação. É onde caberia o que comentei antes, não?

No mais, somos todos diferentes.

Somos únicos.

E cada um de nós tem sua própria realidade.

No entanto, veja bem: não estamos pondo em dúvida a existência de um mundo físico material e real, como não estamos pondo em dúvida a veracidade dos fatos e das coisas que observamos e que nos acontecem. **O que estamos explorando é a maneira particular como cada um de nós percebe e valoriza o mundo em que vivemos e, sobretudo, as coisas que nos acontecem e as reações que provocam em nós.**

Se percebemos o mundo de maneira diferente é lícito deduzir que reagimos a ele de maneiras diferentes, pois as **nossas reações são sempre coerentes com nossas percepções.**

Se o que percebemos do mundo e dos fatos não é a realidade, mas uma interpretação nossa da realidade, conseqüentemente não reagimos à realidade ou ao fato em si – reagimos à interpretação que temos dele.

Daí cada um reagir de maneira diferente ao mesmo fato.

Que conclusões e aplicações práticas podemos tirar de tudo isso? Vejamos.

Talvez três conclusões se imponham prioritariamente.

- *Primeira:* nossa percepção do mundo é, em grande parte, uma aprendizagem. Isto é, ao longo da vida vamos aprendendo a perceber o mundo que nos acolhe, com base nos registros sensoriais que vamos acumulando e nas experiências e emoções que vivemos. Portanto, podemos aprimorar nossa percepção e mudar nossa maneira de enxergar o mundo, revendo e revigorando voluntária e conscientemente esse processo de aprendizagem.

- *Segunda:* não reagimos ao mundo – às coisas, às pessoas, aos fatos e às ocorrências – pelo que o mundo é em sua realidade física, mas **à interpretação que fazemos dele.**

Imagine você, leitor, e mais uma meia-dúzia de pessoas presenciando uma ocorrência qualquer – uma briga, por exemplo. Para começo de conversa, não verão a briga da mesma maneira: cada um estará, automática e inconscientemente, eliminando ou acrescentando ao fato, em sua percepção, alguns detalhes, tornando o conjunto diferente para a visão de cada um, ainda que uma base comum exista na percepção de todos.

E a reação de cada um será decorrente de sua própria percepção, isto é, cada um de vocês estará reagindo à sua própria interpretação do fato e não ao fato em si.

O que equivale dizer que o que importa para nossas ações e reações não são os fatos, as coisas ou as pessoas, mas a interpretação que fazemos delas, ou seja, a maneira como as percebemos.

Portanto, se mudarmos a interpretação, mudaremos a reação, ainda que o fato em si continue imutável.

Ampliando um pouquinho o raciocínio: as coisas existem, as pessoas existem, os fatos acontecem, mas, como realidade física, não têm nenhum significado intrínseco – apenas existem e acontecem. O significado que aparentemente têm para nossas reações é, simplesmente, aquele que atribuímos a ele, de acordo com a nossa história, com a nossa própria e particular percepção.

Daí cada fato, cada coisa, cada pessoa ter um significado diferente para cada um de nós

Quando você diz: "O fulano é uma pessoa simpática", não está se expressando de uma forma verdadeiramente correta. Deveria dizer: "**Eu acho** o fulano uma pessoa simpática", já que a simpatia não é propriamente uma característica dele, mas uma qualidade que você atribui a ele.

O que o fulano realmente tem são determinados traços fisionômicos, determinada postura, certo tom de voz ou uma maneira de pensar que, na sua percepção, isto é, quando associados com alguns episódios de sua própria história que lhe foram prazerosos, são traduzidos, em sua mente, como simpatia – que você projeta no fulano.

Essas mesmas características que ele tem, no confronto ou na associação com as experiências de outras pessoas, podem ser traduzidas em antipatia.

Quando alguém lhe diz algo que o faz sentir raiva – ou medo, ou vergonha –, convém lembrar-se de que a emoção que você sente não é provocada pelo que foi dito, mas pelo significado que você deu ao que foi dito.

Exemplo: você vai dirigindo seu carro tranqüilamente numa linda manhã de sol quando passa outro carro ao seu lado e o motorista, além de fazer um gesto deselegante, grita para você: "Idiota!"

Qual a sua reação? Pense em duas hipóteses:

- HIPÓTESE 1: O sangue lhe sobe a cabeça, seu coração dispara, sua visão se turva e você sente ódio pelo indivíduo e, talvez, pelo mundo. A partir daí, seu estado de espírito é outro e seu dia será outro.

- HIPÓTESE 2: Você pensa com seus botões: "Que coisa! Esse rapaz ou amanheceu com algum problema ou não é bom da cabeça. Vai acabar se dando mal!" E continua tranqüilo na sua jornada e seu dia seguirá promissor.

Em ambas as hipóteses, o fato em si permanece imutável – o motorista gritou mesmo. Mas a sua emoção, isto é, a sua reação emocional, foi completamente diferente, gerando conseqüências absolutamente diferentes. O que mudou, de uma para outra? O significado que você atribuiu ao fato.

Apenas isto: o significado.

Agora, pense: se o significado estivesse intrinsecamente no próprio fato, você não poderia mudá-lo. Mas se o significado é você quem atribui, isto é, está em você, em sua percepção do fato, você pode ter controle sobre ele.

Pode mudá-lo. Questão unicamente de ter consciência disto e de se exercitar durante algum tempo.

E, se pode mudá-lo, por que não substituí-lo por significados que sejam mais favoráveis às suas emoções e ao seu bem-estar? (mais adiante trataremos do **como**).

Atrevo-me a fazer-lhe uma pergunta: você é uma pessoa independente, capaz de dirigir sua vida por sua própria conta? Ou as suas ações são controladas pelas pessoas com quem convive, pela sociedade, enfim?

Pense bem antes de responder. Até que ponto somos realmente independentes e donos de nosso próprio destino se outra pessoa, qualquer pessoa pode, com uma opinião ou uma palavra, provocar em nós emoções desagradáveis, que não gostaríamos de ter e, a partir delas, alterar nossas ações e reações, perturbando nosso dia, nossa noite, nossa paz?

Lembre-se: as emoções são suas, os sentimentos são seus. Ninguém pode impingi-los a você se você realmente não quiser.

Se você não deixar.

Questão, simplesmente, de manipular significados.

Mas, falávamos em três conclusões plausíveis e prioritárias para nossas elucubrações; esta foi a segunda. Vamos em frente.

- *Terceira:* nosso cérebro não responde propriamente à realidade física como ela é, responde à **imagem** que ele próprio faz da realidade.

Se na solidão de uma viela escura, à noite, os nossos temores fazem com que nosso cérebro transforme a sombra furtiva de um galho de árvore na imagem de um perigoso assaltante armado, reagimos imediatamente, não à realidade do galho de árvore, mas à imagem criada no cérebro: o coração dispara, ficamos ofegantes, suamos frio e... corremos. Ou ficamos paralisados.

Tal a força da imagem.

Portanto, quem sabe criando voluntariamente em nossa mente boas imagens... Só uma questão de manipular imagens.

Temos aí três conclusões que nos serão tremendamente úteis se as levarmos a sério e soubermos lidar com elas. Serão a base de algumas coisas do que temos a dizer aí pela frente.

A começar pelos sonhos, os incríveis sonhos acordados.

> "Quando se tem um objetivo,
> é mais fácil vencer a nós mesmos."
>
> *Aparecida*

Sonhos

Começamos este texto pela constatação de que nascemos sem um manual de instruções e sem a menor informação sobre os porquês mais essenciais à nossa paz de espírito e à nossa existência.

Por que nascemos? Não sabemos.

Por que vivemos? Não sabemos. Como não sabemos para quê vivemos.

Por que morremos? Também não sabemos. Talvez por isso tenhamos tanta resistência e más intenções em relação à morte.

Mas, enfim, vivemos.

E, para aplacar nossa angústia e criarmos uma base razoavelmente sólida e, por que não dizer, real, para nossa vida, inventamos razões para viver.

Razões que sirvam de orientação e de suporte para tudo que fizermos.

Criamos **significados** para a vida.

Talvez, de início, significados espúrios, inconscientes mesmo, ditados muito mais pelas pessoas que nos rodeiam e amparam do que por nossa própria vontade.

E vamos crescendo.

E vamos acumulando experiências sensoriais e vivências que, cada vez mais, ampliam os registros de nosso banco de dados cerebral, enriquecem nossa percepção e iluminam nosso raciocínio.

Sempre segundo nossa própria maneira de ser e nossa percepção do mundo, cada vez mais personificada.

Aos poucos vamos tendo mais consciência de nós mesmos e de nosso papel, não um papel que nos tenha sido atribuído originalmente, mas aquele que fomos assimilando por influência da sociedade em que estamos inseridos.

Essa consciência nos leva à reflexão, e a reflexão, ainda e sempre calcada em nossos próprias experiências e naquilo que o mundo passou a significar, nos leva a rever o significado que a vida tem para nós e a criar novos significados, estes mais pessoais, consistentes e conscientes, embora ainda sob uma razoável influência da sociedade.

Essa, talvez, a gênese dos sonhos.

Dos sonhos de olhos abertos, expressando desejos e intenções mais puras.

Expressando razões para viver.

Enfim, expressando significados para a vida.

E são esses os sonhos que permanecem como estrela-guia, como bússola, como o norte que buscamos.

E, como guias, são os sonhos que condicionam nossas novas percepções, orientando e reorganizando o significado que as coisas, as pessoas e os acontecimentos passam a ter para cada um de nós.

Quando você diz: "O que quero na vida é ser feliz", está expressando o significado que a vida tem hoje para você. É o seu sonho maior. E enquanto o sonha, enquanto o significado for este, todas as suas percepções e ações delas decorrentes estarão condicionadas a ele – obviamente a partir do seu próprio conceito de felicidade, isto é, daquilo que, para você, é ser feliz.

Assim, sua vida passou a ter sentido.

Nem sempre tais sonhos são conscientes. Nem sempre são conseqüência exclusiva de sua vontade, já que sua percepção, que é a raiz da vontade, sofre fortes influências da convivência familiar e social.

Mas são seus e representam o significado e o sentido que a vida tem para você.

Também não são eternos. Mas, diria Vinicius, "infinitos enquanto duram".

Quanto mais você vive, mais experiências você acumula. Quanto mais experiências você acumula, mais registros em seu banco de dados. Quanto mais registros, mais alternativas e maior riqueza para associações com novas experiências, reformulando as percepções e, conseqüentemente, a maneira de ver e entender o mundo.

Novas maneiras de entender o mundo levam à revisão de significados e à criação de novos sonhos.

Assim vamos vivendo, de sonho em sonho, por toda a vida. Criando e perseguindo sonhos.

Uma verdadeira oficina de sonhos.

Criando sonhos, criamos significado e sentido para a vida.

Não importa que mudem os sonhos, importa que a vida tenha significado e faça sentido. Não importa muito que tais sonhos sejam totalmente realizados, importa que existam, pois é sua existência e não sua realização que dá sentido à vida.

No entanto, há sonhos e sonhos. Vimos falando de sonhos que são como estrelas que nos guiam. Deles derivam outros sonhos, menores é verdade, mas que são etapas que nos aproximam passo a passo do sonho maior.

Você deseja ser feliz? É sua maior aspiração? Isso é um sonho, um grande sonho – provavelmente o maior de todos para você. É sua bússola e sua estrela.

Como já disse alguém, felicidade não é uma estação de chegada, mas uma maneira de viajar. Não espere ser feliz algum dia, quando chegar a seu destino. Busque ser feliz hoje, amanhã, sempre, durante toda a jornada. Aproveite o caminho, cada parada, cada etapa.

Cada etapa é um sonho menor que o aproxima de seu ideal. Estes, sim, são sonhos que devem ser cumpridos, em benefício daquilo que faz sua vida ter sentido.

Que significa felicidade para você? Talvez um dia tenha significado comprar um carro, ou passar no vestibular, ou ter sua própria casa... Talvez constituir família, educar os filhos e vê-los realizados. Ou, quem sabe, ter sucesso em uma atividade que aprecia... ou simplesmente ficar rico...

Sonhos.

Sonhos que exigem algo mais que persegui-los, exigem realização para que o sonho maior continue fazendo sentido. Para que a vida continue fazendo sentido e outras etapas sejam criadas e perseguidas.

Naquela constante sucessão de sonhos.

Sonhos cuja importância depende da importância que atribuímos a eles, e de cuja importância depende o esforço que fazemos para realizá-los.

Aqui, uma nova questão: de que esforço somos capazes para os realizar?

Há os que sonham e quase não têm consciência de seus sonhos, como se fossem rotinas que automatizam as ações e adormecem a consciência, passando despercebidos. Costumam ser levados pela vida.

Há os que sonham e sonham com seus sonhos, e passam a vida curtindo seus sonhos, mas pouco fazem para realizá-los, contentando-se em levar a vida com "o que Deus provê" – ao sabor do acaso e das oportunidades que eventualmente aparecem.

Mas há os que sonham e não se contentam em sonhar – transformam seus sonhos em visões claras e em objetivos... e vão à luta. Criam recursos, desenvolvem competências e se preparam para as oportunidades que vierem.

E se não surgem oportunidades, inventam, criam. E se determinam, e persistem até realizá-los.

Então, criam novos sonhos.

E você, onde se enquadra? Se no primeiro ou no segundo grupo, e se sente bem assim, boa sorte – é um direito seu.

Se está no terceiro grupo, a vida para você tem realmente um forte sentido e não se contenta em sonhar os sonhos que fazem parte dele. Bem-vindo à nossa reflexão, ainda temos muito o que conversar.

Sem nunca esquecer, no entanto, que o sonho, qualquer sonho, não é apenas uma meta, é uma maneira de enxergar a vida – não marca apenas o destino, mas dá significado a cada detalhe do percurso. É a maneira de dar sentido à vida... e a tudo que nela se faz.

Quando sonhamos, estamos projetando no futuro as razões que emprestamos à nossa existência, as aspirações maiores que temos de sucesso, de realização pessoal, de felicidade.

Sonhos são desejos e esperanças, mas não são fantasias. Tudo que sonhamos, cada detalhe, é ditado por algo que vivemos, por experiências que tivemos, pelo sentido que demos à nossa vida.

É uma composição de coisas reais para nós.

Portanto, tudo o que sonhamos pode ser feito; nada no sonho é, em princípio, inatingível. Mas, como aprendemos em nossas aulas de catecismo, nada vem por acaso ou de graça: Deus está conosco, mas é preciso que façamos nossa parte.

O sonho, de certa forma, pode ser inspiração divina, mas as ações para realizá-lo dependem certamente do ser humano que somos.

Os sonhos representam a nossa visão do mundo, projetada no futuro, a partir do passado. São a realidade que desejamos para amanhã.

Os sonhos refletem as nossas verdades.

SENTIDO

Que sentido tem a vida, que sentido?
Por que nascemos para a vida inconseqüentes?
Donde viemos, aonde vamos, inconscientes,
Sem passado, sem futuro, só presente?

No entanto, tão real, a realidade
De nós exige uma vontade, na verdade,
De na vida ter um sonho, um destino,
Fazer da vida sem sentido, em desatino,
Um bem maior, com sentido e validade.

Pois, se não traz a vida em si contido
O sentido de origem, a razão desta existência,
A nós cabe dotá-la de um sentido
Que dê sentido completo à consciência
De estar vivo e vivendo intensamente.

Para alguns, o pé no chão, realidade objetiva
Alimentando sonhos de poder e de riqueza...
Para outros, sensações, emoções, aventuras...
Mente aberta a flutuar no firmamento...
Por um lado, a razão predominante,
Por outro, o sentimento consistente,
Matéria, lógica, certeza... equações...
Amor, prantos, alegrias... emoções...

Afinal, com que sonhamos?
Que sentido à vida acrescentamos?

Razões

Desafios

Emoções

E quando a vida, assim, já faz sentido,
Ainda que seja pessoal e intransferível,
Tudo o que nela está compreendido –
Pessoas, fatos, tudo o mais possível –
Passa a ter como razão, objetivo,
Dar sentido ao sentido construído.

E vamos vivendo a falsa realidade,
Aceita e ancorada na razão mais pura,
Como se fora tudo na vida uma verdade,
Sem lembrar ser a verdade construída
Em cada sonho que à vida deu sentido
E que só pela emoção é consentida.

Poder, riqueza, bens materiais –
Para alguns, o que importa nesta lida –
Quase sempre às emoções sucumbem
Quando as forças naturais, tão naturais,
Balançam as escadas desta vida.

Passa a vida, os anos vêm e se esfumaçam,
E vai ligeira, vai correndo em largos passos,
Perseguindo aqueles sonhos aos pedaços,
Sem notar que também os sonhos passam.

Disse o filósofo, assim, tão contundente:
"Toda coisa que não possa ser
Em números claramente traduzida
Não pode ser levada a sério,
Seriamente!"

No entanto, é vivendo que se aprende –
Simplesmente...
Não são os números que governam nossa vida,
Pois, justamente as coisas sem medida
É que nos fazem viver tão plenamente.

A Questão da Verdade

O mundo é real.

Mas a realidade do mundo que percebemos não corresponde exatamente à realidade física do mundo. Sobre isso já conversamos.

Que dizer sobre aquilo que chamamos de verdade?

Verdades são fatos incontestáveis?

Poderíamos dizer que sim. A verdade é, em princípio, um fato sobre o qual não se pode levantar qualquer dúvida.

Para ilustrar, vou invocar um filme que representa bem aquilo que quero transmitir. Se você o viu há de lembrar-se, porque é um filme marcante: chama-se *Rashomon*. Se não viu, procure vê-lo, vale a pena (há uma versão americana com o nome de *As quatro confissões*, estrelada por Paul Newman).

O filme narra um crime cometido numa floresta e as conseqüentes narrativas de quatro testemunhas, retratando em imagens o que cada uma delas viu.

O que o espectador vê é o fato – o crime, como foi cometido – e o fato conforme narrado pelas testemunhas, deixando óbvio que, embora a figura central seja a mesma, os detalhes não combinam, isto é, o fato, para cada testemunha, é diferente daquele percebido pelas demais e também diferente daquilo que realmente aconteceu.

Enfim, um fato real e quatro interpretações do fato.

Ou cinco interpretações? Afinal, devemos considerar que aquilo que estamos chamando de fato real é a interpretação do espectador...

Portanto, o fato ocorre realmente no mundo físico – eis a verdade. Mas, a nossa verdade é a nossa percepção, isto é, a interpretação que inconscientemente fazemos do fato.

Logo, a verdade para cada um de nós é uma verdade pessoal e transitória.

Tomo a liberdade de repetir aqui um trecho que escrevi para um livro anterior: nos meus tempos de menino, corria de boca em boca, na boca dos velhos sábios de minha terra no sertão mineiro, uma frase que representava a palavra final, a expressão máxima da verdade daqueles tempos, talvez até mesmo de todos os tempos: "Eu vi com estes olhos que a terra há de comer."

Junto com a frase, o gesto expressivo de repuxar, com o dedo indicador, o canto inferior externo da pálpebra do olho esquerdo, expondo, na exposição do branco do olho, todo o imenso peso da verdade vista.

Por mais que me esforce, não me recordo de ter jamais ouvido alguém dizer: "Eu ouvi com estas orelhas que a terra há de comer."

Mas, não pretendo absolutamente discutir a capacidade que têm as verdades do homem de serem ouvidas, além de serem vistas. E por que não cheiradas, sentidas e degustadas?

Acredito piamente no funcionamento dos sentidos humanos, tanto nos cinco que Aristóteles nomeou – visão, audição, olfação, gustação e tato – como em todos os outros (equilíbrio, propriocepção, dor, calor, frio) que Aristóteles não descreveu e, talvez por isso mesmo, não são ensinados na escola.

O que não me cheira muito bem é a verdade dos homens, ou essa propriedade da verdade dos sábios de minha terra – e de tantas outras – de ser tão absoluta e tão definitiva.

Mesmo quando tão definitivamente vista.

Hoje, em frente à televisão, vejo, no vídeo, velhas imagens do homem pisando no solo da Lua. Vejo também os mais diversos fatos ocorrendo em todo o mundo – esportes, passeios turísticos, bombas, guerras, explosões de torres, catástrofes as mais diversas.

Da mesma forma, vejo ETs invadindo a terra, dramas vividos por famílias e povos distantes, guerras, explosões de torres, trens, automóveis, casas e tudo mais, tudo em espetaculares efeitos especiais gerados nos computadores.

As primeiras, dizem-me, são verdades verdadeiras; as seguintes, confessam, são ficção, efeitos especiais.

O problema é que, na minha visão – melhor dizendo, na minha percepção –, são todas iguais e absolutamente reais, com a mesma nitidez de imagens e a mesma definição de cores.

Nesse caso, a diferença entre verdade e ficção fica por conta, não do que vejo, mas do que me dizem, ou leio nos livros, nos jornais ou nas revistas.

Se acredito no que me dizem, é verdade. Se não acredito, sei não...

Daí, a maioria das verdades do meu mundo serem restritas à minha crença nas pessoas ou nas informações que me dão. E as demais ficam restritas à minha interpretação dos fatos que realmente vejo ou dos fatos de que realmente participo.

Nossas verdades dependem da interpretação do que vemos, do que sentimos – dependem das informações que nossos sentidos são capazes de captar e de como nosso cérebro as decodificam, comparam e analisam.

E dependem, principalmente, de experiências que não vivemos, que nos foram transmitidas por outros, filtradas por suas próprias percepções.

Nossa verdade é uma crença.

É a crença na interpretação que fazemos dos fatos e, mais ainda, a crença nas informações que recebemos, nas notícias que ouvimos, nas pessoas em que confiamos.

Enfim, é uma crença

Faça uma reflexão, prezado leitor: pense um pouco em tudo aquilo que, para você, é verdade absoluta, em tudo aquilo que, para você, é incontestável.

Quantas dessas verdades são frutos de experiências pessoais suas, e quantas delas você considera verdades porque aprendeu na escola; ou leu em livros, jornais, revistas; ou viu na televisão; ou ouviu de alguém que você considera acima de qualquer suspeita... Mas nunca, realmente nunca, comprovou pessoalmente.

E, no entanto, considera verdade absoluta, dessas em que se põe a mão no fogo por elas.

Assim, **verdades existem: são os fatos.**

Mas, nossas verdades não são os fatos, são nossas interpretações dos fatos.

E nossas crenças.

Uma frase dita pelo editor de um jornal numa cena do filme *O homem que matou o facínora* traduz toda a história do filme e expressa bem a gênese de uma crença-verdade: "Quando a lenda se torna maior que o fato, publicamos a lenda."

Talvez, por isso, as verdades, como interpretação dos fatos, sejam tão volúveis e transitórias.

A Terra fixa de ontem, centro do sistema planetário, é a mesma Terra que hoje gira em torno do Sol. A verdade dos valores da sociedade de ontem não são a verdade dos valores da sociedade de hoje. Remédios que antes curavam hoje matam. Ou aleijam. As verdades sobre o comportamento humano mudam com a moda das roupagens sociais. Os experimentos que hoje provam teorias definitivas amanhã as desmentirão, e, talvez, um pouco mais tarde, provarão o contrário, na fragilidade das verdades da mente humana.

Daí, as dificuldades das relações interpessoais e intergrupais.

Daí, por um lado, a fragilidade da comunicação humana e, por outro, o extraordinário poder da mídia, pois, como já disse alguém, "quando comunicamos não estamos transmitindo uma realidade, estamos **criando** uma realidade na mente do ouvinte".

Criando uma realidade na mente do outro – isto é PODER.

Lembre-se do que dissemos num dos capítulos anteriores: o cérebro trabalha com imagens. Qualquer imagem que nele for produzida será tida como real. O cérebro não distingue entre fato e imaginação: reage igualmente a um ou à outra.

Uma ilustração muito interessante: um filme produzido em Hollywood que, no Brasil, teve o título de *O Show de Truman*.

Um bebê criado, até a idade adulta, em uma gigantesca redoma transformada em cenário de televisão, num autêntico *reality show* transmitido 24 horas por dia durante mais de 30 anos. Um mundo, para o personagem Truman, de certa forma virtual, representado, em sua totalidade, por atores, numa cidade cênica onde tudo, excetuando-se apenas as reações do personagem, era programado e controlado pela "produção do programa".

Mas, para Truman, sem outras referências possíveis de comparação, era o mundo real, o único que ele jamais conheceu e que, como tal, lhe fornecia a base "concreta" para seus comportamentos. Nele forjava suas crenças, e era ele que inspirava todas as suas emoções e sentimentos.

Da mesma forma que fundamos nossos comportamentos, forjamos nossas crenças e extraímos nossas emoções e sentimentos do mundo "real" que **percebemos**. É o cinema – como a televisão – ilustrando a possibilidade prática, concreta, de transformar ilusões e fantasias em verdades e realidades absolutas.

Em criar realidades na mente das pessoas.

Aliás, é a própria essência do cinema e de todos os recursos ficcionais: envolvem-nos numa relação tão forte e tão real com a ficção num determinado momento que é capaz de gerar em nós os mais diversos sentimentos e as mais diversas emoções – como se tudo fosse mesmo **real**.

E, ao terminar o filme, o contraste brusco com nossa própria realidade, desfocando as emoções geradas.

E se o filme não terminasse?...

Ilusão e realidade se fundem num piscar de olhos, tornando os homens objetos de suas próprias verdades.

"Penso, logo existo" – **o que dá ao homem consciência de sua existência é o ato de pensar sobre ela.**

Creio, logo é verdade! – não é a verdade que faz a crença, mas é a crença que transforma as coisas em verdades. Se cremos, é verdade. E é essa verdade, fruto de nossas crenças, que dirige nossas ações.

Interessante e ilustrativa também a história mostrada em outro filme, *Don Juan de Marco* – o rapaz que acreditava ser o lendário Don Juan, usava roupas "capa-e-espada" e vivia, em pleno ocaso do século XX, como o mesmo. Essa era a sua realidade.

No entanto, intimamente consciente: criou-a ele próprio e incorporou-se nela. Afinal, se sua verdadeira existência e história de vida não lhe caía bem, por que não criar outra, gerando mentalmente outro nome, outra origem, outra vida e tornando-a, esta, pela força de sua mente e das imagens que era capaz de gerar em seu cérebro, real, a sua verdadeira vida.

E passar a vivê-la intensamente.

Por que contentar-se em ser o pobre João Ninguém que via em si próprio, se poderia ser o apaixonado amante envolto em aventuras e emoções divinas?

Louco?

É claro que a história é história; um exemplo extremo.

Em nossa realidade, até certo ponto, é preciso bom senso, essa habilidade única de discernir, em cada momento e em cada situação, entre o que convém e o que não convém.

"Deus, oh!, Deus, dai-me coragem para mudar o que deve ser mudado; dai-me paciência para aceitar o que não deve ser mudado; dai-me sabedoria para distinguir uma coisa da outra."

Mas, por falar em bom senso...

"A verdade não mora no que se diz, mas no como ela é dita. Ela não está na letra, está na música."

Rubem Alves

Divagações Sobre o Bom Senso*

> *"Nada é mais justamente distribuído que o bom senso: ninguém julga que precisa mais do que tem."*
> René Descartes

Tudo que aprendemos deve ser aplicado com bom senso. Mas bom senso não se ensina! Ou se ensina?

Ou quem sabe apenas se aprende assim informalmente, como quem não quer nada?

Afinal, o que é o tal bom senso?

Não se entusiasme: não pretendemos ditar verdades sobre bom senso; talvez ninguém possa. Mas por ser tão importante e tão citado como explicação e justificativa para tantas coisas, apesar da incógnita em que se encerra, não devemos desprezá-lo.

Afinal, podemos ao menos abrir um parênteses para divagar sobre o assunto. Por que não?

Muitas vezes se tenta praticar e exercitar novos comportamentos, com todo o amparo de uma saudável teoria e a coisa não dá certo – "a vaca vai pro brejo!", no dizer caboclo. Por quê? Faltou o bom senso, caro amigo, não se usou o bom senso. A hora não era adequada ou, quem sabe, uma ligeira deficiência de perspicácia.

Damos uma ordem a nosso subordinado e o coitado mete os pés pelas mãos. O que aconteceu? Comunicação deficiente? Absolutamente! Faltou-lhe o danado bom senso.

---
* *Texto extraído do livro* "A gerência de si mesmo", *do mesmo autor.*

Que, aliás, curiosamente, nunca nos falta! Tremenda falha do bom Deus na distribuição do bom senso; deu-nos quase todo o estoque que havia, deixando quase todo mundo numa lamentável carência!

Ironia à parte (embora – por que não? –, bem que convém, vez por outra, desconfiarmos um pouco de tanta perfeição numa só pessoa que, por acaso, somos nós!), é sempre bom pensarmos um pouco sobre o bom senso, essa sutil e fluida faculdade que nos faz agir certo na hora certa, que dá o toque mágico na solução de nossos problemas e que nos guia nos incertos e tortuosos caminhos da etiqueta.

E que, na prática, sem dúvida alguma pesa. Tanto pela dose certa como pelo excesso e pela escassez.

Por que algumas pessoas sempre sabem se colocar e agir da forma correta, enquanto outras, nem mesmo com a receita completa e detalhada nas mãos conseguem fazer o bolo dar certo?

Questão de bom senso. Excesso ou escassez.

Acima e além de toda aprendizagem e de todos os exercícios do mundo.

Ou não?

Afinal, o que é o bom senso? O que faz uma pessoa que nos leva a admitir que ela está agindo com bom senso?

Tem senso de oportunidade – faz a coisa certa na hora certa?

Tem senso de proporções – sabe observar as exatas dimensões e intensidade de suas ações?

Tem senso de adequação – põe a palavra justa na frase devida?

Ou o quê? E como distinguir a hora certa, a intensidade exata ou a palavra justa?

Como expressa a conhecida *Oração da serenidade*, de Reinhold Niebuhr: "Deus, dá-nos a graça de aceitar com serenidade as coisas que não podem ser mudadas, coragem de mudar as coisas que devem ser mudadas, e sabedoria para distinguir umas das outras."

Sabedoria é bom senso? Ou existe bom senso na sabedoria? Ou, quem sabe, sabedoria no bom senso?

Não, não creio que bom senso tenha algo a ver com sabedoria. Ou com inteligência. Ou com instinto ou dom.

Mas me parece que bom senso tem algo a ver com evolução e cultura.

Com a evolução, no sentido de adaptação às condições e circunstâncias do meio ambiente (o que inclui o meio social, obviamente), na medida em que a adaptação determina comportamentos mais adequados às circunstâncias, possivelmente em função de maior sensibilidade a elas e melhor compreensão racional de seus mecanismos.

Com a cultura (no sentido mais próximo de erudição), na medida em que a maior amplitude de conhecimento – fundamentada em maior número e maior diversificação de informações e na maior flexibilidade e elasticidade de raciocínio – proporciona melhores ou mais acuradas análises das circunstâncias e, conseqüentemente, eleições mais eficazes dos comportamentos mais adequados a elas.

Muitos dos conhecimentos que adquirimos ao longo da vida são tão bem aproveitados e tão bem assimilados que os introjetamos e os incorporamos ao nosso próprio modo de ser como se fossem inatos.

Empregamo-los nas mais diversas circunstâncias sem análise consciente e mesmo sem nos apercebermos de que o fazemos. É a aprendizagem total, que chega mesmo a nos levar a crer que não aprendemos aquilo, que já nascemos com tais conhecimentos – tão forte é a sensação de que são propriedades particulares nossas.

Isso, sim, nos parece ser a base do bom senso. Não um dom que temos, mas um conhecimento difuso do meio e de sua cultura firmemente assimilado e introjetado, proporcionando melhor adequação às diversas circunstâncias de vida.

Portanto, também o bom senso não nos parece algo que obtemos de graça, mas que conquistamos pela atenção; pela observação; pela leitura contínua e interessada de todos os tipos de assuntos; pelo tempo dedicado à televisão, ao cinema, ao teatro etc. etc. etc.

Por todo o conhecimento acerca de nosso mundo e de nossa gente que acumulamos sem sentir, sem intencionalidade ao longo da vida.

Que nunca é desperdiçado. Que de uma forma ou de outra é sempre útil e enriquecedor.

Enriquecedor em todos os sentidos.

> "Não basta conquistar a sabedoria.
> É preciso saber usá-la."
>
> *Cícero*

> "Nossas verdades se inspiram em nossas crenças. Nossas crenças se fundamentam em nossa maneira de ver o mundo.
>
> Nossa maneira de ver o mundo é orientada por nossos sonhos, que florescem do sentido que damos à vida e em seus conseqüentes significados."

Elucubrações Sobre o Amparo Divino

Importantes são os sonhos, pois determinam o significado e o sentido de nossa existência, expressam nossas esperanças e definem nossos maiores objetivos.

Mas, de que valem os sonhos sem as ações que inspiram e devem transformá-los em realidade?

A força propulsora de nossas ações é a determinação proveniente de nossas crenças, do poder daquilo em que mais intimamente acreditamos.

Em que realmente acreditamos?

Em Deus?

No acaso? Na sorte? No destino?

Ou, talvez, nas entidades e nos ritos esotéricos, nos bruxos, magos e duendes, nas fadas, nas rezas e nos despachos?

Ou, quem sabe, em nós mesmos?

A quem apelamos quando a noite chega e tudo nos parece negro e sem saída? Em que firmamos nossas convicções para vencermos barreiras e seguirmos em frente? Em que fonte buscamos o reforço necessário para nos reerguermos das quedas e para reafirmarmos nossa determinação?

Em que você crê?

Em Deus, no desespero; em si próprio, quando alça vôo em céu de brigadeiro; e na sorte nos momentos diletantes de decisões inconseqüentes?

Se você é católico, acreditará que Deus estará sempre pronto a ampará-lo. Mas, lembre-se, ele não o dispensará de fazer a sua parte!

No fundo de nossas crenças, a ligação indissociável com a espiritualidade e a religiosidade – nos momentos mais cruciais, Deus! Sempre Deus!

Tenho hoje algumas idéias a respeito de nossa relação com o Criador. Ao expô-las, peço-lhe considerar que são absolutamente pessoais. Se lhes servirem para reflexão sobre suas próprias verdades, faça bom proveito; caso contrário, salte para o capítulo seguinte.

Criado na religião católica, fui condicionado à existência de Deus. Acumulando algum conhecimento e desenvolvendo o raciocínio, comecei a pôr em dúvida muito do que me foi ensinado pela religião.

Adquirindo um pouco mais de cultura e aprofundando conhecimentos e raciocínio, voltei fortemente à idéia de Deus, isto é, à convicção de um Criador.

Imagino uma pequena célula penetrando em outra, fundindo-se com ela e desencadeando a formação de um novo ser. Células se multiplicando velozmente, formando tecidos e órgãos específicos, com funções claramente predeterminadas e finamente sincronizadas, até a espantosa abrangência e eficiência do cérebro, a eclosão da consciência, a explosão de sentimentos e emoções...

Acaso? Encadeamento natural e sucessivo – eternamente sucessivo – de eventos por mero acaso ou afinidades físico-químicas?

Vida e morte por acaso?

Inconcebível!

Nossa própria capacidade de perceber e de raciocinar, nossa necessidade vital de significados, sentidos e objetivos são, para mim, fortes indicativos de uma existência maior, pois não podem ter vindo do nada e são comuns a todos os povos de todos os tempos.

Nossa consciência e nossa forma de pensar não podem ser tão originais; a alguma precedência devem obedecer.

Diz-se que Deus criou o homem à sua forma e semelhança. Faz sentido. Na verdade, para a minha verdade, faz muito sentido.

Não que eu imagine um Deus loiro, de olhos azuis ou um Deus negro, ou moreno, ou mesmo de olhos puxados.

Entendo Deus, o Criador, como vida.

Espírito, energia, não sei. Não sei o que é vida em sua essência. Eu ouço, vejo, sinto, tenho emoções e sentimentos – tudo isto me torna diferente da matéria, e muito mais complexo do que simples descargas elétricas e reações químicas.

Sou movido a energia, bem sei, principalmente pela energia eletroquímica que percorre meus nervos, ativa meus órgãos e me conecta com o mundo exterior.

Mas energia eletroquímica não é sentimento, não é emoção, não é visão... não é consciência. Talvez vida seja uma forma de energia, mas não uma forma conhecida pelo homem até agora.

Como vida, somos criados à imagem e semelhança de Deus. Não como corpo ou como matéria, mas, como vida. Vivida, sentida e inescrutável.

O corpo? Uma forma de perceber e moldar a manifestação da vida.

A mente? A consciência da vida.

Assim, somos a imagem e semelhança do Criador, pois formados da mesma essência. Mais que isso: **como vida, somos extensão de Deus**.

Talvez por isso Deus em nós – onipresente, onisciente, onipotente –, porque ele está em todos nós, como estamos nEle.

Partindo dessa crença e desse princípio, uma conclusão: Deus age em nós através de nós mesmos, que somos projeções dEle. Assim, o amparo de Deus depende, realmente, de fazermos nossa parte.

Daí a importância, para nossas realizações, de acreditarmos em nós mesmos, pois acreditar em nós mesmos significa, em última análise, acreditar também em Deus, por sermos parte dEle.

O importante é acreditar. Nosso potencial para realizar é muito maior do que imaginamos; vai muito além dos limites que aceitamos.

A crença e a confiança em nós mesmos nos tornam mais capazes.

A crença e a confiança em Deus nos tornam mais capazes.

A crença nos santos, nos anjos, nos magos e bruxos, todas as crenças que nos dão suporte para liberação de nossas forças e exploração de nossos potenciais nos tornam mais capazes, pois são apenas representantes de nossa crença em nós mesmos e em Deus.

Talvez pudéssemos dispensar intermediários em nossas crenças e nos apegarmos a nós mesmos – seríamos mais autênticos. No entanto, enquanto não pudermos fazê-lo, é preferível acreditar em algo do que não acreditar em nada.

A descrença absoluta é a tentativa de negação de Deus e, conseqüentemente, de nós mesmos.

É negar a vida que temos e a vida que somos.

A crença em entidades externas reflete, de certa forma, uma dificuldade de aceitação consciente da existência de Deus, em função das dúvidas geradas pelas intempéries que se encontram no ato de viver.

É uma espécie de negação sem negar, transferindo a crença na vida real para uma vida virtual. Sem, no entanto, deixar de haver crença.

E a crença, qualquer que seja, é a afirmação da vida. É a fonte que garante o poder e a força para ir adiante.

Acreditando nos sentimos mais fortes e mais protegidos, aceitando melhor os riscos inerentes ao crescimento e ao sucesso.

A capacidade de acreditar é a base de nosso livre arbítrio, pois, confiando em nós, tornamo-nos propensos a assumir riscos – o que nos dá a base necessária para tomarmos em nossas mãos as rédeas de nosso destino como seres humanos, isto é, como corpos finitos.

O corpo é apenas o receptáculo da vida. É a estrutura, o *hardware* que permite a consciência da vida – o saber que se vive –, é a possibilidade de criar sentido e moldar o destino para o período de existência do corpo, individualizando a vida.

Assim, morrer não é deixar de viver, é deixar de ter consciência da vida.

Provisória ou definitivamente – não tenho como ter idéia formada sobre isto.

Mas a vida, essa é infinita – a vida é Deus.

Deus é vida.

É uma crença – a minha crença. Não precisa ser a sua.

Para as reflexões que queremos despertar com este texto, o importante não é a identidade de crença sobre a existência e a natureza de Deus, mas a identidade de crença na necessidade imperiosa de acreditar em si mesmo.

Sem o que toda evolução pessoal se torna muito, muito difícil.

"O homem é o que ele acredita."
Anton Tchecov

A Teoria na Prática
Uma Questão de Aprendizagem

Até aqui temos teorizado sobre alguns fundamentos para nossa evolução como seres humanos e para a gestão do nosso próprio destino no ato de viver.

Não são idéias novas. A questão é: por que não as colocamos em prática com a intensidade desejável para nossa evolução e nosso sucesso pessoal?

Alguns fatores me parecem evidentes. Um deles é nossa propalada resistência à mudança. Aplicamos com intensidade e rapidez novos conhecimentos e tecnologia voltados para a natureza, mas os conhecimentos aplicáveis à nossa própria evolução esbarram nas barreiras da resistência, da insegurança e da acomodação, mascaradas por racionalizações contidas nas crenças de que a personalidade humana e seus comportamentos são imutáveis, pelo menos a partir de certa idade.

Aí estão ditos populares expressivos dessa crença, como: "Pau que nasce torto morre torto", "É de menino que se torce o pepino", "O homem é o que é".

No entanto, mostra a Psicologia que a personalidade é dinâmica, isto é, está em constante mudança. Lembra-se do que dissemos, a algumas páginas atrás, sobre a maneira como percebemos o mundo?

Nossos comportamentos – e nossas crenças e valores – são, em grande parte, frutos de nossa percepção, a maneira como enxergamos o mundo. A percepção, por sua vez, é fruto de uma associação do fato real e atual com as experiências registradas em nosso cérebro.

Cada nova percepção é registrada aumentando e modificando nosso banco de dados e, portanto, modificando as percepções futuras, dinamizando-as.

Alterando-se a percepção, alteram-se os comportamentos decorrentes e estes influem na mudança das crenças e dos valores. Conseqüentemente, alteram a personalidade.

Mudanças, bem o sabemos, ínfimas – e, conseqüentemente, não notáveis – de um dia para outro. Mas, cumulativas, tornando-se óbvias em médio e longo prazos.

Julgamo-nos os mesmos que éramos ontem ou no mês passado, mas sabemos que não somos os mesmos que éramos há dez anos.

Mudamos; mudaram nossos comportamentos, nossos valores, nossas atitudes.

É verdade que alguma coisa em nós permanece – há uma estrutura básica que parece imutável –, mas muitas coisas mudam, mudando radicalmente o conjunto.

Logo, em termos de personalidade, não somos, estamos.

Se é inexorável o processo de mudança, por que não interferimos nele, orientando e dirigindo a mudança para nossa evolução pessoal, norteada por aquela estrela-guia que são os nossos sonhos?

É possível?

É. Aí estão os conhecimentos sobre a natureza humana que nos permitem fazê-lo. Mas, para isso, é preciso mudar nossa postura em relação ao tema.

É preciso antes de tudo termos consciência de que é possível, acreditar que podemos e nos determinarmos a fazê-lo. Esta a primeira dificuldade a ser superada.

A segunda é nos livrarmos da forte dependência externa que temos para nosso crescimento. A maior parte do incentivo para nosso desenvolvimento vem de fora: da família, da escola, da empresa. É tempo de extrairmos **de nós mesmos** esse incentivo, de gerarmos motivação, de valorizarmos nossos sonhos mais autênticos e de nos empenharmos no **autodesenvolvimento**.

A terceira dificuldade, talvez um pouco mais trabalhosa, é vencer a barreira das emoções entranhadas nos hábitos já estabelecidos, substituindo-os pelos comportamentos que queremos conquistar.

Convém não subestimar a força das emoções.

Permita-me uma história, ou, na verdade, o relato de uma experiência pessoal.

"Faz já algum tempo, meu professor de Física no curso secundário (era assim que se dizia) nos demonstrou, numa inesquecível lição que extrapolou os limites de sua matéria, invadindo o campo da Psicologia que mal engatinhava no país, a força da emoção como barreira à aplicação de um conhecimento.

Falava sobre pêndulos. Explicava como, deslocando a extremidade livre de um deles até determinado ponto no espaço, e soltando-a, ele passava a descrever sucessivos movimentos de vai-e-vem, numa mesma trajetória, de amplitude cada vez menor pela perda de energia que sofria, sem jamais voltar ao ponto de origem do movimento, até ficar imóvel e absolutamente perpendicular ao seu ponto de fixação.

Dava para entender? Claro! Fácil e óbvio. Absolutamente lógico.

Aí, a repentina e surpreendente experiência, como demonstração: de uma caixa atrás de sua mesa, sacou uma grossa corrente tendo, numa das extremidades, uma maça – uma dessas esferas de ferro cheia de pontas agudas que se usavam como armas em duelos, em tempos antigos. A outra extremidade, ele a fixou em um gancho estrategicamente colocado no centro do teto da sala.

– Um voluntário! – foi o que pediu.

E lá foi um de nós orgulhoso de sua hombridade.

O voluntário foi colocado de pé a uma certa distância da maça. Então nosso prezado mestre recapitulou rapidamente para ele a teoria dos pêndulos e se certificou de ter sido bem entendido.

Deslocou, então, a maça até que uma de suas pontas tocasse de leve a ponta do nariz do voluntário.

E repetiu: "Se eu soltar este pêndulo, ele se deslocará até certo ponto no espaço, em trajetória curva, e voltará, pelo mesmo caminho, em direção à sua cabeça; mas, se ficar imóvel, jamais tocará em você, porque, em seu movimento pendular, já terá perdido alguma energia e a amplitude de seu movimento será logicamente menor. Alguma dúvida?"

Claro que não, nenhuma dúvida. Tudo entendido.

Racionalmente.

Então, ele soltou a maça.

E ela ia, ia, ia... e voltava.

Que fez o voluntário? O mesmo que todos nós, que, na seqüência, nos submetemos à experiência.

Nenhum de nós ficou imóvel. Todos pulamos para trás quando a maça parecia crescer e crescer em nossa direção.

E isso estando absolutamente certos, racionalmente, de não corrermos nenhum risco.

A partir daí, a segunda lição do experimento: cada um de nós tentou outra vez, e outra, e outra... até que, estribados em nosso orgulho e amparados pela força da repetição, conseguimos. Daí para frente, estava consumado: nós sabíamos.

Não por ouvir dizer, mas por ter feito."

Convém termos sempre em mente que o conhecimento é fruto da associação de informações e do raciocínio, embora com alguma participação da emoção, mas a habilidade para fazer, o comportamento, não é uma questão de raciocínio ou conhecimento; é uma questão de substituir ou anular emoções antagônicas contidas nos hábitos em vigor – o que envolve sensações de medo, de insegurança, de perdas.

Não é fácil anular ou substituir emoções.

Há, portanto, uma grande distância entre saber e fazer, como há grande distância entre saber como fazer e saber fazer, ser capaz de fazer. Saber como fazer é um processo predominantemente cognitivo e racional.

Saber fazer (ter capacidade para) envolve hábitos, costumes, valores, crenças, padrões de movimento e estratégias de ação pessoais e específicas. **Envolve emoções – e isto muda tudo.**

Saber como se dirige um carro não é o mesmo que saber dirigir um carro.

Aprender como se dirige é uma coisa – as informações (que constroem o conhecimento) podem ser adquiridas facilmente e memorizadas sem enfrentarem nenhuma barreira. Mas, ao entrar efetivamente no carro e tentar pôr em prática o conhecimento adquirido, as emoções se assanham: a insegurança, o medo, o descontrole psicomotor, os arranhões na autoestima – e lá se vai a aplicação eficaz do conhecimento.

Como aprendemos, então, a dirigir um carro?

Em primeiro lugar, a necessidade e um interesse autêntico – não aquele interesse superficial que muitas vezes demonstramos em alguma coisa, apenas para preservação de uma imagem ou uma satisfação social. Mas o interesse real, movido pela necessidade autêntica. Tais são as bases da motivação, fator essencial num processo de aprendizagem.

Em seguida, informações: como se dirige, quais são os movimentos e as etapas, o que fazer!

A seguir, a parte essencial: entramos no carro, colocamos a alavanca de marcha no ponto-morto, giramos a chave na ignição, engatamos uma primeira e... começa o drama. O carro salta, estremece, morre... Misturamos os movimentos, trocamos os passos e dá no que dá.

Mas, já estamos prevenidos – tentamos outra vez e erramos de novo. E tentamos novamente, e mais uma vez, e outra... e vamos notando que há esperança. A cada tentativa o desempenho é um pouco melhor.

Até que aprendemos!

A partir daí, entramos no carro descontraidamente, conversando, ouvindo músicas, e ligamos o carro e vamos dirigindo sem dar a menor importância ao que estamos fazendo: nosso cérebro assumiu o comando.

O processo foi registrado, assimilado e automatizado.

Difícil dirigir o carro? Claro que não. É como se já tivéssemos nascido sabendo.

Não foi assim com você?

Assim aprendemos a ler com desenvoltura, a jogar basquete – ou qualquer outro esporte –, a dançar, a cozinhar ou a fazer qualquer outra atividade: necessidade, interesse, motivação, informações, conhecimento e... exercício. Muito exercício.

Repetição é a palavra-chave para desenvolver e fixar uma aprendizagem.

Há cerca de dois mil e trezentos e cinqüenta anos, Aristóteles já afirmava: "Somos aquilo que fazemos repetidamente; portanto, a excelência não é um feito, mas um hábito."

Só o exercício persistente, repetitivo, vence as emoções e automatiza o processo, constrói a habilidade e consolida a aprendizagem. O conhecimento é imprescindível para se saber o que fazer, mas só o exercício, a repetição, gera a habilidade para fazer.

Alguma dúvida?

Certamente não, na hora de aprender a usar o computador: informações e exercícios e... ZAZTRAZ... está tudo resolvido.

Mas, quando chega a hora de aprender a negociar, ou de melhorar o relacionamento, ou de desenvolver um pouco de autocontrole... qual é o segredo?

Fazemos um curso, lemos um bom livro e pronto – já sabemos.

Daí, na primeira oportunidade, aplicamos, cheios de confiança, o conhecimento adquirido.

E..., oh!, que surpresa! Não funciona. Deu tudo errado.

A explicação? Aquela mesma, rotineira: "Está vendo? TEORIA!... Na prática não funciona." E lá vão o ótimo curso e o excelente livro para o ostracismo.

O que faltou, realmente?

Habilidade. Faltou o exercício para transformar o conhecimento em habilidade. Como no aprender a dirigir um carro.

Conhecimento é cultura... teoria. O que se exerce é a habilidade.

Todas as reflexões que você vier a fazer a partir desta nossa conversa poderão gerar conclusões que se transformarão em conhecimentos... e verdades (as suas verdades). Se quiser resultados práticos de sua aplicação é muito simples: desenvolva as habilidades correspondentes.

Pelo exercício.

Pela repetição dos exercícios. Caso seja de seu interesse. Caso haja motivação.

O autodesenvolvimento é resultado de um processo de aprendizagem e auto-educação. Ou, dizendo em outras palavras, de auto-ajuda.

Ou auto-ajuda para reeducação.

O que não se pode é presumir que auto-educação se restringe em adquirir conhecimentos. A verdadeira auto-ajuda começa, realmente, com o conhecimento, mas vai muito além, envolvendo comprometimento com a mudança de hábitos, determinação e persistência na repetição dos exercícios, até transformar o conhecimento em habilidade e capacitação.

Livros de apoio à auto-ajuda buscam apenas difundir alguma informação e, sobretudo, incitar à reflexão e despertar motivação (quando não se restringem a dar conselhos...) – **o autodesenvolvimento é tarefa exclusiva, pessoal e intransferível do leitor.**

O que importa é, a partir do conhecimento, mudar atitudes e comportamentos. O que não é tão difícil, mas não é tão simples.

Aqui, um parêntese: o conceito de **atitude** que aqui estou usando diverge do conceito mais usado popularmente. Estou considerando **atitude** não como uma ação ou um comportamento, mas como uma **"disposição mental para sentir, pensar e estar inclinado a agir de modo positivo ou negativo em relação às pessoas, aos objetos ou às situações"** (Aurélio Buarque de Holanda, *Novo Dicionário da Língua Portuguesa*).

De modo geral, atitudes provêm de crenças, valores e condicionamentos, o que equivale a dizer que, independentemente de contar com um comportamento racional-cognitivo, a atitude engloba forte base emocional.

Tais emoções são fortes modeladoras de nossos comportamentos e a principal determinante de nossas decisões.

Em outras palavras: agimos muito mais guiados por nossas emoções do que pelo raciocínio e pela lógica.

Freqüentemente permanece uma grande defasagem entre nossos comportamentos e os conhecimentos que vamos obtendo. O que costuma gerar em nós conflitos íntimos, traduzidos por estados de inquietação. Para aliviá-los, tendemos muito comumente – e inconscientemente – a, após o comportamento guiado pela emoção, organizar em nossa mente razões lógicas que justifiquem, embora **a posterior**, nossa ação emocional.

A isso os psicólogos costumam chamar de racionalização.

O que, diga-se de passagem, temos muita dificuldade em admitir, sobretudo em nós mesmos, já que comumente nos vemos como um ser lógico e racional, além de justo, imparcial, verdadeiro e quase sempre coberto de razão.

É claro que é possível sermos justamente um daqueles que compõem o quadro de exceções, a elite minotária absolutamente racional e coerente da curva normal das imperfeições humanas.

Aliás, parece que praticamente todos nós acreditamos exatamente nessa hipótese. O problema é que o barco dos distinguidos é muito pequeno para tanto marujo.

Daí possivelmente o fato de, por nossa habilidade de racionalizar, passarmos absolutamente incólumes por muitas situações que nos confrontam, checam-nos e nos contestam.

E de tão raramente aplicarmos em nossa evolução uma série de informações que adquirimos, apesar de, racionalmente, as considerarmos perfeitamente válidas e amplamente proveitosas. E lá no fundo, no mais íntimo de nós, continuarmos acreditando numa boa auto-imagem e confiando, incondicionadamente, em nossos velhos hábitos e valores, desprezando os novos conhecimentos que os superam e os tornam obsoletos.

E, para uso externo, as mesmas velhas e desgastadas justificativas: "No meu caso não funciona", "não há tempo", "quem me dera pudesse ser assim", "já faço isso há anos", "é pura poesia".

É bom que tenhamos sempre em mente que a aprendizagem, como a auto-educação, não visa apenas ao conhecimento. Ela só tem sentido quanto é traduzida em ação. A não ser quando praticada como diletantismo, pelo simples prazer de conhecer.

Por outro lado, se nossas ações são promovidas ou bastante influenciadas por nossas atitudes, devemos entender o processo de aprendizagem na auto-educação não como a simples aquisição de um conjunto de regras ou receitas para uso diário, mas como um instrumento para mudança de atitude.

Há uma pequena fábula que costuma ser contada por aí.

Dois cavalos cresceram juntos num pasto. Quando eram potrinhos, tentaram pular a cerca e descobriram que não podiam fazê-lo. Para ambos, foi uma experiência para o resto da vida. Para um deles, tão marcante que nunca mais pôde pular a cerca. Para o outro, tão marcante que, sempre que se sentia um pouco mais crescido, tentava pulá-la novamente.

Uma questão de atitude.

Vivemos hoje um mundo de regras, fórmulas, modelos, sistemas, rótulos, siglas; enfim, uma série de técnicas e receitas para que nós, pobres mortais, possamos resolver todos os nossos problemas num passe de mágica e viver melhor.

Mas, como se diz, "na prática a teoria é outra".

E nós, com todas as receitas, vamos tentando perder a barriga, fazer sucesso, controlar a mente, ficar rico, ou qualquer outra coisa, tudo em módicas prestações diárias ou em quotas – três vezes por semana. E o máximo que conseguimos, na grande maioria dos casos, é ocupar, durante algum tempo, um pouco do nosso tempo de lazer.

E nós continuamos tentando, acreditando, porque as soluções que nos apresentam parecem lógicas e parecem sérias.

E pelo menos em alguns casos são lógicas e sérias.

E em um pequeno – muito pequeno – número de casos funcionam.

Meia hora de exercícios adequados diariamente e uma boa dieta realmente fazem reduzir a barriga.

Funciona?

Não! Não fazemos os exercícios, e a dieta, que começamos na segunda-feira (dia universal de começar dietas), não costuma chegar ao sábado.

Certamente um problema de maus hábitos, de falta de interesse autêntico e de determinação. Mas, por trás de tudo isso, um problema de atitude, isto é, falta de predisposição mental para a realização do objetivo.

Falta de comprometimento com o sonho.

> "O sucesso parece ser, em grande parte, continuar se segurando enquanto os outros já se soltaram."
> *William Feather*

Uma Questão de Atitude

O que podemos destacar de tudo o que já discutimos até aqui? Creio poder apontar algumas conclusões que me parecem bastante práticas e que podemos tomar como base para as reflexões seguintes, sobre felicidade, sucesso e qualidade de vida. São elas:

- O significado e o sentido da vida de cada um de nós são aqueles que nós mesmos a ela atribuímos, consciente ou inconscientemente, voluntária ou condicionadamente, por iniciativa estritamente pessoal ou por uma carga considerável de influência da sociedade e da cultura – família, escolas, empresas, mídia.
- O significado que os fatos, as coisas e as pessoas têm para nós está em nossa própria história e em nossa mente – nós mesmos o atribuímos. Logo, podemos alterá-lo, para nosso bem, se assim nos dispusermos a fazê-lo.
- Nossa percepção é pessoal e intransferível – percebemos o mundo não exatamente como ele é, mas interpretado por nossas emoções e vivências anteriores. Ou seja, nossa percepção é, de certa forma, aprendida. Logo, podemos reaprendê-la e aprimorá-la.
- Nossas verdades não são incontestáveis, pois não representam os fatos exatamente como ocorrem, mas nossa interpretação dos fatos – ou nossa crença naqueles que nos transmitem e informam os fatos.
- A percepção se efetiva em nosso cérebro pela formação de imagens – o cérebro trabalha com imagens, não diferenciando muito claramente imagens originadas de fatos reais ou fatos imaginados. O que permite, até certo ponto, a manipulação de imagens para orientar ações em nosso benefício.

- Estabelecemos diretrizes e objetivos para o ato de viver através dos sonhos-de-olhos-abertos, transformando-nos em verdadeiras oficinas de sonhos conscientes.

- A realização dos sonhos depende intensamente da nossa autoconfiança, da crença que temos em nós mesmos – de acreditarmos em nossos potenciais e em nossas capacidades.

- Acreditar em nós mesmos, em Deus ou em qualquer entidade que traduza uma crença no Criador é indispensável, mas não suficiente para desenvolver habilidades e capacitação para o fazer.

- A habilidade e a capacidade provêm da força da crença, da motivação e do conhecimento, mas se consolidam essencialmente pelo exercício – o que exige determinação e persistência.

- Mudanças efetivas em nossos comportamentos, com garantia de resultados satisfatórios e constantes, implicam mudança das atitudes que os presidem.

Para completarmos esse quadro, convém discutirmos um pouco a questão das atitudes.

É comum ouvirmos com certa freqüência expressões como: "É preciso tomar uma atitude", nas quais a palavra *atitude* toma claramente o significado de uma ação – "É preciso fazer alguma coisa!", o que está correto.

No entanto, a palavra **atitude** tem outro sentido, o de uma "**predisposição mental para algo**", isto é, uma forma de sentir e de pensar sobre determinado tema, positiva ou negativamente, que determina, na pessoa, o tipo de comportamento que terá com relação ao tema em questão.

Suponhamos, apenas por hipótese, que você não goste de futebol. Por quê? Nem você sabe – talvez por influência da família, de amigos ou dos círculos que você freqüenta; talvez por alguma experiência muito negativa relacionada ao futebol. Não importa o motivo: o fato é que você não gosta e isso pode ser considerado uma atitude em relação ao futebol. Como conseqüência, todas as suas ações, suas opiniões e suas posturas – enfim, todos os seus comportamentos – em relação ao futebol serão determinadas por essa atitude e refletirão o fato de você não gostar.

Neste texto, como já convencionamos no capítulo anterior, estamos usando o termo **atitude** neste sentido: **uma predisposição mental**.

É comum as pessoas, ao lerem um livro, ou participarem de um curso, ou mesmo receberem um conselho, concluírem que devem mudar um determinado comportamento.

A partir daí, tomam a conclusão – o novo conhecimento – como uma receita a ser aplicada quando a situação exigir.

Funciona? Claro que não. Pode até produzir algum efeito positivo esporadicamente, mas não será consistente e certamente reservará muitas surpresas negativas e frustrações. Além de descrença na "teoria".

Este é o problema de muitos cursos e livros de auto-ajuda que prometem que "ao final do curso (ou da leitura) você será capaz de... ter sucesso, ser feliz, ficar rico, escalar o pico do Himalaia, ou seja lá o que for!"

Como já dissemos, **o conhecimento não produz automaticamente capacitação; é preciso exercício, a repetição necessária para transformá-lo em habilidade para fazer.**

Só a capacitação e a habilidade produzem os resultados desejados.

Mas a consistência de tudo isto depende da **coerência entre o comportamento e a atitude que o preside**, para que não gere um conflito pela aplicação de uma "receita" contrária à sua inclinação, isto é, à sua predisposição mental.

Uma boa notícia, entretanto, é que não é tão difícil mudar uma atitude quanto se costuma pregar por aí. E, mais uma vez, com o exercício de um comportamento.

Imagine que você queira mudar um comportamento A, compatível com uma atitude X, por um comportamento B, que não é compatível com a atitude X, mas é determinado pela atitude Y.

Pois saiba que, muito provavelmente, se você exercitar persistentemente o comportamento B, até que ele se torne um hábito, substituindo o A, automaticamente, até mesmo sem que você se dê conta disto, sua atitude X será substituída pela atitude Y correspondente ao novo comportamento.

E tudo estará perfeitamente adequado.

Em outras palavras: a prática adequada e persistente de um comportamento não só o fixará como, por tabela, atrairá a atitude correspondente.

Duvida?

Experimente.

Aliás, faz bem em duvidar, em princípio, de tudo o que estamos discutindo aqui. Mas não o despreze ou ignore; pelo contrário, experimente. Você sentirá os resultados – a melhor maneira de construir suas próprias verdades.

Procure sempre mudar atitudes em relação às coisas que podem ser importantes para seus sonhos; evite a todo custo a pura e simples aplicação de receitas prontas.

Um provérbio chinês apregoa: "Não podeis impedir que os pássaros da tristeza voem sobre sua cabeça, mas podeis impedi-los de lá fazer seus ninhos."

William James, o célebre psicólogo norte-americano, ensinava como: "Se quiser ficar alegre, aja como se estivesse alegre."

Simplista? Não, apenas simples, como as coisas óbvias. Nossas reações emocionais tendem a acompanhar as manifestações físicas – a mente acompanha o corpo.

Bem como o corpo acompanha a mente.

Uma forte tensão emocional é minimizada pelo alívio da tensão física por ela provocada. Daí as técnicas de relaxamento, massagens etc. para aliviar tensões emocionais.

Daí a tensão física provocada pela tensão emocional. E as dores no pescoço, na nuca e nos ombros, como vão? Sinais de estresse, preocupações, tensões, pois não?

A cada tipo de tensão emocional costuma corresponder uma tensão física.

Sente-se desanimado, prostrado, cansado da vida? Levante os braços! Bem alto. Percebe como é difícil sentir-se prostrado com os braços para o alto? Pois essa não é a postura adequada à prostração; pelo contrário, a postura adequada são os ombros caídos, a cabeça baixa, com o queixo junto ao peito, os braços pendentes ao longo do corpo.

Infelizmente, não é de bom tom andar sempre com os braços levantados; além de ser muito cansativo, pode ser tomado como ocorrência de assalto...

William James reafirma sua teoria em outra frase: "A maior descoberta de minha geração é que os seres humanos conseguem alterar as suas vidas alternando apenas as suas atitudes mentais."

Atitudes mentais adequadas geram força, determinação, persistência.

Geram comportamentos adequados.

Bem como comportamentos adequados criam atitudes adequadas.

> "As escolas deveriam se dedicar menos ao ensino das respostas certas, e mais ao ensino das perguntas inteligentes."
> *Rubem Alves*

> "Se você construir castelos no ar não perderá seu trabalho.
> É aí que eles devem estar.
> Apenas coloque alicerces embaixo deles."
> *Henry David*

> "Alguns são tidos como corajosos só porque tiveram medo de sair correndo."
> *Provérbio inglês*

Parênteses Para a Esperança

Falamos de acreditar em si mesmo, de determinação, de persistência, mas ainda não dedicamos algumas linhas a uma palavra significativa nos dicionários da auto-ajuda: ESPERANÇA.

Tem-se dito que a esperança é a primeira que nasce e, principalmente, a última que morre. E com toda razão. Mas há uma ressalva que me parece importante fazer. Sem dúvida, a esperança é indispensável ao autodesenvolvimento e à realização de sonhos, mas (há sempre um **mas**), por si só, não resolve nada.

A prática da esperança condiz, freqüentemente, com a origem da palavra – do latim *sperantia*, do verbo *sperare* – e com a definição que encontramos no *Dicionário Aurélio*: "Ato de **esperar** o que se deseja, expectativa, espera; aquilo que se espera ou deseja."

De fato, a esperança nos anima e nos eleva, garante nosso otimismo, nosso bem-estar e nosso equilíbrio emocional enquanto esperamos – até que o objeto de nosso desejo e de nossa espera se realize. Ou não.

Esperar – ou ter esperança – é animador, mas não garante o sucesso.

De certa forma, dá-nos força e nos mantém vivos – por isso é indispensável. Sem ela, sucumbimos a qualquer dificuldade ou barreira que se interponha à realidade de nossos sonhos.

Mas, embora nos dê força, não garante o desempenho.

Não basta ter esperança, é preciso ação. Sem empenho e competência a força gerada pela esperança se dissipa.

Quantas vezes nos contentamos em ter esperança, em apenas desejar e esperar que aconteça, como se isso bastasse... Depois, a frustração, o desengano, as queixas.

Ter esperança, sem agir, não deixa de ser uma acomodação, uma maneira de nos isentarmos da responsabilidade de ir à luta, ou de nos conscientizarmos da impossibilidade de fazê-lo.

Já a esperança, precedida do sonho – que lhe dá sentido – e consagrada pela ação, tende sempre a representar sucesso.

Talvez, estendendo um pouco o raciocínio, possamos relacionar, numa seqüência lógica, algumas palavras ou fatores que contribuem significativamente para a realização dos sonhos.

O **sonho** desperta o **desejo**, que provoca a **esperança**, que gera **otimismo**.

Já o otimismo é uma faca de dois gumes: por um lado, pode bastar a si mesmo, resultando em **acomodação**, a partir do que conseguir ou não os resultados que se espera passa a ser uma questão de acaso ou de sorte. Ou de esforços alheios.

Por outro lado, o otimismo pode fortalecer-se numa verdadeira **crença** nos resultados, derivando numa crença em si mesmo – em **acreditar** em seus potenciais (ou até mesmo em intermediários que eventualmente os representem – santos, anjos, bruxos, rezas ou fadas).

O acreditar em si mesmo (traduzido por **autoconfiança**) desperta a motivação que existe em todos nós, que é a força motriz, a força geradora da **determinação**, que é, por sua vez, coroada com a **ação** (ou o desenvolvimento da competência necessária).

Finalmente, a **persistência** na efetivação da competência – ou da ação desencadeada – é a garantia de resultados satisfatórios.

Da realização do sonho.

Assim, a **esperança** não é tudo, mas é uma etapa indispensável do processo.

Talvez, agora, você pergunte: "Mas, e a sorte? Dependemos ou não de sorte?"

Aqui cabe uma discussão que já se estende por muitos e muitos anos.

Alguns afirmam que, sem sorte, nada feito; que a sorte tem peso respeitável no caminho para o sucesso. Afinal, qualquer torcedor de futebol sabe que o goleiro, para ser craque, não basta ser bom, é preciso ter sorte. E assim na vida.

Já outros dizem que não, que sem competência nada se consegue. Ou, invertendo a frase, a competência dispensa a sorte. Ou faz sua própria sorte.

Anthony Robbins, um dos propagadores da Programação Neurolingüística, proclama: "Quanto mais me preparo, mais sorte eu tenho!"

Muitos, entretanto, consagram hoje em dia uma forte frase de efeito: "Sorte é quando a competência encontra a oportunidade."

Se você está bem preparado terá condições de aproveitar as oportunidades que surgem em sua vida. Caso contrário, talvez nem ouça a oportunidade batendo em sua porta...

Eu prefiro outra posição: competência mais oportunidade são garantia de sucesso. Ou seja, sorte, em meu ponto de vista, é justamente a ocorrência da oportunidade.

Freqüentemente a ausência de oportunidade/sorte compromete o sucesso, desqualificando a competência. No entanto, pessoas competentes são capazes, conforme as circunstâncias que envolvem sua atuação, de criar as próprias oportunidades.

Dificilmente a sorte/oportunidade sem competência produz bons resultados. Pelo menos, a probabilidade é extremamente baixa – uma extraordinária coincidência.

O que é preciso é muito cuidado para não justificar a falta de sucesso pela falta de sorte, pois oportunidades estão sempre surgindo para todos.

O que comumente falta é mesmo competência.

Mas que é tentador é. Afinal, nada mais confortável para evitar arranhões na auto-imagem que atribuir fracassos e deslizes a essa famigerada falta de sorte.

É sempre mais saudável, para garantia de bons resultados, cuidar do desenvolvimento da competência, não só para o trabalho como também para o mais importante: para o ato de viver.

Para realizar os sonhos que criamos e que dão sentido à nossa existência e significado à nossa vida.

> "Não busco discípulos para comunicar saberes.
> Os saberes se encontram nos livros.
> Busco discípulos para plantar neles as minhas esperanças."
>
> *Rubem Alves*

De Olho na Competência
Ela Tem Duas Faces

É comum falarmos em competência quando nos referimos ao trabalho numa empresa ou nas atividades de um profissional liberal. Por quê? Porque a competência, nesses casos, é essencial, como determinante de sucesso, remuneração, qualidade de vida e prestígio profissional e social.

Deveria ser comum falarmos também em competência para viver. No entanto, não é, como se não tivesse a mínima importância o grau de competência para a realização pessoal, para ser feliz, para ser pai ou mãe – e promover não só a própria felicidade como a do(a) parceiro(a) e a dos filhos.

Como não se exige nem se considera a competência, também não se cuida da preparação para ser competente.

Você foi ou está sendo preparado para ser pai ou mãe? Não estou falando de "cursos" de um fim de semana promovidos, particularmente, por entidades religiosas. Falo de coisas bem mais complexas como efetividade e eficácia no relacionamento humano, na comunicação, nos ajustes psicológicos, na economia doméstica, no planejamento da família, na responsabilidade de educar – desde o nascimento até encarar essa fase surpreendente e complicada que é a adolescência.

E a competência para encarar a vida e dar-lhe sentido? Quanta coisa poderia ser ensinada (e aprendida!) nas mais diversas fases do desenvolvimento, além dos rudimentos da socialização praticados nos primeiríssimos anos do ensino fundamental, totalmente abandonados nas aulas restantes, até o ensino superior, quando a preocupação é só a de se formar o técnico!

E nem mesmo se cuida de formar o profissional realmente competente, no sentido mais amplo, expressivo e tão fundamental e malcompreendido do termo.

De que reclamamos, porém, se nem ao menos se exigem preparo e competência dos políticos, a começar dos vereadores até os cargos mais altos – aqueles cidadãos que se destinam a tomar as mais sérias decisões e traçar os rumos de todo um povo?

Pois aqui refletiremos sobre competência nesse sentido mais amplo; competência para viver, em todas as suas facetas, inclusive para atuar profissionalmente.

Falar nisso, você é competente?

É o que eu pensava: depois de alguma hesitação pela surpresa da pergunta e numa muda homenagem à modéstia, você responde mentalmente, com seus botões, que sim, "claro que eu sou competente!"

E se a pergunta fosse: – "Você é incompetente?"

Será que mentiria descaradamente, por convicção ou por ignorância, ou seria sincero e diria com um nó na garganta: "Sim! Eu sou incompetente!"

Pois você é, também, incompetente. Aliás, muito mais isso do que aquilo.

Ah! Essa mania de generalizar! Fulano é competente, Beltrano é incompetente! Pois todos somos uma coisa e outra. Todos somos competentes em uma ou duas coisinhas e absolutamente incompetentes em todas as demais – e esse **todas** abrange uma infinidade delas.

Se falarmos em competência profissional, atenção para o primeiro grande segredo: procure dedicar-se àquilo em que você é mais competente, e evite disputar atividades em que seus concorrentes têm melhor preparo.

Simples, não?

Pois sim!

Se vem a calhar sermos competentes em algo que seja favorecido pelos "ibopes" do momento, tudo bem, magnificamente bem. Mas, nem todos são privilegiados. Ou você acha que a cultura, a sociedade ou as organizações valorizam igualmente e ao mesmo tempo todas as competências?

Se a sua estiver, hoje, sob a luz dos holofotes, tudo bem, vá em frente, dedique-se a ela de corpo e alma.

E se não estiver?

Nesse caso, atenção para o segundo segredo do sucesso: faça o que você gosta de fazer e, sobretudo, mas sobretudo mesmo, torne-se competente naquilo que fizer.

No entanto, quando falamos em competência para viver (bem!), aí você já não tem muita escolha – deve buscar ao máximo tornar-se competente, aprendendo aquilo que não lhe ensinaram nas escolas, e, muitas vezes, nem mesmo em sua casa (afinal, também nossos pais não foram brindados por um ensino adequado nesse item, transmitindo-nos o que puderam aprender por sua conta nas escolas da vida).

E aqui você não concorre com ninguém: é você consigo mesmo. Não importa que seus semelhantes sejam mais ou menos competentes, importa apenas que você o seja. Afinal, a vida é sua e ninguém pode vivê-la por você (embora haja gente por aí que vive tentando viver a vida dos filhos...).

Felizmente, você é dotado de uma imensa capacidade de aprender e desenvolver habilidades.

Para discutirmos um pouco este tema, vou criar uma analogia: tratar você como se fosse uma organização (vamos partir do que é mais comum, para tornar mais fácil, já que sempre associamos competência à atividade profissional): a organização *sui generis* **Você S.A.**

Tudo bem, nada original, como você já deve estar pensando. Mas posso dizer algo em minha defesa: há um bom tempo, traduzido em vários anos, criei um curso baseado nessa idéia e batizei-o de Você S.A. – expressão que também usei como título de um artigo que escrevi e que foi publicado em diversos jornais e revistas (muito bem documentado portanto). Alguns anos depois, um aclamado guru norte-americano usou a mesma expressão em palestras e artigos.

Não deu outra: os editores de uma nova revista voltada para temas gerenciais e empresariais batizou-a com essa mesma expressão. Daí...

Mas, na verdade, não posso me queixar. Alguns anos antes de meu curso e de meu artigo, foi feito um filme para treinamento profissionalizante denominado... isso mesmo "Você Mesmo S.A.". Certamente essa expressão já vinha sendo usada há muito tempo. Afinal, nada se cria, tudo se transforma...

Mas, voltemos ao tema (desculpe a derivação): estamos falando de uma organização ímpar: Você S.A.

Ah! Diria ainda você, uma empresa é uma empresa. Tem objetivos, metas, planejamento e muitas áreas e setores para produzir e apoiar a produção e as vendas. Você S.A. é outra coisa, uma figura de linguagem!

Ledo engano, caríssimo leitor. Você S.A. é uma organização completa: mais que objetivos, ela tem sonhos. E na perseguição de sonhos, ela tem metas – e, de uma maneira ou de outra, planeja os caminhos e as ações para alcançá-las. Ou deveria planejar...

Você S.A. tem seu setor de produção: a mente, que cria sonhos e idéias, e os músculos, que operacionalizam os comportamentos para realizá-los.

E tem seu setor de **marketing** e de **vendas** – nos órgãos dos sentidos, que pesquisam e informam as condições do mercado, e na linguagem (verbal e não-verbal), que comunica, persuade, negocia e vende idéias, serviços e produtos.

E, como qualquer organização que se preze, tem todas as áreas de apoio de que necessita, muito bem organizadas. **Suprimentos?** Aparelho digestório e respiratório, coletando e combinando alimentos e oxigênio, para geração de energia, matéria-prima da produção, e para produzir o material necessário à preservação de sua própria estrutura.

Transporte? Sistema circulatório, distribuindo alimentos e oxigênio para as células, pequenas usinas energéticas e de reposição, e recolhendo e eliminando detritos, gases e toxinas.

Serviços Gerais? Sistema renal e glândulas exócrinas, providenciando a limpeza.

Segurança? Sistema linfático e leucócitos, policiando e combatendo intrusos.

Expansão? Sistema reprodutor, garantindo a extensão e a preservação, num sistema assim como de **franchising**.

Comunicação e RH? Sistemas nervoso e endócrino, garantindo a integração das partes e a sincronização de funções.

Mas, tudo isso, por mais organizado e bem-estruturado que seja, só funciona, só produz bons resultados, só realiza sonhos e objetivos – tanto em empresas como em organizações Você S.A. – se for **bem gerenciado**. Para isso, a empresa conta, hoje, com formidável rede de informática e bons gerentes para usá-la.

Você S.A. conta com o mais fantástico computador jamais imaginado: **seu cérebro** – e, como gerente geral, você mesmo.

Sem um bom gerenciamento, nem a empresa nem Você S.A. serão competentes na perseguição de seus objetivos.

E sonhos.

Você é um bom gerente de si mesmo?

Já desenvolveu adequadamente a competência necessária para gerir este modelo de estrutura organizacional que é Você S.A.?

Talvez ainda considere competência uma mistura balanceada de conhecimentos e habilidades, calcados num potencial genético básico e com uma pitada de motivação, para tempero.

Pois convém rever esse conceito.

Se considerarmos competência como capacidade para alcançar, de fato, os resultados pretendidos, é preciso muito mais do que isso.

No âmbito empresarial, nosso ponto de partida, é até perda de tempo (será?) desfilar exemplos cotidianos de profissionais reconhecidamente excelentes do ponto de vista técnico, com vasto cabedal de conhecimentos e bem-treinadas habilidades, coroados por vistosos MBA e PHD. Profissionais estes que, na prática do dia-a-dia, se enrolam em suas emoções e produzem os mais retumbantes fracassos, de maneira constante ou ocasional, mas sempre tingindo indelevelmente de vermelho os gráficos de suas empresas, e encaminhando rapidamente sua imagem profissional para o limbo.

Conhece algum?

Vários?

Muitos?

Aqueles que se traem no suor frio e na gagueira ao tentar vender um projeto, ou que se perdem na arrogância e na agressividade ao tratar com colegas, com subordinados, ou mesmo com chefes, ou que exalam antipatia e põem clientes a correr, na incompetência para persuadir, ou que enterram suas metas na impulsividade e no descontrole de seus atos e de suas decisões, ou que...

São tantos **ou** que não vale a pena continuar. Melhor falar nas decisivas habilidades que poderiam evitá-los, se fossem levadas a sério...

Habilidades como autoconhecimento, auto-estima, autogestão, autocontrole, automotivação, empatia e algumas outras, inerentes a dois tipos de **inteligência**, dentre aquelas apontadas por Howard Gardner, que poderiam ser mais bem utilizadas: as inteligências interpessoal e intrapessoal.

Pois, sem elas, a propalada competência, restrita aos conhecimentos e habilidades técnicos, dirige-se celeremente para o brejo.

Sim, meu caro leitor, estou falando da habilidade de lidar com as próprias emoções que os adeptos de Daniel Golemam chamam de **inteligência emocional**, que inclui também as relações humanas, cuja importância a maioria dos empresários e gestores insiste em relacionar apenas com um bom ambiente de trabalho e um clima organizacional satisfatório. E, por outro lado, ignoram seu valor extraordinário como "ferramenta" indispensável à persuasão, à negociação, à venda, à conquista e manutenção de clientes, à gestão de equipes e à liderança de pessoas.

Isso na empresa. E na condução da própria vida, rumo aos sonhos que a traduzem?

Também a competência para viver abrange conhecimentos e habilidades e, sobretudo, os itens relacionados à inteligência emocional. Principalmente esses.

Direis agora, tresloucado amigo (com licença de Olavo Bilac), que sentido tem falar de algo tão óbvio nos dias atuais, como a importância das emoções e do relacionamento humano?

Pois já constatava Nélson Rodrigues que o óbvio, mesmo quando ululante, não costuma ser ouvido facilmente.

Se fosse ouvido com atenção, estariam as empresas hoje mais preocupadas com o desenvolvimento da competência emocional de seus profissionais, pois é ela o fator decisivo para incrementar ou coibir as habilidades técnicas e gerenciais. É dela, seguramente, a maior parcela de influência nos lucros.

Se fosse ouvido com mais atenção, os profissionais, os empresários e talvez até VOCÊ, meu caro leitor, já teriam descoberto (de fato, e não apenas no discurso) que a inteligência emocional não é um dom que se tem ou não; é habilidade inestimável que, como tal, **pode** e deve ser desenvolvida.

Se fosse ouvido com mais atenção, nossas escolas, tanto de nível médio e superior quanto de pós-graduação, já teriam inserido em seus currículos os conhecimentos e técnicas necessários ao desenvolvimento dessa habilidade, e dariam tanta importância à educação (realmente educação) quanto ao ensino profissionalizante. Visando, obviamente, não só à competência profissional mais completa e eficaz, como também – e, talvez, principalmente – à qualidade de vida e à felicidade da pessoa.

A competência, tanto para produzir como para viver, tem, de fato, duas faces: a face do conhecimento e da habilidade (capacitação) como a face da inteligência emocional e interpessoal. Elas se completam e são, ambas, indispensáveis ao sucesso, seja da organização, seja do indivíduo.

Ou da organização **Você S.A.**

Você S.A. sabiamente tem dois cérebros em um, ou dois hemisférios cerebrais, distribuídos funcionalmente, mas integrados em um todo gerencial e administrativo da corporação: o esquerdo – lógico, racional –, e o direito – criativo, mágico. E também um córtex – perceptivo, analítico, racional, e um sistema límbico – emocional, afoito, reativo.

Integrados, podem gerenciar com perfeição toda a organização; desconectados, ou coibidos total ou parcialmente em suas funções, deixam a organização capenga, sujeita a altos e baixos.

Costumamos supervalorizar a razão e relegar a segundo plano a emoção. Mesmo quando alertados sobre ela e convencidos – racionalmente – de sua importância – pela ciência, pelos fatos, pela vida, em tudo o que vivemos e presenciamos, ainda assim continuamos a relegá-la na conivência com a idéia (absurda) de que o uso que fazemos dela é imutável – um dom, um traço genético da personalidade.

No mar de nossa sabedoria (racional), preservamos ainda uma ilha de ignorância, protegida pelo conservadorismo, que ressoa influentemente em expressões como "pau que nasce torto morre torto".

E lá vamos capengando emocionalmente pela vida afora.

Reestruturando empresas e capengando. Informatizando o mundo e capengando. Globalizando costumes e economia e capengando. Capengando na realização de nossos sonhos, capengando na condução de nosso destino, capengando na educação de nossos filhos.

Capengando pela vida afora, até que a morte nos separe.

Mas nem tudo está perdido quando resta uma esperança. E a esperança pode brotar em otimismo.

Otimismo que, quem sabe, corre o risco de se tornar uma crença, de nos levar a acreditar em nós mesmos.

E tal crença, forte como é, pode gerar motivação, criar determinação e nos lançar à ação.

Persistente.

Se podemos mudar o mundo, podemos aperfeiçoar a nós mesmos. Se podemos criar sonhos, podemos realizá-los.

Desenvolver a inteligência emocional é o terceiro grande segredo do sucesso – profissional e, principalmente, pessoal.

É a *chance* de aprimorar a competência para o ato de viver.

Um sonho impossível? Talvez. Mas um sonho necessário.

Um sonho tão necessário como a esperança de superarmos as crises e desacertos em que vivemos, não apenas a crise de hoje ou de amanhã, mas todas as crises, e superá-las sem traumas e dores, pela única maneira que podem ser superadas: por nossa evolução como seres humanos.

Difícil? É, mas não pela complexidade metodológica ou processual, mas pela dificuldade que encontramos em acreditar que é possível e em querer consegui-lo.

Pela falta de autoconvencimento de que é necessário, proveitoso e altamente recompensador.

É a dificuldade do querer, muito mais do que do **poder**.

Talvez você pergunte: "Que provas há?", "Quais são as evidências?", "Que notáveis cabeças pensantes (além da minha, não por ser notável, mas por ser também pensante) estão por trás dessa idéia?", "Que formidáveis pesquisas engendradas pelas maiores instituições do mundo apontam nessa direção?"

Todas essas respostas poderiam ser dadas e todos os nomes e fontes, relacionados. E não provariam nada. Como qualquer outra teoria nesse campo, ou qualquer modelo, por mais brilhante que pareça, ou por mais eficiente que tenha demonstrado ser, só pode ser validada de uma maneira.

Não importa muito quem teorizou, nem quem aplicou – tudo são apenas referências. Importa, sim, a análise cuidadosa – **sua** e seu julgamento pessoal, guiados por sua própria vivência e sua própria realidade.

Há uma frase atribuída a Sir Winston Churchill que vale ser lembrada: "Todo homem com mais de 40 anos é responsável pela cara que tem."

Não importa muito a idade limite, importa o conceito. Até certo ponto da vida, enquanto não aprendemos a ler, enquanto não temos viva consciência de nós mesmos, enquanto não temos acesso a fontes de informações e conhecimentos, podemos atribuir nossos defeitos e fracassos à nossa pobre origem ou às intempéries da vida. Mas, depois, passamos a ser responsáveis pela pessoa que somos.

Claro que há exceções – há situações que podem ser realmente intransponíveis. Mas certamente não é o caso da grande maioria que sabe ler, escrever e pensar.

Certamente não é o meu caso, e muito provavelmente não é o seu.

Como crianças e adolescentes, somos, em grande parte, frutos de nossos pais e da educação que tivemos.

Como adultos, somos criaturas de nós mesmos.

Quando a questão deixa de ser: "Posso gerenciar minha vida e promover o meu próprio desenvolvimento?" e passa a ser: "Como gerenciar minha vida e promover o meu próprio desenvolvimento?", há um grande avanço, mas ainda não é tudo. O avanço definitivo vem quando dizemos, com a mais absoluta convicção: "Eu vou gerenciar minha vida e promover o meu próprio desenvolvimento!"

Quando se inverte a ordem dessas três frases, e se começa com a convicção: "Eu vou gerenciar minha vida...", a segunda, automaticamente, passa a ser: "Como gerenciar minha vida..." E a terceira simplesmente deixa de existir.

Consideramos um caminho básico para desenvolver habilidades.

O primeiro passo é **querer**.

É ter **interesse real** no desenvolvimento da nova habilidade. Esse interesse nasce, **necessariamente**, de uma necessidade emergente, provocada por uma situação-problema ou oriunda de um sonho, tão claro, tão forte que se faz objetivo e necessidade. É diferente do interesse que, aqui, chamamos de aparente, isto é, aquele interesse que nasce da dependência social – "Tenho interesse em política porque todo mundo tem e, se não tiver, serei muito malvisto e depreciado."

Como o interesse real nasce de uma necessidade emergente, que, como tal, precisa ser satisfeita a qualquer custo, ele é totalmente orientado para aquilo que satisfaz a necessidade, que, aqui, chamamos de **benefício**.

Portanto, o interesse real, o **querer**, é despertado e representado pela **percepção de benefícios**, isto é, pela certeza de que haverá ganhos compensadores.

A percepção de benefícios, quando suficientemente intensa, gera na pessoa a **motivação** para a ação: quanto mais percebo benefícios como conseqüência de determinada ação, mais me sinto inclinado a empenhar-me nela.

E a comprometer-me com ela.

A motivação e o comprometimento levam à busca de informações capazes de proporcionar a base necessária à realização de ações que levem aos benefícios.

Informações não são apenas dados, mas coisas significantes relacionadas à habilidade que pretendemos desenvolver.

O conjunto das informações, que podem ser colhidas nas mais diversas fontes (cursos, seminários, livros, artigos, especialistas, Internet etc.), será estruturado como conhecimento, isto é, aquilo que conceitua, explica e induz a habilidade.

O conhecimento, entretanto, não é habilidade. É apenas a base teórica para seu desenvolvimento. Não produz resultados por si mesmo, mas é indispensável para possibilitar a habilidade que levará aos resultados.

A habilidade é desenvolvida pelo exercício, repetitivamente, até que se automatize em uma ação consolidada.

A habilidade é alcançada pela prática do conhecimento.

Sem mágicas. Sem alternativas.

Portanto, a aprendizagem se completa quando traduzimos o conhecimento em habilidade, pelo exercício determinado e persistente, até que todo o processo seja absorvido, passo a passo, em nosso cérebro, tornando-se automatizado.

Mas, nesse caminho, tem uma pedra.

Tem uma pedra no meio do caminho, já apontava Drummond em sua sensibilidade para os percalços desta vida.

Essa pedra se chama determinação e persistência. É onde a vontade comumente prevarica.

A determinação pode ser estimulada pela revisão (percepção) periódica dos benefícios que se vai alcançar, e pela automotivação, que pode ser cultivada por diversos procedimentos, alguns derivados da programação neurolingüística, como discutiremos num dos próximos capítulos.

Através desse processo, podemos desenvolver as habilidades que quisermos, motoras, emocionais ou interpessoais, e fazer de nós o ser humano que quisermos ser.

Aquele desenhado em nossos sonhos.

Não é uma questão de acaso, sorte ou oportunidade. É uma questão de motivação e determinação.

Uma questão de **querer**.

Complexa, mas, paradoxalmente, tão simples assim.

"O gênio é Deus que nos dá, mas o talento está por nossa conta."

Gustave Flaubert

"É preciso coragem para ter talento."

George Brandes

Perseguindo Sonhos
Pelos Caminhos da Vida

Chega a ser engraçado como, talvez inconscientemente, dirigimo-nos ao leitor como se ele e todos os demais, mas principalmente ele, precisasse urgentemente de uma mudança radical em sua vida para ter uma *chance* de ser feliz.

É bem verdade que a grande maioria das pessoas poderia se realizar mais e melhor, e poderia ser mais feliz se atentasse um pouco mais para algumas coisas como essas que discutimos aqui.

Talvez não seja o seu caso, prezado leitor, mas, se está sendo de alguma utilidade para você, vamos em frente.

Qual é o melhor momento de iniciarmos a produção de algum tipo de mudança em nossas vidas?

Alguns acham que é sempre a segunda-feira (dia universal de começar dietas para emagrecer); outros não abrem mão do Ano-Novo – 1º de janeiro (na verdade, dia 2, porque, afinal, no primeiro dia ainda estão sob efeito do *Revéillon* – quando geralmente já se quebrou o encanto do dia 1º).

Já outros preferem esperar um dia tranqüilo, um dia de paz, sem estresse, sem as crises que vivem assolando nossas vidas.

E o tempo vai passando...

Pois costumo considerar que o melhor momento é sempre agora. Não ontem, que já se foi, nem amanhã, que será tarde.

Considero que, para nossas emoções e sentimentos, para nossos comportamentos e para a realização da própria vida, não existe passado nem existe futuro. Só existe o presente, pois é nele que o passado e o futuro se realizam e fazem sentido.

Passado é a evocação e o **sentir hoje** coisas que existiram quando sua existência era presente. Portanto, a lembrança de **hoje**.

Futuro é o criar, o vivenciar e o sentir hoje coisas que só existirão quando sua existência for presente. Portanto, a imaginação de **hoje**.

Assim, devemos aprender a lidar melhor com o presente, que é quando as coisas de fato acontecem.

Sempre que deixamos para realizar algo depois, algum dia, não estamos certamente realizando nada, estamos apenas prorrogando o sonhar.

Também é preciso lembrar sempre que realizar algo não é aplicar um novo conhecimento, uma nova idéia, como uma receita de bolo que deve resultar de imediato na primeira tentativa.

Realizar uma mudança de comportamento é, antes de qualquer coisa, criar uma nova competência, desenvolver uma habilidade que não existia, e que só então, automatizada e incorporada à personalidade, produzirá os frutos esperados.

Sobretudo quando emoções estão envolvidas.

Tenho ouvido muito justificativas de que "o momento não é oportuno para mudanças pessoais; afinal, as preocupações, o estresse, a crise..."

Pois estamos atravessando uma crise! E quando não estivemos?

Crises maiores, crises menores, mais graves, menos graves – as crises são eternas, desde que o homem existe e enquanto existir, pois todas as crises começam e terminam no próprio ser humano. Não importa que estejamos falando de crise econômica, crise social, ou da educação, ou da saúde.

São crises? Não, são mudanças. E mudanças decorrentes, salvo alguns fenômenos naturais, de ações humanas, através de avanços tecnológicos e intervenções cada vez mais profundas e freqüentes na natureza, além daquelas calcadas na ambição desmedida e no egocentrismo.

A crise é humana. É aquilo que é vivido, sentido e experimentado pelo ser humano, quando seus comportamentos começam a se mostrar inadequados e sua vida começa a ser afetada pelas novas condições de seu meio ambiente ou do *modus vivendi* da cultura e da sociedade onde se insere.

A crise é sentida pelo homem quando – ou enquanto – não se processar a adaptação de seu comportamento às novas circunstâncias geradas pelas mudanças.

Mudanças são apenas fatos, ocorrências; não trazem qualquer significado intrínseco. E são constantes e contínuas em todos os tempos que a história registra – tanto a história geológica, quanto a biológica e a humana.

O problema se acentua quando as mudanças se tornam mais aceleradas, levando o homem a uma defasagem mais significativa na sua adaptação ao novo.

Portanto, a causa primária da crise é a incompetência do homem em se adaptar rapidamente, em produzir comportamentos "preventivos", preparando-se para as mudanças, ou, digamos assim, "terapêuticos", na velocidade adequada.

Aqui, um cuidado especial: que não se tome **adaptação** como simples **acomodação**. A adaptação é necessária para não se viver em crise, mas, se as mudanças que exigem essa adaptação são produzidas pelo próprio homem, não podemos abrir mão de nelas interferir, em todo o âmbito em que pudermos fazê-lo.

Adaptação sem interferência nas mudanças é permitir que continue tomando rumos que não nos são favoráveis. Tentar interferir sem adaptação é como lutar contra moinhos de vento.

Aí pelos anos 550 a.C., o célebre filósofo Confúcio já pregava: "Os grandes antigos, quando queriam revelar e propagar as mais altas virtudes, punham seus Estados em ordem. Antes de porem seus Estados em ordem, punham em ordem suas famílias. Antes de porem em ordem suas famílias, punham em ordem a si próprios. Antes de porem em ordem a si próprios, aperfeiçoavam suas almas. Antes de aperfeiçoarem suas almas, procuravam ser sinceros em seus pensamentos e ampliarem ao máximo os seus conhecimentos. Essa ampliação dos conhecimentos decorre da investigação das coisas, ou de vê-las como são. Quando as coisas são assim investigadas, o conhecimento se torna completo. Quando os pensamentos são sinceros, a alma se torna perfeita. Quando a alma se torna perfeita, o homem está em ordem. Quando o homem está em ordem, sua família também fica em ordem. Quando sua família está em ordem, o Estado que ele dirige também pode alcançar a ordem. E quando os estados alcançam a ordem, o mundo inteiro goza de paz e felicidade."

Antes de mudar o mundo, cuidarmos de nós mesmos. Tornarmo-nos mais fortes e mais saudáveis física e mentalmente.

Mais conscientes, mais resolvidos, mais felizes. E, portanto, mais fortes e capazes.

Assim estaremos contribuindo para um mundo melhor e, em vez de uma luta amarga, vivermos bem enquanto lutamos.

Não é preciso o desespero para resolver problemas, aliás, o desespero só dificulta a solução.

Daí, mãos à obra. Cuidemos de construir melhor a nossa vida, perseguindo nossos sonhos.

O primeiro passo, indispensável, é **acreditar**. O que parece fácil, mas tem-se mostrado uma das coisas mais difíceis para a maioria das pessoas.

Até parece que, negando-se a acreditar na possibilidade de mudança pessoal, fica-se isento da responsabilidade de tentar, do compromisso com os resultados e da dedicação aos exercícios necessários.

Ou, talvez, puro e simples medo do fracasso.

E salve a zona de conforto... e, quem sabe, a cômoda mediocridade.

Mais fácil acreditar no destino: – *maktub*, assim está escrito: já nascemos predeterminados – o nosso temperamento, as nossas preferências, os nossos dons, o grau de nossa racionalidade (ou de nossa esperteza, de nossa chatice, de nossa malandragem).

Há uma tendência bastante forte de atribuirmos tudo o que somos e todos os nossos atos, bons ou maus (principalmente os maus), aos genes.

Hoje, com os avanços – e notoriedade – da genética e o mapeamento do código genético do homem, a história apenas parece acentuar-se. Se o fulano é um líder (ou um craque, ou um gênio, ou seja lá o que for) é porque tem o dom (os genes, sabe?); se é nervoso, agressivo – coitado! –, temos que ter paciência com ele! Nasceu assim, sabe? Os genes...

Mudar o meu comportamento? Desenvolver um pouco mais meu equilíbrio emocional? Desenvolver algumas habilidades de liderança? Não dá, sabe? Por mais que me esforce... Eu nasci assim! Afinal, os genes...

Pois é, "Pau que nasce torto..."; é o DNA, sabe?

Como se ninguém fosse responsável por nada que faz, ou pelo que é. Responsáveis, claro, são os pais que lhe transmitiram aquela inusitada combinação de genes, que, por sua vez, também não poderão ser responsabilizados, já que seus avós... tataravós...

Este o maior entrave para o desenvolvimento das pessoas e o aprimoramento dos profissionais, em qualquer setor de atividade – a crença na imutabilidade do ser, hoje ainda mais reforçada pela autoridade dos genes.

E, no entanto, um ser que muda dia a dia, conforme os estímulos que recebe e as conseqüências de seu comportamento.

Bolas!!!

É como se fizesse parte da linguagem científica (ou de divulgação científica) a afirmação de que os genes são agentes absolutamente determinantes de todas as características físicas e psicológicas do robô, digo, ser humano.

Serão mesmo?

Acredito que não é bem assim.

Talvez em função de uma formação acadêmica um pouco misturada – de ciências biológicas, geológicas, psicologia e pedagogia –, que não me torna especialista em coisa alguma, mas me obriga a perceber e analisar as coisas por vários ângulos; talvez por minhas andanças pelo Brasil e pelo mundo afora, seja como professor em faculdades de medicina e de psicologia, seja como consultor de empresas e universidades para desenvolvimento pessoal e gerencial, o fato é que não percebo os genes com essa força tão determinante.

E não é por culpa deles. Afinal, fazem o melhor que podem.

Percebo-os, sim, em sua grande maioria, como condicionadores de comportamentos, ou, mais especificamente, como um potencial para o desenvolvimento de determinadas características ou comportamentos.

Propensão, é isso o que os genes proporcionam. Propensão para determinada característica, para determinado comportamento, para determinada habilidade, para determinada doença.

Temos propensão para a gripe, mas, se não nos expusermos a uma carga de vírus causadores da doença, evitarmos que nosso organismo fique debilitado, e reforçarmos nossas defesas orgânicas... não teremos gripe.

Genes, sim; gripe, não.

Por outro lado, se não temos lá essa propensão toda, mas não nos cuidarmos, vamos direto para a cama.

O gene, para concretizar uma característica, precisa, em muitos casos, de um ambiente favorável, um estímulo adequado, na intensidade adequada, no momento adequado.

E estímulos e momentos podem, freqüentemente, estar sob nosso controle.

Sermos ou não sermos competentes em algo depende, muitas vezes, mais de nossa vontade e determinação do que de nossos genes.

Não que eles não tenham influência, é claro. Quanto mais propícios às nossas pretensões, melhor.

Claro que, com a combinação genética adequada e muita determinação e trabalho, podemos ser craques – como Pelé, que juntou aos genes a determinação e muito treinamento. Mas, mesmo sem a melhor combinação genética, mas com muita determinação e trabalho, podemos ser destaques no ato de viver e em nossa profissão.

Por outro lado, com a melhor combinação genética possível, mas, sem trabalho e dedicação, seremos, provavelmente, pouco mais que uma boa promessa. Isto é, quase nada.

Nossas empresas e mesmo nossas ruas conhecem muitos "gênios genéticos" que são praticamente nada como profissionais e como seres humanos.

Talvez tenha faltado o estímulo certo, no momento certo, na intensidade adequada.

Talvez lhes tenha faltado a vontade, a determinação e a persistência que poderiam transformá-los em verdadeiros gênios.

Quantos se limitam à mediocridade simplesmente porque não acreditam em seu próprio potencial e em sua capacidade de desenvolvimento, convencidos de que não têm o dom, não têm os genes adequados (o que não deixa de ser curioso e trágico, porque só descobririam, de fato, se têm os genes adequados se se dedicassem ao exercício e ao treinamento).

Como não acreditam, não têm motivo para apostar, para se determinar e para persistir.

E quantos, ainda, se orgulham da própria mediocridade quando esta lhe é mostrada – e acreditam – como um valor.

O sucesso de cada homem, como o sucesso de cada organização, como o sucesso da própria nação certamente depende menos de um potencial genético, apesar de sua indiscutível influência e importância, do que da vontade, da determinação e da dedicação à aprendizagem, à educação, ao treinamento e ao trabalho.

Muitas vezes é conseguido pelo autodesenvolvimento.

O barco do sucesso pode não ter lugar para todos, mas, certamente, tem lugar para muitos. Muitos mais do que os que têm embarcado nele hoje em dia.

Questão de acreditar. Os genes ajudam, claro, e muito, mas não dão conta sozinhos.

Acreditar é preciso.

Mas é preciso acreditar mesmo, e não apenas acreditar (entre aspas) para efeito social e de marketing, mas nunca para uso próprio.

Por exemplo, todos aprendemos desde cedo e ao longo da vida – e sabemos, e "acreditamos" – que as pessoas são diferentes. Que todos somos realmente diferentes em nossas ações e reações, em nossas atitudes, em nossas crenças e valores, em nosso temperamento e, finalmente, nesse conjunto de fatores concretos e abstratos que chamamos de **personalidade**.

No entanto, também desde cedo e ao longo da vida, ainda que racionalmente o neguemos, reagimos e nos comportamos como se fôssemos todos iguais – esperamos dos outros as mesmas reações que temos, as mesmas opiniões, as mesmas atitudes. E, quando não têm, com que facilidade os tachamos de ignorantes, burros, incompetentes, esquisitos, neuróticos e até mesmo loucos.

Incongruência?

Certamente! Somos todos incongruentes – ou quase todos, numa concessão à idéia de que toda regra agasalha uma ou outra exceção.

Apesar do **conhecimento**, racional, que tomamos como **verdade**, não costumamos desenvolver (pela falta de exercício) a habilidade de o usarmos na prática, sempre dominada e dirigida pelas emoções e pelos sentimentos, senhores absolutos dos hábitos, dos costumes e das tradições que traduzem nosso cotidiano.

Basta observar o ser humano em ação: quando elogia, elogia de preferência aqueles que agem como ele próprio, ou como gostaria de agir; quando critica, critica aqueles que expressam opiniões diferentes das suas ou têm comportamentos diferentes dos seus (ou daqueles que gostaria de ter); quando fala, e pretende convencer o outro pela fala, ignora as diferenças e usa os seus próprios referenciais e seu próprio vocabulário (seja ele "administrês", "psicologuês", "medicinês" ou esse moderno e globalizante – para os incluídos," "informatiquês"), incluindo suas gírias e regionalismos, sem ao menos se dar conta dos estragos na arte de comunicar, que, afinal, é de seu próprio interesse.

Por outro lado, há uma forte tendência, no ser humano, de julgar os outros por seus próprios parâmetros, pela comparação com a bela imagem que faz de si mesmo e com suas inabaláveis e definitivas verdades e realidades, sem a menor concessão às diferenças individuais.

Assim, fica fácil e cômodo desqualificar os valores e as virtudes de seus semelhantes (mas nunca iguais), colocando-se sempre acima deles, evitando que sua auto-imagem sofra qualquer dano ou saia arranhada de eventuais comparações.

A diversidade humana pode tornar-se, portanto, um incômodo.

Incômodo para julgar, incômodo para comunicar (seja transmitindo idéias, convencendo ou ensinando), incômodo para se relacionar e para controlar.

Torna-se assim preferível, já que parece impossível eliminar tal diversidade, pelo menos, reduzi-la o mais possível.

Como?

Simples, meu caro leitor. Aquilo que costumamos fazer desde que começamos a existir: rótulos, criando, distribuindo e carimbando rótulos. Assim, nem todos ficam iguais, mas ficam agrupados em um número limitado de seres, facilitando nossas avaliações e nossos relacionamentos.

Se não dá para dividir para governar (já são divididos demais), o caminho natural é outro: organizá-los em alguns poucos grupos com características, digamos, comuns.

E, assim, vamos agindo ao longo de nossa história: agrupamos as pessoas, listamos meia-dúzia de características que supostamente todas de um mesmo grupo possuem, carimbamos sobre eles (os grupos) e sobre elas (as pessoas) um **rótulo** e, pronto, passamos a interagir... com os **rótulos**.

Alemão? Frio, técnico, disciplinado, rígido (bem ao agrado da imagem produzida na propaganda da Segunda Grande Guerra). **Francês?** Amante inveterado, mulherengo... e perfumado (por falta de banho). **Italiano?** Impulsivo, emotivo, anarquista, falastrão, amante infiel (ou mafioso). **Inglês?** Fleugmático, "britânico", egocêntrico (ou, por outro prisma, *underground*). **Americano?** Capitalista, imperialista, consumista, prático (donos do mundo). E assim vai...

Rótulos. O problema maior não é o fato de criá-los. É enquadrarmos rigidamente as pessoas neles e, principalmente, passarmos a interagir com essas pessoas não como são realmente, ricas e surpreendentes em sua diversidade humana, mas como passamos a vê-las (por nossa conta), com as características únicas e exclusivas que a elas atribuímos (ditadas por nossos próprios critérios).

Como também se torna grave e lamentável o fato de, ao nos dedicarmos a mudar os outros, enquadrando-os em nossas regras, evitarmos o desconforto de mudarmos a nós mesmos, adaptando-nos conscientemente à diversidade do mundo que nos rodeia.

Com isso, inibimos em nós um dos fatores mais importantes para enfrentarmos um mundo em constantes e cada vez mais aceleradas mudanças – a **flexibilidade**. Isso por estarmos cultivando o conformismo e a idéia absurda de que somos o que somos e nada podemos fazer a respeito, a não ser criarmos artifícios e truques para lidar com os outros de forma ilusória e contraditória.

E não se prendem os rótulos que criamos apenas a estereótipos internacionais.

Baianos? Festeiros e indolentes. **Cariocas?** Malandros e gozadores. **Paulistas?** Obcecados pelo trabalho. **Mineiros?** Enrustidos, trabalham em silêncio.

Serão mesmo? Alguns? Todos? Sempre? Não há diversidade entre os alemães ou entre os baianos?

E quando tratamos de características puramente individuais?

Os astrólogos classificam os seres humanos em 12 grupos, chamados signos, cada um determinante de traços personais e tendências comportamentais preestabelecidas pelas confluências dos astros, de acordo com o mês (período de 30 dias) de seu nascimento, e pela hora em que nasceu (signos ascendentes).

Os chineses, em seu horóscopo, preconizam o mesmo, em características distintas, conforme não o mês ou a hora do nascimento, mas o ano que nasceu.

Na literatura empresarial, então, o festival é extraordinário.

Robert Blake e Jane Mouton enquadravam as pessoas (gerentes) conforme sua pressuposta tendência de orientação para pessoas ou para resultados, em seu *grid* gerencial, criando grupos de estilos de gerenciar pessoas que iam do 1.1 ao 9.9, passando pelo 1.9, pelo 5.5...

Paul Hersey e Ken Blanchard, da Ohio University, definiram os princípios da liderança situacional (I), não se furtando à tentação de classificar os líderes em quatro estilos de liderança, numerados de 1 a 4, de acordo com **algumas características** (comportamentos) aparentemente comuns. Mais tarde, Blanchard, baseado no *feedback* de alguns gerentes, segundo consta, achou por bem fazer algumas modificações, criando a liderança situacional II e explicando: "Não há nada mais desigual do que tratar pessoas diferentes de maneira igual".

Para Stephen Covey (e seguidores), pessoas eficazes comungam os sete hábitos que as tornam eficazes (não seis nem oito, apenas e exatamente sete...).

Dudley Linch, autor do *best seller A estratégia do golfinho* (1988), além de "reclassificar" os seres humanos em golfinhos (*Homo sapiens delphinus*), carpas e tubarões, conforme suas estratégias de ação, criou a Brain Tecnologies Corporation (Denver, Colorado, USA) que, juntando a idéia dos dois hemisférios funcionais (esquerdo e direito) com a divisão do cérebro em anterior (com predominância, racional, do córtex cerebral) e posterior (com predominância, emocional, do sistema límbico), estabeleceu uma metodologia de mapeamento cerebral, segundo o qual todos os seres humanos seriam classificados conforme a predominância, em seu comportamento, de um dos quadrantes derivados dessas referências (**controlador**, azul, e **perseguidor**, vermelho, no hemisfério esquerdo; **explorador**, amarelo e **preservador**, verde, no hemisfério direito).

Basicamente na mesma linha, Ned Hermann, ex-diretor de desenvolvimento de executivos da General Eletric, usou as mesmas referências e os mesmos quadrantes para criar, segundo seus difusores, uma metáfora do funcionamento do cérebro, tomando os mesmos quadrantes os nomes de A, B, C e D, cada um deles indicando características e impulsos algo distintos daqueles propostos por Lynch para os quadrantes correspondentes. Conforme sua teoria, a combinação de diferentes níveis de dominâncias concomitantes classificaria todos os seres humanos em exatamente 81 tipos, sendo 14 deles os mais comuns e encontrados em todas as sociedades...

Apenas alguns exemplos. Picaretagem?

Provavelmente não. Talvez a ânsia de reduzir e minimizar as diferenças individuais e melhor lidar com elas – abstendo-se de melhor entendê-las e interagir com elas como se apresentam. Talvez apenas um exesso de criatividade...

Outras tipologias existem – muitas outras – e continuam sendo criadas, usando ou não os quadrantes cerebrais, quase todas elas exaltando, ambiguamente, vejam só, a diversidade humana e defendendo o princípio de que não há um tipo bom ou mau, melhor ou pior, superior ou inferior – embora os iniciados mostrem indisfarçável preferência por se enquadrarem naqueles mais aceitos socialmente.

Quem sabe, leitor, você, em sua identificação pessoal, fizesse constar, além do registro, CPF, título de eleitor etc., que é do signo escorpião, rato no horóscopo chinês, gerente típico 9.9, líder do tipo 2, evidente explorador – com tendência a controlador, quadrante D, além de possuir todos os sete hábitos que tornam as pessoas eficazes...

Mas, deixemos de brincadeiras...

Interessante é o fato de que, quase independentemente da tipologia preconizada, qualquer que seja, as soluções sugeridas para aprimorar a comunicação com nossos semelhantes são praticamente as mesmas e se baseiam no fato (este sim, incontestável) de que **os seres humanos são diferentes**.

Admitem alguns cientistas, e mesmo autores de algumas dessas tipologias, que a influência genética é responsável por algo em torno de 30% do resultado final das características e habilidades humanas, sendo os 70% restantes determinados por influências externas. Portanto, culturais.

Não me pergunte como chegaram a estes números, pois estou vendendo pelo preço que comprei.

Mas, para mim, fazem sentido, já que o potencial genético representa, na maioria dos casos, uma tendência, que pode-se concretizar ou não, dependendo da qualidade, da intensidade e da freqüência dos estímulos ambientais que recebem. Portanto, de uma interação efetiva com o meio.

Assim, como vimos insistindo, as crenças, as atitudes e os comportamentos humanos (ressalvando alguns básicos de personalidade) são ditados mais pela cultura e influências circunstanciais do que pela hereditariedade, como podemos facilmente notar em inúmeras pessoas que mudaram, ao longo da vida, de ambiente cultural ou sofreram determinados tipos de pressão.

E nossos mecanismos de percepção, interpretando as coisas, pessoas e fatos que nos rodeiam, e criando uma realidade particular a cada pessoa, talvez sejam alguns dos principais responsáveis pelo que realmente somos.

Já entenderam os psicólogos, há tempos, que a personalidade é dinâmica, isto é, está em constante e contínua mudança.

Também faz sentido, já que nossa percepção é continuamente alterada pelo registro ininterrupto, momento a momento, de novas informações e de novas experiências que vivenciamos, já que a sociedade em que nos inserimos (e a cultura dela decorrente) está em constante mudança, não atuando, portanto, sobre o homem de uma única e definitiva vez, já que o nosso próprio organismo e a bioquímica de nosso cérebro também estão sujeitos a mudanças. Não só faz sentido como, ao que parece, não poderia ser de outra forma. Além das mudanças inevitáveis por força dos traumas e das pancadas que eventualmente levamos na vida.

Portanto, somos todos passíveis de mudanças.

Graças a Deus.

E podemos, portanto, mudar no sentido que quisermos, voluntariamente, quando tomamos conhecimento de alguns mecanismos que presidem nossos comportamentos e, consciente e determinadamente, atuamos sobre eles pelo exercício persistente que leva ao desenvolvimento de novos comportamentos e atitudes.

Para isso, há um ponto de partida essencial, englobando duas questões ou dois fatores: primeiro, quais são os sonhos, ou qual é o grande sonho – **o que esperamos alcançar**, em função do significado que atribuímos à nossa vida; segundo, quem realmente somos hoje, **em que posição estamos** em relação ao que desejamos alcançar.

Daí, que comportamentos mudar, que habilidades e competências adquirir?

É uma análise bastante complicada, se a tentarmos sem auxílio externo, unicamente por conta própria, pois a imagem que temos de nós mesmos sofre influência dos valores e das preferências da sociedade em que vivemos, e não corresponde exatamente àquilo que realmente somos e muito menos aos hábitos e comportamentos em que traduzimos, na prática, o que somos.

Costumamos, com extraordinária freqüência, incorporar valores sociais como se fossem nossos (mesmos sem conseguirmos praticá-los), para preservar nossa valorização e aceitação por nossos semelhantes.

Com isso, mentimos a nós mesmos e acreditamos na mentira.

Portanto, meu caro leitor, se a intenção é aquela com que iniciamos este capítulo – perseguir os nossos sonhos –, é preciso, antes de mais nada, definir muito claramente quais são eles e encará-los como objetivos.

Depois, buscar intensamente, humildemente e honestamente o autoconhecimento.

O Autoconhecimento

As atitudes que temos perante a vida e os condicionamentos que desenvolvemos ao longo de nossa existência funcionam como poderosos filtros em nossas tentativas de nos conhecermos melhor.

Considere, por exemplo, duas atitudes que algumas pessoas costumam desenvolver: o otimismo e o pessimismo.

Os **pessimistas** costumam ver os fatos pelo lado mais negativo, aumentando mentalmente as proporções de seus efeitos malignos e, muitas vezes, transformando-os em antevisões de catástrofes.

E sofrem com isso. Lembre-se do que discutimos anteriormente: nossas emoções não se derivam dos fatos, mas dos significados que atribuímos aos fatos.

Os **otimistas** buscam lados positivos ou, simplesmente, ignoram os eventuais efeitos malignos, apostando nos bons ventos que ainda vão soprar, ou em sua infinita capacidade de adaptação ao clima que Deus mandar.

E curtem a vida.

Indiferentes às reações de pessimistas e otimistas, os fatos continuam os mesmos. Não se tornam mais amenos em atenção aos otimistas, nem mais drásticos em função dos pessimistas. A única e marcante diferença é que, enquanto uns se desesperam, e praguejam e se encolhem e sofrem, os outros, remando no mesmo barco e enfrentando as mesmas águas revoltas, continuam vivendo e sorrindo e curtindo a vida.

E há um formidável efeito colateral: enquanto a energia de uns se esvai no praguejar contra as intempéries e a má sorte, sem mudá-las em nada, a energia dos outros é direcionada para tornar mais profícuo o futuro.

Talvez também não mudem em nada os fatos, mas estarão vivendo melhor enquanto passam por eles.

Os fatos passados não voltam, não podemos atuar sobre eles. Já as emoções que sentimos quando ocorreram não se esfumam no tempo – elas vão e vêm. Quando pensamos que se foram, cá estão elas de novo, a cada evocação do que passou, a lembrar-nos de que, se os fatos que se foram não importam mais, elas, sim, importam sempre, pois, enquanto os fatos ficaram no passado, elas ocorrem sempre no presente.

Quando apelamos para a memória e evocamos um fato, nós nos lembramos dele, mas as emoções que sentimos quando ocorreram voltamos a senti-las de fato no presente.

Emoções nunca são lembranças, são sempre vivências atuais.

No exercício de nos conhecermos melhor, não importam os fatos que nos envolveram, importa analisarmos como reagimos a eles e que emoções tivemos e trouxemos para o presente.

Relembrando: a significância das experiências que acumulamos não vem das coisas que nos acontecem ou dos problemas que enfrentamos, mas da maneira como os vivemos e do significado, para nossos sentimentos e emoções, que atribuímos a eles.

Conhecer a si mesmo é um profundo exercício de percepção e de análise de suas reações.

Da mesma forma que o mundo real, para cada um de nós, é uma interpretação – uma representação mental que fazemos do mundo físico a partir dos estímulos (energia) sobre nossos receptores, também o nosso **EU** é uma imagem idealizada, a partir dos significados que, ao longo da vida, atribuímos às experiências que vivemos.

Rever essas experiências, escarafunchá-las, revivê-las é um caminho para reconsiderar significados entranhados pelas tramas e preconceitos que tínhamos quando tais experiências ocorreram, e atribuir a elas novos significados, compatíveis com nossos desejos e aspirações de hoje.

Conhecer a si mesmo é identificar as forças que o movem; é conhecer as razões de seus sucessos e as causas de seus fracassos – suas alavancas e suas barreiras; seus pontos fortes e suas limitações.

É identificar os potenciais que geram suas competências e suas habilidades, e, principalmente, aqueles que ainda não geram nada e poderão ser o grande impulso para sua expansão.

É um exercício de mergulho na própria alma, rompendo barreiras do consciente, invadindo as águas do inconsciente, buscando as raízes de seus valores, de seus princípios, de seus paradigmas, para ajustar suas crenças às novas correntes.

Não se constrói um castelo sem uma análise cuidadosa do terreno que o vai receber.

Todos temos vazamentos de energia que dissipam nossos esforços de crescimento; todos temos áreas veladas e seladas que acumulam os gases emanados de nossas frustrações e revoltas surdas, prontos à explodir à mais leve pressão ou a se incendiar por qualquer fagulha. Como temos também ricos veios de verdadeiras gemas, capazes de embelezar e dar brilho à nossa vida e enriquecer o meio em que vivemos.

Não é fácil garimpar esse terreno, mas é economicamente viável e inevitavelmente lucrativo.

Mas é preciso coragem.

Coragem para encarar de frente uma auto-imagem idealizada, freqüentemente próxima à perfeição, à semelhança de Deus. E às vezes evitada e renegada pelo próprio eu.

É preciso humildade.

Humildade para reconhecer erros e defeitos, para encarar as virtudes a olho nu, sem as poderosas lentes de aumento com que comumente as vemos. Como também a olho nu encararmos nossas tragédias e nossos dramas pessoais, reduzindo-os às suas reais dimensões. E assim também seus efeitos e suas interferências em nossas atividades.

É preciso reconhecer que os êxitos e fracassos que temos na vida são conseqüência, freqüentemente, de nossas ações e omissões. Se continuarmos agindo como sempre agimos, vamos continuar obtendo os mesmos resultados que sempre obtivemos.

Em outras palavras: se queremos obter resultados diferentes, devemos modificar as ações que temos praticado; se não estamos satisfeitos com o que estamos recebendo, temos que alterar as ações que estamos praticando.

O grande problema é que, para preservar o brilho de nossa auto-imagem, recusamo-nos, inconscientemente, a reconhecer nossos deslizes, racionalizando-os e, quase sempre, atribuindo-lhes causas outras – o tempo, as circunstâncias, outras pessoas etc. Não os reconhecendo como deslizes nossos, não nos convencemos da necessidade de modificar os atos que os provocaram (pois, se não foram praticados por nós!!!). E assim continuamos a fazer as mesmas coisas... e a obter os mesmos resultados.

É preciso estarmos alertas para os resultados de nossas ações.

É curioso como me lembro, freqüentemente, ao me referir ao autoconhecimento, de uma pequena história, verídica por sinal. Talvez não bem uma história: um desses pequenos *flashes* do dia-a-dia que, de alguma maneira, marcam nossa vida, assim como não querendo nada, deixando uma mensagem valiosa.

Estávamos um grupo de professores papeando num fim de aulas quando entrou o decano da turma, com fisionomia de autêntica perplexidade, e foi logo abrindo o verbo: "Gente, conhecem o fulano, não conhecem? Aquele nosso amigo austero, inteligente, ponderado... Pois acabei de encontrar-me com ele... Que coisa!!! O que o vi fazendo e falando de besteiras... Nem podem imaginar!"

Parou de falar por um instante, pensativo, sério, e depois voltou-se para o grupo absolutamente compenetrado e completou: "É, acho que é assim mesmo. O tempo vai passando, as coisas vão mudando, a gente vai envelhecendo, vai ficando fora de moda e nem percebe que está fora de compasso, que está na contramão..."

"Olhem aqui, vocês que são meus companheiros, meus amigos, quando notarem alguma coisa de estranho em meu comportamento, quando notarem que estou começando a extrapolar, que estou discrepando da realidade, por favor me avisem!..."

Eis o que pode ser um bom conselho para quem se disponha de fato ao autoconhecimento, como ponto de partida para o autodesenvolvimento – peça aos amigos: **"Por favor me avisem..."**

Por favor me avisem quando estiver defendendo ardentemente idéias contrárias à razão comum...

Por favor me avisem quando estiver me colocando como superior aos meus semelhantes, tentando mostrar mais poder, mais informações, mais competência, mais bens e riquezas...

Por favor me avisem quando estiver faltando ao respeito com as pessoas que me rodeiam...

Por favor me avisem quando estiver praticando ou tentando justificar algum ato que me diminua...

Por favor me avisem quando estiver me gabando de grandes feitos passados, presentes ou futuros...

Por favor me avisem quando estiver tentando demonstrar ferrenhamente uma habilidade que nunca adquiri de verdade, iludindo-me com a idéia de enganar os outros e a mim mesmo...

Por favor me avisem quando perceberem que é hora de mudar, de redobrar esforços, de voltar à carga, de aprender mais, de adquirir novas habilidades e de mudar de rumo...

Não custa ouvir, de peito aberto, as críticas que nos fazem mostrando-nos aquilo que não conseguimos ver por nós mesmos. E usá-las para nosso crescimento.

Mas há também outros meios. Uma reflexão autêntica e isenta, feita periodicamente e buscando aprofundar progressivamente, ajuda muito.

A observação sistemática e o registro preciso dos resultados de nossos projetos, de nossas decisões e de nossas ações mais significativas, analisados em conjunto, em um balanço periódico (semestral, por exemplo) exibem informações preciosas.

A análise de nossas emoções e de nossos sentimentos – o que as causaram; se são verdadeiros os sentimentos ou estarão camuflando outros que não queremos aceitar; se sua intensidade é coerente com os fatos que os causaram.

Outra maneira bastante proveitosa é a participação em avaliações de desempenho praticadas em sua empresa, sobretudo se são usadas aquelas com *feedback* de 360º – em que o funcionário é avaliado por um grupo de pessoas, abrangendo chefes, pares, subordinados e clientes.

Também a participação em processos seletivos – incluindo testes psicológicos – pode ser bem aproveitada, se seus resultados forem levados a sério.

Em último caso, uma psicanálise – se houver necessidade, tempo e, claro, disponibilidade financeira.

Importante é a humildade, a isenção e o objetivo claro de desenvolvimento pessoal.

Além de acreditar na imensa capacidade de adaptação e aprendizagem que todos temos, e que só depende da consciência de sua existência e de determinação.

Há sempre esperança para aqueles que percebem, que têm consciência do que acontece à sua volta e, com simplicidade e humildade, do que acontece consigo mesmo sob influências externas e internas.

Há sempre esperança para aqueles que são capazes de ser verdadeiros consigo mesmo e que querem verdadeiramente evoluir.

Assim, o autoconhecimento, como percepção clara de nossas virtudes e deficiências, torna-se a plataforma de lançamento do autodesenvolvimento.

"Como contar nossa história se desconhecemos o início e não sabemos o fim?
E se mesmo nosso agora é mistura desordenada de passado, futuro e presente?"

Aparecida

"O destino não vem de fora até o homem; é do próprio homem."

R. M. Rilke

O Autodesenvolvimento

Hoje em dia as pessoas, consciente ou inconscientemente, já parecem demonstrar um interesse crescente pelo autodesenvolvimento.

Pelo menos é o que talvez se possa deduzir pelo fluxo cada vez mais freqüente às livrarias (embora ainda menor do que seria desejável) e pela procura cada vez mais intensa por livros e outras publicações abordando auto-ajuda – apesar das investidas críticas ferinas dos "intelectuais" de plantão –, levando mesmo o tema a ser priorizado por editores e revendedores, que já o incluem numa categoria à parte e destacada nas listas dos mais vendidos.

Isto é muito bom.

No entanto, enfrentam uma dificuldade: elas não foram educadas e treinadas para buscar por si mesmas o próprio desenvolvimento.

A educação que recebemos ao longo da vida em casa, na escola, na empresa utiliza métodos e processos tão diretivos que nos tornam, quase inevitavelmente, aprendizes passivos.

E de repente, pela autoconsciência proporcionada pelas dificuldades atuais, pela globalização das telecomunicações e dos costumes, já não nos contentamos em ser atores, mas queremos escrever o roteiro e ser os diretores de nosso próprio filme.

No entanto, não basta a intenção. Há alguns detalhes na arte de traduzir sonhos em objetivos e de dirigir a própria vida que não nos foi transmitido.

Não é fácil dormir ator e acordar roteirista e diretor.

Não se pode esperar, em sã consciência, que quem foi treinado – ou até mesmo adestrado – para seguir caminhos e roteiros traçados por vontades alheias – ainda que com as melhores intenções – se transforme em empreendedor da própria vida num piscar de olhos.

Há exceções, claro. Muitas exceções, mas longe, muito longe, de competir com a regra.

Não se pode esperar que quem, ao longo da vida, recebeu o currículo pronto, em conteúdo, forma e prioridades, foi conduzido por processos didáticos predeterminados e iguais para todos, foi incluído em cursos aleatórios a seus mais autênticos interesses (de escolha obrigatória no auge de uma adolescência ainda inconseqüente), tudo sem uma palavra sequer a respeito de sonhos e emoções e de gestão de uma vida, esteja apto, de um dia para outro, a programar, sem ajuda e orientação, seu próprio desenvolvimento e remover as pedras de seu caminho.

O fato de as pessoas, hoje, já terem alguma consciência da importância do autodesenvolvimento, e o buscarem com certa ênfase, é alentador e um importante passo em direção à sua independência e evolução pessoal.

Mas não é suficiente.

Não creio que haja espaço para dúvidas quanto ao seu sucesso nessa empreitada: é apenas uma questão de tempo, mas, talvez, tempo demais, que poderá ser extraordinariamente abreviado, se puderem contar com alguma orientação e apoio extras.

Um espaço para psicólogos, pedagogos e demais profissionais educadores e um campo aberto para autores de livros (sérios) de apoio à autoajuda – até que as escolas acordem, descubram e se convençam de que o investimento na preparação dos jovens estudantes para o processo do autodesenvolvimento representará a transformação dos **centros de ensino** hoje existentes em **centros de aprendizagem**, criando o novo ser humano e, conseqüentemente, o novo cidadão e o novo profissional, mais consciente de si mesmo, mais eficaz e mais independente, forjando assim uma nova sociedade para um futuro próximo.

Uma frase atribuída ao chanceler israelense Shimon Peres deveria ser emoldurada:

"Devemos aprender por toda a vida. Não devemos ser eternos estudantes, mas sim, professores de nós mesmos."

Aprender por toda a vida, sim, é uma necessidade incontestável na época que estamos vivendo. Os conhecimentos se atropelam e se acumulam numa velocidade espantosa, e a rapidez assustadora das mudanças torna hoje obsoleto o que era a incrível novidade de ontem.

Mas não a aprendizagem passiva. É preciso ir além: buscar, empreender, inovar – sermos professores de nós mesmos.

Há uma pequena história, uma fábula na verdade, que tem circulado ultimamente através de um filme para treinamento e desenvolvimento *The power of the vision* e incluída em dois ou três livros e artigos, que vale a pena ser lembrada aqui.

"Era uma vez um escritor que morava numa praia tranqüila, junto a uma colônia de pescadores. Todas as manhãs ele passeava à beira-mar, para se inspirar, e, de tarde, ficava em casa escrevendo.

Um dia, caminhando na praia, ele viu um vulto que parecia dançar. Quando chegou perto, viu que era um jovem pegando na areia as estrelas-do-mar, uma por uma, e jogando-as novamente de volta ao oceano.

– Por que você está fazendo isso? – perguntou o escritor.

– Você não vê? – disse o jovem. – A maré está baixa e o sol está brilhando. Elas vão secar ao sol e morrer, se ficarem aqui na areia.

– Meu jovem – volveu o escritor. – Existem milhares de quilômetros de praia por este mundo afora, e certamente milhares de estrelas-do-mar espalhadas pelas praias. Que diferença faz? Você joga umas poucas de volta ao oceano e a maioria vai perecer de qualquer forma.

O jovem pegou mais uma estrela na areia, jogou-a de volta ao oceano, olhou para o escritor e disse:

*– Para **essa**, eu fiz diferença.*

Naquela noite, o escritor não conseguiu dormir, nem sequer conseguiu escrever. De manhãzinha, foi para a praia, reuniu-se ao jovem e, juntos, começaram a jogar estrelas-do-mar de volta ao oceano."

Talvez sejamos apenas uma gota-d'água nos oceanos da vida, mas, se mudarmos a nós mesmos, faremos a diferença para alguns daqueles que nos rodeiam, como as ações do jovem da história fizeram diferença para o escritor, e a mudança no escritor fez diferença para várias estrelas-do-mar, além, provavelmente, de muitos de seus leitores.

E, além e independente de tudo isso, mudando a nós mesmos faremos uma tremenda diferença para... nós mesmos.

Se as escolas mudarem, farão diferença para a sociedade.

Se os professores mudarem, farão diferença para os seres humanos e profissionais que passam por sua orientação.

Se os profissionais mudarem, farão diferença para muitos daqueles que os procuram.

Se os pais mudarem...

Se os políticos mudarem...

É muito SE para o seu gosto? Pois não é!

Na verdade, é apenas um: se eu mudar. Ou, quem sabe: se você mudar!

O resto é conseqüência.

No dizer de J. Lavater: "Aquele que se reforma faz mais, no sentido de reformar as massas, do que uma multidão de patriotas barulhentos e impotentes."

Quanto mais desenvolvidas as pessoas, quanto mais sadias física e mentalmente, quanto mais conscientes e senhoras de seu próprio destino, mais se comprometem com a vida e mais abraçam as causas que lhes parecem válidas, mais participantes são e mais realizadas se sentem.

Numa época de mudanças formidáveis como a que estamos vivendo, quando o conhecimento é poder, a competência é soberana e a habilidade operacional é transitória, tornando-se obsoleta rapidamente, a capacidade de promover nosso próprio desenvolvimento e a independência educacional se tornam nossas mais valiosas virtudes como fatores de autorealização, de felicidade e proficiência profissional.

Mas, para vencer a inércia e desenvolver esse novo hábito de aprendizagem, exige-se um investimento inicial: o esforço de autoconhecimento e o que poderíamos chamar de um projeto de vida.

Um projeto de autodesenvolvimento exige tradução de sonhos em objetivos vitais; exige definição de metas e planejamento; exige automotivação, comprometimento, determinação.

E exige ainda, além de um bom conhecimento de si mesmo, como tantas vezes frisamos, elevadas auto-estima e autoconfiança, como também algum conhecimento de princípios que regem a motivação, a aprendizagem e o comportamento humano.

Mas, como compensa!

Um projeto de autodesenvolvimento não se limita à aquisição de algumas habilidades técnicas para o exercício de uma profissão, pois abrange (ou, pelo menos, deve abranger) a habilidade de viver, de extrair da vida o que de melhor ela pode proporcionar.

Envolve todo o conjunto de habilidades e conhecimentos que garantem um sentido à vida e permitem sua gestão eficaz, em todos os sentidos, conduzindo para a auto-realização, para o sucesso e para a felicidade.

Uma das metas do autodesenvolvimento, talvez a que tem sido mais visada (e, para muitas pessoas, até mesmo única) é, sem dúvida, o aprimoramento da competência profissional, o que torna, por si só, um poderoso instrumento de evolução pessoal.

Mas, por que não pensar em autodesenvolvimento também como uma ferramenta para qualidade de vida, tanto nos planos profissional, familiar e social, como nos planos físico, psicológico e espiritual? Com tudo o que já se conhece hoje sobre essa fantástica máquina humana, sobre o funcionamento dos sistemas nervoso e endócrino, sobre programação do cérebro, sobre a força indiscutível da autoconfiança, das crenças e da fé como propulsoras e moderadoras de comportamentos, é perfeitamente possível e viável projetarmos o autodesenvolvimento também com o objetivo de autogestão e desenvolvimento da inteligência emocional.

Tantas doenças e distúrbios que hoje padecemos poderiam ser minimizados, evitados e até mesmo curados com mais rapidez e eficácia. Doenças, por exemplo, como aquelas viabilizadas pelo estresse, pela debilitação do organismo e enfraquecimento de suas defesas, pelo rebaixamento da auto-estima e da autoconfiança. E mesmo estados patológicos como depressão (um dos mais comuns hoje em dia), enfartes, hipertensão, distúrbios gastrointestinais, hormonais ou cardiovasculares e tantos outros.

Também, e talvez até principalmente, distúrbios psicológicos, como neuroses, fobias, ansiedades, angústia, sentimentos de rejeição, de menosvalia, de inferioridade e outros poderiam ser amplamente minimizados ou eliminados, livrando-nos dos devastadores e insidiosos efeitos que causam.

A gestão de nossas emoções, pelo aprimoramento de nossa inteligência emocional, envolvendo auto-estima, autocontrole, automotivação, empatia e relações interpessoais, poderia ser outra meta formidável, tornando-nos mais independentes, mais criativos e felizes.

Assim encarado o processo de autodesenvolvimento, no sentido de independência do ser humano para conduzir seu destino, buscando a realização de seus sonhos e desenvolvendo plena competência para viver e para produzir, por que não estimulá-lo, orientá-lo e apoiá-lo, não apenas pela exortação e pelo discurso, mas, preparando-o para ele, nas escolas – a começar pelas primeiras séries do ensino (?) fundamental (já que quanto antes for aplicado melhor proveito se tem e mais tempo de vida se aproveita), e nas empresas, que só teriam vantagens nessa prática?

Por que continuam as escolas se omitindo e ensinando (?) apenas matemáticas, físicas, químicas, engenharias, administrações etc. quando se sabe e se prova cada vez mais que tais conhecimentos e habilidades são apenas uma pequena parcela da competência, não só para o ato de viver, mas também, muito claramente, para o desempenho profissional em quase qualquer atividade? Há que se incluir no currículo escolar inteligência emocional, desenvolvimento pessoal e interpessoal...

Por que continuam tímidas as empresas treinando as pessoas em habilidades operacionais e administrativas, ignorando o autodesenvolvimento em seu sentido mais amplo, quando já se sabe e se comprova pelos resultados que a maior fonte de seu sucesso está no comprometimento, na automotivação, na liderança e na habilidade de lidar com pessoas e no relacionamento interpessoal de seus profissionais, principalmente nos níveis acima do chão-de-fábrica?

Que Deus as ilumine!

Mas, e você? Se é de seu interesse, o que está esperando?

Por onde começar?

Há várias caminhos. Como exercício, podemos discutir um deles, que talvez lhe seja útil como inspiração ou mesmo como modelo, se achar que combina com seu jeito de ser.

Os caminhos podem, de fato, ser muitos, mas o ponto de partida é um só: **sonhos**.

Qual é o seu grande sonho? Está claro para você? Ou ainda se mostra encoberto por algumas nuvens?

Pois, veja bem, é importante que o sonho seja claro, que não haja dúvidas sobre o que você quer da vida, isto é, o que significa ela para você.

Talvez você pense: "Tudo bem, este é o meu sonho, mas é o meu sonho de hoje. Nem mesmo sei se é o meu grande sonho. A gente evolui, muda. Talvez amanhã meu sonho seja outro..."

Não importa. O que importa para sentir-se vivo e aproveitar a vida é ter um destino, é perseguir um objetivo. Alcançado este, propõe-se outro, e mais outro, até o destino final.

Muda-se o sonho, muda-se o caminho e continua-se em marcha. O passado torna-se lembrança – se foi bem perseguido o sonho e bem seguido o caminho, será sempre uma boa lembrança, gerando boas emoções no presente.

O que não se pode é ficar inerte ou andar em círculos sem saber o que buscar – o porquê da vida.

Definido o sonho, convém clareá-lo. Para se ter certeza.

"Quero ser um líder" – eis um sonho.

Uma boa pergunta será: "Para quê?"

Digamos que a resposta seja: "Para conduzir pessoas, ser um sucesso profissional e, com isso, ganhar muito dinheiro."

Aí está! O verdadeiro objetivo não é ser um líder. E talvez nem mesmo conduzir pessoas e ser sucesso; por trás de tudo há um eventual determinante: ganhar muito dinheiro – este pode ser o verdadeiro objetivo. Ser um líder seria apenas um meio.

Se continuarmos com as perguntas "Para quê", provavelmente descobriremos que, por trás do "ganhar dinheiro", há outros objetivos maiores – até o grande sonho, em função do qual gira nossa vida.

Assim poderemos programar com mais objetividade nossas ações.

Para exemplo, voltemos ao primeiro estágio de nossa análise: ser líder. Para quê? Ganhar dinheiro.

Iremos, então, programar o caminho para aquisição de habilidades de liderança. Teríamos outras opções? Para ser líder, talvez não. Mas se isto é apenas um meio para ganhar dinheiro, então podemos levantar e analisar outras alternativas para esse fim. Se liderança continuar sendo a melhor entre elas, ou a mais conveniente, tudo bem; caso contrário, poderemos substituí-la por outra melhor (mais eficaz, mais fácil, mais rápida ou mais prazerosa).

E, no caso de optarmos pela liderança e não der certo, ou não ganharmos o dinheiro que pretendemos, não estaremos num mato sem cachorro. Partiremos para outra alternativa.

O primeiro passo, portanto, é clarear o sonho e definir com muita precisão o objetivo final e, se for o caso, as metas intermediárias, que conduzirão a ele.

Quando o objetivo não for alcançável em curto prazo, essas metas intermediárias se tornam imprescindíveis, pois dificilmente o ser humano sustenta motivação e persistência por um desafio distante.

O tempo enfraquece as emoções (desafio e motivação são emocionais). As metas intermediárias são como estalagens no caminho, que dão a sensação de encurtar e tornar mais prazeroso o percurso.

A vida é curta, mas pode ser longo o caminho a percorrer.

"É curto demais o caminho.
E é bem certo que a estalagem
É só um ponto na estrada.
Mas, que ponto no destino
É mais bonito que o sítio
Em que se parou pra lembrar
O percurso percorrido
E pensar o passo a dar?
É bonita a estalagem
Que assim alonga o caminho
O já feito e o por andar."

(Aparecida)

Uma vez que se tem o destino e as metas, é tomar a mais próxima e planejar como alcançá-la.

Planejar.

Primeiro, em que consiste a meta?

Liderança? Pois bem: em que consiste? Que habilidades tornam alguém um líder e faz com que os outros o sigam? Como podem ser desenvolvidas? Discutiremos o tema mais adiante.

Estabelecida a meta em seus detalhes e implicações, convém apelar para nosso autoconhecimento: como me encontro hoje em relação à meta? Que habilidades necessárias já possuo? O que me falta conseguir?

Esclarecida essa distância, é bom pensar em algo que pode parecer inusitado e que abrange a definição de duas posições.

A primeira é mais simples: que benefícios irei alcançar ao atingir essa meta? Compensará o esforço e o tempo empregados?

"Bolas!", você diria. "Se definimos uma meta, é lógico que foi em função de um benefício que tínhamos em mente."

E eu pergunto: um só? dois? Pois quanto mais e mais palpáveis você perceber que irá alcançar, mais motivação, determinação e persistência terá.

A segunda é um pouco mais, digamos, curiosa: ao alcançar a meta, vou ter algum prejuízo? Vou perder algo, seja material, seja psicológico ou espiritual?

O questionamento pode parecer estranho, mas é surpreendente o número de sonhos e objetivos que abandonamos quando percebemos que, além dos benefícios que alcançaremos, teremos também algumas perdas – ao alcançar o objetivo ou durante a caminhada para chegar lá, perdas essas que podem ser maiores que os benefícios, ou até mesmo menores, mas geradoras de insegurança.

Fazendo essa análise previamente e identificando eventuais perdas, podemos conscientemente pesar as vantagens – ou desvantagens – de perseguir o objetivo ou buscar uma alternativa.

Imagine, leitor, que um de seus sonhos seja emagrecer uns dez ou 12 quilos. Benefícios? Menos cansaço, melhor condicionamento físico, menores riscos para a saúde, roupas mais confortáveis e, é claro, melhor estética.

Vale a pena? Claro! Aí você começa a dieta e os exercícios programados. Mais dia, menos dia, começam os problemas: o chope nas *happy-hours* com os amigos, aquela feijoada no sábado, e as *pizzas*, como ficam as *pizzas*? Além do mais, tem o casamento do Fulano, com recepção de primeira, regada pelo melhor uísque... uma desfeita, se não comparecer. E as rugas se acentuando, a pele ficando flácida...

"Meu Deus, quantas perdas! Será que vale mesmo a pena?"

Se chegou a pensar, a dieta *já era*.

Por tudo isso, é bom analisar primeiro. É esse mesmo o sonho a ser perseguido? É esse o objetivo que melhor o traduz?

Feito o balanço de perdas e danos, ou razão custo-benefício na linguagem empresarial, vitória insofismável dos benefícios? Pois vamos em frente.

É hora de traçar o caminho.

O passo agora é analisar e listar as ações necessárias para chegar ao destino, com cuidado, naturalmente, de estabelecer a seqüência mais funcional para os resultados.

Isso pronto, vai saltar-lhe aos olhos que, para seguir esse caminho, alguns recursos serão necessários. Liste-os.

E é nesse ponto que se perdem lindos sonhos. Porque os recursos listados quase sempre se restringem a tempo (falta de), dinheiro e um punhado de outras coisas materiais ou ações (que dependem) de outras pessoas.

O que falta?

Pois, meu caro leitor, faltam as habilidades; falta a competência.

Para realizar seu objetivo você precisa da colaboração de outras pessoas? É capaz de persuadi-las, isto é, de convencê-las a colaborar com você?

Não? Pois é hora de desenvolver sua habilidade de persuasão – ou seu objetivo vai para o brejo.

Precisa de força, ou de ter paciência e autocontrole, ou de saber ouvir, ou de determinação e persistência, ou de resistência à frustração, ou de administrar conflitos, ou de liderar?

Enfim, quase sempre nos preocupamos com os recursos materiais e esquecemos (ou não queremos enxergar) que nossas maiores falhas estão, geralmente, na falta de alguma habilidade, ou seja, de algum recurso de ordem psicológica ou comportamental – que definitivamente não levamos a sério ou julgamos ilusoriamente que temos de sobra.

E o objetivo vai para o brejo.

É extremamente comum ouvirmos, de pessoas que não alcançaram os resultados pretendidos, justificativas do tipo: "A culpa não foi minha. Fiz tudo o que deveria e poderia fazer, e o fiz com absoluta perfeição, mas o fulano não cumpriu o que me prometeu, não fez a parte dele... Daí o fracasso. A culpa foi dele!"

Foi mesmo? O outro pode realmente ter falhado e conseqüentemente ter culpa. Fato. Mas, se o interesse era aí do nosso amigo, ele deveria ter competência para persuadir (convencer) o outro. Não conseguiu? Culpa dele também.

É comum pensar nisso? É comum lembrar que a persuasão como a negociação envolvem habilidades reais que **podemos desenvolver**?

Não. O mais comum é acreditarmos que nós, perfeitos como somos, sabemos tudo. Persuasão, negociação, relações humanas, ouvir os outros, administrar emoções... Já nascemos sabendo, ou aprendendo, intuitivamente ou por osmose, ao longo da vida.

Bolas!!!

Ciente dos recursos de que precisa – materiais, psicológicos, concretos e abstratos –, verifique com cuidado os que lhe faltam e trate de adquiri-los ou seu sonho morrerá na falta deles.

Que falta agora? Ir à luta. Pôr em prática o que foi planejado, com determinação e persistência. Não em desespero, reclamando da vida pelas dificuldades que encontrar (e que sempre aparecem), mas com entusiasmo e bom humor, gozando a viagem e o fato de ter um sonho e estar se encaminhando para ele.

Afinal, como já se disse várias vezes, "felicidade não é uma estação de chegada, mas uma maneira de viajar".

Eis aí um roteiro, ou um modelo ou um rascunho de planejamento. Tanto faz que seja para um objetivo profissional, ou desenvolver uma habilidade qualquer ou mudar uma atitude ou um comportamento.

Se você não tem outro, talvez possa vir a ser-lhe útil.

Há também um procedimento que pode ajudar; se for levado a sério, é de grande valor. Os criadores da Programação Neuroligüística chamaram-no de **ponte ao futuro**.

Falaremos nele mais tarde, fique atento.

"Às vezes penso: Esta é apenas uma fase da minha vida. Vai passar! E o que passa sou eu."

Aparecida

Nas escolas, as crianças aprendem a ter medo de ousar. É mais seguro andar pelas trilhas já batidas pelos professores."

Rubem Alves

"A tarefa do professor: mostrar a frutinha vermelha. Comê-la diante dos olhos dos alunos. Erotizar os olhos. Provocar a fome. Fazê-los babar de desejo. Acordar a inteligência adormecida. Aí a cabeça fica grávida: prenhe de idéias. E quando a cabeça engravida não há nada que segure o corpo."

Rubem Alves

"Ao falhar na preparação, você está se preparando para fracassar."

Benjamim Franklin

Auto-estima e Autoconfiança

Recapitulemos: um fato é um fato e nada mais que um fato. Fatos não significam, não têm luz própria – simplesmente refletem a luz que se projeta neles.

Uma pessoa caminha apressada pela rua, pisa numa casca de banana e leva um tombo espetacular.

É um fato. Significado? Para quem? Intrínseco, nenhum. Mas, para a pessoa que levou o tombo ou para aquelas que o presenciaram, existe, só que significados diferentes, conforme a perspectiva de cada um.

Para uns, hilariante. Para outros, uma pena; para outros, ainda, preocupação: será que se machucou? Para a pessoa que levou o tombo, talvez um sentimento de humilhante vexame.

E se a pessoa fosse um velhinho, bem velhinho?

Talvez alguém que achasse hilariante não acharia mais. E se fosse uma bela mulher? Talvez, em vez de preocupação, um suspiro de admiração (que belas pernas!!!) e muita solicitude para ajudar.

Assim, o mesmo fato visto por olhos diferentes tem significados diferentes. Obviamente, não o significado do fato em si, mas o significado a ele atribuído por alguém – dependendo de sua história, de seus sentimentos, de seu estado de espírito no momento, de seu envolvimento emocional com o sujeito do fato ou de suas experiências com fatos semelhantes.

E como reagimos aos fatos? Não reagimos a eles; na verdade, reagimos àquilo que eles representam para nós, ou seja, aos significados que atribuímos a eles, pois estes são a verdade dos fatos para nossa percepção e nossos sentimentos.

O que realmente conta para nossas emoções (seja de dor ou de alegria, seja de medo ou raiva, seja de prazer ou desprazer), para nosso autocontrole ou para o autogerenciamento não é simplesmente o que acontece conosco, mas o modo como encaramos o que acontece conosco.

Daí surge uma questão: Como percebemos a nós mesmos? Como criamos uma auto-imagem?

Em princípio, tendemos a criar uma imagem muito boa de nós mesmos, tanto quanto possível livre de imperfeições, para proteção de nosso ego.

Entretanto, os parâmetros para o que seja uma boa imagem são nossas próprias crenças e valores, e esses são forjados por nossa própria percepção, isto é, por nossa peculiar maneira de perceber o mundo.

É como um círculo vicioso: nossas experiências ao longo da vida, desde que nascemos (ou talvez até antes), vão determinando a maneira como interpretamos esse mundo, isto é, nossa particular percepção da realidade.

Essa, por sua vez, vai influindo na formação de nossas crenças e valores, que também, por sua vez, se tornam condicionantes de nossas novas percepções, isto é, da maneira como interpretamos as novas experiências. Conseqüentemente, a imagem que fazemos de nós mesmos não é uma imagem pré-fabricada, a nós imposta pelos nossos genes, mas resultante de um condicionamento ditado por toda nossa vida pregressa, por todas as dores e amores que um dia tivemos.

Em que pesa fortemente a influência de nossa infância e adolescência – dos **nãos** e **sins** que ouvimos, das frustrações e alegrias, dos êxitos e fracassos que tivemos (ou que nos fizeram acreditar que tivemos).

Também não é uma imagem estática, imutável, um carma para toda a vida, mas dinâmica, susceptível a novos êxitos e fracassos e, sobretudo, influenciável pela nossa vontade – ou pelo grau de inteligência com que usamos nossa vontade.

Como já discutimos, insistimos e concluímos, o que realmente provoca nossas reações não são os fatos em si, mas os significados que, consciente ou inconscientemente, a eles atribuímos.

O que se estende a todas as coisas e pessoas, e se estende também à imagem que temos de nós mesmos.

Somos aquilo que imaginamos ser, isto é, o significado que temos, para nós mesmos, é aquele que nos atribuímos. Exatamente aquilo que, no íntimo de nossa consciência, atribuímos ao nosso caráter, à nossa aparência física, à nossa inteligência, às nossas emoções, à nossa competência.

E quando reagimos ao mundo, reagimos não com o que realmente somos ou as capacidades que realmente temos, mas com aquilo que julgamos ser ou julgamos ter; com a imagem que nos atribuímos.

Se nos vemos como um ser nervoso, agimos como um ser nervoso. Se nos vemos como alguém muito competente, só aceitamos em nós atos competentes – e buscamos toda forma de consegui-los, pois esta autoimagem não consegue aceitar que seja de outra forma.

Se nos vermos como líderes, buscamos agir como líderes.

Convém ressaltar aqui que o fato de nos vermos como pessoas competentes não nos torna automaticamente competentes, já que a competência, em qualquer atividade, depende de algumas habilidades operacionais.

No entanto, o fato de nos vermos como pessoas competentes tende a nos levar, em face de qualquer ameaça de fracasso, a nos aplicarmos na aquisição das habilidades necessárias, a fim de não arranharmos a autoimagem.

Só é preciso cuidado para não nos enganarmos com uma falsa competência e justificarmos nossas falhas atribuindo-as aos outros ou a circunstâncias negativas.

Vale lembrar que, quando discutimos a maneira como atribuímos significados a nós mesmos, estamos falando em como construímos a autoestima.

Eu me aprecio se me julgo possuidor das virtudes ditadas por minhas crenças e meus valores. Se me acredito possuidor dessas virtudes, é com o uso delas que me relaciono com o mundo e com todas as suas exigências.

Se nos achamos fracos é com fraqueza que atuamos. Se não temos confiança em nós mesmos, somos seres inseguros. E a insegurança é uma barreira ao sucesso, ao passo que a segurança, a determinação, o entusiasmo – tudo fruto da auto-estima e da auto-confiança – são apreciados e imitados.

Porque são contagiantes.

Não foi à toa que Henry Ford, segundo consta, disse um dia: "Se você pensa que pode, ou pensa que não pode, de qualquer forma você está certo."

Assim, tudo de valor que uma pessoa quiser algum dia construir terá que começar pela edificação da auto-estima e da autoconfiança que ela for capaz de gerar, pois a autoconfiança depende de uma auto-estima elevada.

É comum que a auto-estima rebaixada seja proveniente de fortes reprimendas e restrições impostas durante a infância (principalmente) e adolescência, como também de eventuais fracassos ao longo da vida e dos significados que lhes atribuímos, ou que lhes foram atribuídos.

O mais importante, entretanto, é saber – e realmente acreditar – que a auto-estima pode ser totalmente recuperada, pois nada mais é que um significado que nos atribuímos, e os significados são frutos de condicionamentos, e condicionamentos não são inatos – são aprendidos; e tudo que é aprendido pode ser reaprendido.

Algumas sugestões sobre como fazê-lo? Pois algumas ações poderiam ser experimentadas. Imagine que sejam, por você. Lembra-se das historinhas que já ouvimos sobre anjos? Anjos da guarda, um bom, outro mau, que nos sussurram aos ouvidos as coisas que devemos fazer? Pois imagine que existam, hoje, em sua mente. Quando um deles lhe disser: "Você não pode, não é capaz, você é fraco, você é feio...", ignore-o ostensivamente. Peça ao outro que lhe diga: "Você pode, você é capaz, você é forte, você é bonito...", e peça a ele que insista, e acredite nele. Olhe-se no espelho, ouvindo sua voz, e acredite nele. Veja em você as coisas que ele diz que você tem e que você é.

Em outras palavras, afirme para você mesmo as coisas que você quer adquirir em si mesmo. Repita-as em silêncio, com sua voz interior, periodicamente.

Associe as frases que você diz com uma visão, uma imagem de si mesmo traduzindo aquilo que as frases dizem.

Lembre-se: o cérebro trabalha com imagens. Se você cria, fortemente, em seu cérebro imagens positivas, ele as transformará nas suas verdades.

Não queira ser absolutamente perfeito em tudo, evite o perfeccionismo. Busque o melhor, mas sem obsessão. A perfeição dificilmente será alcançada, e, não alcançada, gera a frustração que conduz à baixa da auto-estima.

Condicione-se, por exercício constante, a não levar a sério opiniões alheias sobre você, a não ser aquelas que o façam crescer. Torne-se o mais possível independente da influência dos outros sobre seus sentimentos, suas emoções e seus comportamentos. **Não busque sempre agradar a gregos e troianos: agrade a si mesmo.**

Observe sua postura. Lembre-se de que a postura influencia a mente, e a mente influencia a postura. Ainda se lembra daquela frase que citamos de William James: "Se quiser ficar alegre, aja como se estivesse alegre", e lembre-se de toda a teoria que ela traduz.

Ombros caídos, andar arrastado, cabeça baixa, olhos que não olham nos olhos – são posturas comumente associadas a uma auto-estima reduzida.

Faça o contrário – exercite-se até que se torne um hábito: levante os ombros, adote um caminhar firme, levante a cabeça, olhos nos olhos... Isto terá um reflexo muito positivo em sua auto-estima.

Acostume-se a rever mentalmente e a valorizar intimamente todas as coisas que você já construiu, os êxitos que já teve, as coisas que fez e faz bem-feitas.

Tire um tempo para você, periodicamente, para refletir, sozinho e conscientemente, sobre seus pequenos e grandes sucessos. Comemore-os. Desfrute-os.

E aproveite para sonhar e transformar seus sonhos em objetivos a serem atingidos.

Trace metas.

Relacione as coisas que quer alcançar na vida, num futuro próximo de preferência, e transforme-as em metas específicas. Analise suas escolhas e priorize-as, não necessariamente as mais grandiosas e difíceis primeiro, mas aquelas que forem mais atraentes e mais facilmente alcançáveis em menor prazo.

Que sejam desafiantes, mas com boa dose de *chance* de serem realizadas.

Desafiantes porque o desafio é a base da motivação; com boa *chance* de realização, porque o sucesso impulsiona tremendamente a motivação e a busca de novas realizações. Vá em frente, até o sucesso. Então, comemore. Sinta o sabor edificante do êxito e de saber-se realmente capaz.

Então, escolha outra meta, um pouco mais forte e vá em frente.

O sucesso, calcado na competência, eleva a auto-estima e promove autoconfiança.

Escorregou? Não tem importância. "Levanta, sacode a poeira e dê a volta por cima." Lembre-se de que a vida nunca é feita só de sucessos, e a referência para apreciá-los são justamente os eventuais revezes que sofremos.

Um procedimento auxiliar que traz excelentes resultados na perseguição de metas é a **ponte ao futuro**.

Após traçar a meta e planejar alcançá-la, sente-se confortavelmente em algum lugar sossegado e aprazível, feche os olhos, relaxe (use a técnica de relaxamento que melhor lhe convier) e procure criar uma imagem mental de você mesmo, como se estivesse se vendo num espelho.

Observe os detalhes de seu rosto e, sobretudo, de sua expressão enquanto pensa nos benefícios que terá e nos sentimentos que vivenciará quando atingir a meta.

Em seguida, projete mentalmente essa imagem no futuro, vendo a si mesmo, como num filme ao vivo e em cores – no momento em que estiver conquistando a meta e vivendo todas as emoções de então.

Isso será um estímulo para seu cérebro, uma espécie de um programa, que o levará a se organizar para estimular, em seu organismo, tudo o que puder contribuir para que você realize seu sonho.

E certamente contribuirá para elevar-lhe a auto-estima e incrementar-lhe a autoconfiança.

Repita o procedimento, periodicamente – sobretudo em eventuais momentos de desestímulo – e sentirá seus resultados.

Parece-lhe estranho e um pouco fantasioso? Pois, acredite, não é. Várias experiências têm sido feitas, sobretudo no esporte e com atletas olímpicos, comprovando-lhe significativamente os resultados positivos.

Mas não apenas acredite: pratique. Sinta você mesmo os resultados. A grande verdade é sempre **a sua verdade**.

E você ainda pode ir além: analise suas ações; certifique-se de que são compatíveis com seus valores e de que o dignificam como ser humano. Caso contrário, crie novos hábitos (exercite-os pela repetição).

Não cultive sentimentos de culpa. Se suas ações trazem sentimentos ou conseqüências desagradáveis, analise-as objetivamente, peça desculpas pelos danos, corrija-os, planeje novas ações, mude o comportamento, aja.

Cultivar culpas não resolve o problema, apenas o amplia e o prolonga.

Cultive mentalmente e expressamente o hábito de acreditar em você. Se em determinada circunstância não puder acreditar em sua real capacidade para realizar algo, **concentre-se na crença em sua capacidade para desenvolver a competência necessária**.

Querer não é, necessariamente, poder fazer, mas é, necessariamente, ser capaz de aprender e habilitar-se a fazer (exercite-se pela repetição dessa idéia para você, e pela repetição de comportamentos que desenvolvam a competência necessária).

"A confiança em si mesmo é o primeiro segredo do sucesso."

R.W. Emerson

"O pensamento é a essência da realidade."

Hemus

"Se você pode sonhá-lo, você pode fazê-lo."

Walt Disney

"Tão pequenos somos? Só de corpo, pois, apesar de nossa mão não conseguir tocar sequer a lua, a nossa mente é capaz de abarcar todas as estrelas do universo e todas as águas do oceano..."

A. Vázquez Figueroa, em *O Inca*.

"Não é porque as coisas são difíceis que nós não ousamos; é porque nós não ousamos que elas são difíceis."

Sêneca

Autocontrole

Em um dos capítulos anteriores, referimo-nos a uma organização que chamamos de Você S.A., uma organização prestadora de serviços – os mais diversos tipos de serviços – e cujo principal cliente é, ou pelo menos deveria ser, um cliente muito especial chamado Você Mesmo.

Alguns leitores devem ter estrilado pela idéia de serem "tratados como uma empresa" (talvez até mesmo você).

Mas não é essa a idéia, afinal, bem o sabemos, você não é uma empresa que, como tantas, só tem por objetivo o lucro, o dinheiro, o vil metal, emprestando-lhe um caráter pejorativamente mercantilista.

Se bem que também pessoas podem viver em função do ganho material, atribuindo à sua vida um significado maior traduzido no sonho, quase exclusivo, de serem ricas. Muito, muito ricas.

Aqui, no entanto, não buscamos ser frios e materialistas a ponto de reduzir algo sublime como o ser humano a um saco de ossos e músculos alimentados pelo poder e pela riqueza. Da mesma forma que, ao contrário, vivemos tentando enxergar nas empresas algo mais que máquinas e processos produtivos alimentados pelo lucro.

O fato é que, se conseguirmos, ainda que por breve instante, nos ver como uma organização que, mais que objetivos e metas, tem sonhos, talvez possamos entender e aceitar melhor a idéia de autocontrole e autogestão, e, com isso, tirarmos melhor proveito da aplicação desses conceitos.

Não apenas para ter lucro ou ganhar dinheiro e possuir coisas, mas para a aspiração maior de ser feliz.

E o que é ser feliz?

Cada um tem o seu modo, de acordo com o sentido que atribui à própria vida.

Talvez ser feliz seja apenas viver a vida de seu próprio jeito. E não apenas passarmos por ela navegando ao léu, ao sabor de ventos que nos conduzem para onde não sabemos e, no íntimo, nem mesmo queremos ir, como tantos ainda fazem.

> "Quem passou pela vida em branca nuvem,
> E em plácido repouso adormeceu;
> Quem não sentiu o frio da desgraça,
> Quem passou pela vida e não sofreu;
> Foi espectro de homem, não foi homem,
> Só passou pela vida, não viveu."
>
> *Francisco Otaviano*

Ocorreram-me agora esses versos, há muito repousado em algum recanto de minhas memórias de infância, mas que têm um significado muito especial no tema que estou abordando.

Da mesma forma que me vem à mente um pensamento (salvo engano, de Kalil Gibran Kalil) que me ponteia a mente há vários anos: **"E de repente, sem que se perceba, chega o momento de não brotarem os bulbos que deixamos de plantar no outono do ano passado."**

Terrível o sentimento de não poder colher os frutos da vida, quando chega o momento, por não ter feito o plantio quando era tempo de fazê-lo.

Portanto, vermo-nos como uma organização é apenas um artifício para nos lembrar de que podemos alcançar nosso destino – aquele eleito pelos nossos sonhos – se aprimoramos a maneira como gerenciamos a nós mesmos.

Uma gestão de autocontrole.

Quem é Você S.A.?

Uma organização única, *sui generis*, diferente de todas as outras organizações. É uma organização dona absoluta da verdade, porque toda a verdade que existe é sua própria interpretação da realidade. E deve ter excepcional cuidado ao gerenciá-la, pela compreensão de que sua verdade, embora absolutamente verdadeira para si mesmo, pode chocar-se frontalmente com a verdade do outro.

É uma organização que faz de seu mundo o que ela quer que seu mundo seja, pois todos os significados que ele tem são aqueles que ela lhe atribui – e podem ser, portanto, por ela alterados.

Você S.A. é uma organização com todos os recursos necessários ao sucesso, incluindo a mais sofisticada tecnologia jamais existente e o mais avançado computador já imaginado.

E com invejável tecnologia de comunicação.

Com tudo isso, e como qualquer outra organização que disponha de tecnologia de ponta, de computadores de última geração e de avançados conceitos de telecomunicações, Você S.A. pode ser um estrondoso sucesso ou um retumbante fracasso, porque sucesso e fracasso, embora fortemente influenciados pelos recursos materiais, são definitivamente determinados pela forma como são gerenciados.

O que faz o sucesso ou o fracasso de uma empresa são as cabeças que a dirigem e que a compõem.

O que faz o seu sucesso ou o seu fracasso na arte de viver é a sua cabeça – o seu cérebro. Ou, melhor dizendo, a maneira como você a usa.

Há quem diga, e não são poucos, que o homem, a grande maioria dos homens, não usa mais que 10% a 20% do potencial que seu cérebro lhe oferece, em qualquer sentido, seja intelectual, seja emocional, seja no controle muscular.

Há também quem conteste essa idéia.

De uma forma ou de outra, todos os recursos de que necessitamos estão lá à nossa disposição. O quanto os usamos, quando os usamos e de que maneira os usamos é uma questão de aprendizado nosso.

O que equivale a dizer: um melhor autoconhecimento, uma melhor identificação de seus potenciais e um melhor autocontrole pelo exercício determinado e persistente.

Como já dissemos e insistimos, o cérebro não vem com manual do proprietário e instruções para uso, mas tem normas claras de funcionamento, que já se vão tornando razoavelmente conhecidas. O que é preciso é buscar conhecê-las o melhor possível e usá-las para o autocontrole e a autogestão tão importantes para a realização dos sonhos.

A autogestão implica hoje, no mínimo, o domínio e a utilização adequada da inteligência emocional.

O termo INTELIGÊNCIA tem sido definido de várias maneiras. Talvez mais habitualmente tenha sido conceituado como a capacidade para resolver problemas ou elaborar produtos, e abrangido vários aspectos, conforme o tipo de problema ou de produto, mas sempre com um cunho de racionalidade.

Assim, a inteligência numérica, como a capacidade de raciocinar com números e manipulá-los; a inteligência espacial, como a capacidade de imaginar as coisas no espaço e raciocinar com suas relações espaciais; a inteligência verbal, como a capacidade de lidar racionalmente com conceitos e processos lingüísticos etc.

Tais tipos de inteligência, concebidos já há vários anos, costumam ser medidos através de testes que, a rigor, não medem o potencial de inteligência em si, mas permitem inferir uma provável competência, a partir daquilo que o indivíduo é capaz de elaborar no teste, à custa da manipulação mental de dados semelhantes.

Esse conjunto de inteligências racionais poderia ser relacionado mais propriamente com o que alguns chamam de competência cognitiva, uma capacidade de **conhecer** através do estabelecimento de relações lógico-lingüísticas e lógico-matemáticas.

Enquanto lidamos com a habilidade de adquirir conhecimentos e trabalhar com eles no plano racional, tais conceitos são bastantes úteis. Mas não são suficientes para explicar o que poderíamos chamar de competência prática, aquela competência de que já falamos, envolvida não apenas no "saber como se faz" mas no ser "capaz de fazer" – no "saber fazer".

Pois o ser "capaz de fazer" exige a combinação de elaborações lógico-matemáticas e lógico-ligüísticas com outras habilidades definidas pelo cérebro e aplicadas por todo o corpo (motora-sinestésicas, afetivo-emocionais etc.).

A competência, no sentido genérico que usualmente ainda se dá ao termo – que, de certa forma, coincide com a capacitação (prática) para elaborar produtos e solucionar problemas, fazendo com que as coisas aconteçam –, exige mais do que os potenciais de inteligência "racionais".

É comum observarmos, no cotidiano de nossas vidas, que nem sempre os profissionais de destaque são os que foram brilhantes na vida acadêmica, com amplos conhecimentos e profunda cultura técnica. Muitos desses estudantes nota-dez tornam-se, na verdade, profissionais medíocres.

Isso sem mencionarmos ainda o fato, mais gritante, de que mesmo alguns dos profissionais de destaque e dos mais brilhantes sucessos empresariais e gênios da ciência e das artes podem minimamente ser tomados como padrões de felicidade e realização emocional.

Talvez um dos primeiros a perceber este tipo de relacionamento tenha sido o psicólogo americano **Howard Gardner, que propôs a teoria das inteligências múltiplas**, que normalmente ocorrem em todos os seres humanos, em diferentes proporções, permitindo o desenvolvimento de diferentes tipos e níveis de competência.

A teoria de Gardner abrangia sete tipos de inteligência: lógico-matemática, lingüística, corporal-sinestésica, musical, espacial, interpessoal e intrapessoal.

Esta última, "o conhecimento dos aspectos internos de uma pessoa: o acesso ao sentimento da própria vida, à gama das próprias emoções, à capacidade de disciplinar essas emoções e eventualmente rotulá-las e utilizá-las como uma maneira de entender e orientar o próprio comportamento" (Gardner, H. – *Multiple inteligences – The Theory in practice*, 1993, tradução de Maria Adriana Veríssimo Veronese, Ed. Artes Médicas, Porto Alegre, 1995), tem tudo a ver com aquilo que, mais recentemente, outro psicólogo, Daniel Goleman, lançou no mercado com o nome de **Inteligência Emocional**.

Falando, aqui, em Inteligência Emocional, quero referir-me à capacidade de entender nossas emoções e orientá-las para aprimorar nossa competência em resolver problemas e elaborar produtos. Não se trata de sufocá-las ou ignorar o sentido delas, mas de torná-las uma força a favor de nossa realização pessoal.

Cada atividade que realizamos parece exigir uma combinação de inteligências em diferentes proporções, inclusive, quase sempre, uma parcela de inteligência interpessoal.

Mas, além de todo esse somatório de potenciais, exige também uma boa dose de prática.

Suponhamos aquela atividade de dirigir um carro, que já tomamos como exemplo.

Saber como se dirige um carro não exige muito – um pouco de inteligência lingüística, alguma lógico-matemática, talvez uma pitada de inteligência espacial e uma pequena dose de inteligência intrapessoal.

O resto é um pequeno investimento de tempo e um reduzido gasto de energia com associações e memorização.

Já saber dirigir um carro exige mais – no mínimo, uma boa dose de inteligência corporal-cinestésica, acrescida de significativo reforço de inteligência espacial e lógico-matemática. Pois, além de simplesmente conhecer o que deve ser feito, é necessário **realizar** uma série de movimentos sincronizados, e de cálculos de velocidade e distância com muita rapidez.

A combinação de inteligências múltiplas fornece a base necessária ao desenvolvimento da competência, mas o melhor desempenho só é alcançado pela prática – pelo exercício determinado e persistente.

Alguém que tenha aprendido **como** dirigir e que disponha do repertório mínimo de inteligências múltiplas adequadas só alcançará bom desempenho como motorista com os exercícios, pois a habilidade para dirigir exige uma adequação psicomotora e de tempo de reação que se origina no potencial existente, mas só se concretiza pela prática.

Por outro lado, a realização persistente de exercícios que consubstanciam a prática esbarram, freqüentemente, em barreiras emocionais que precisam ser superadas, como insegurança, medo do fracasso, ansiedade, sentimentos de impotência, desmotivação, frustração face às primeiras tentativas mal-sucedidas etc.

Aí é que aparece a necessidade de uma dose salutar de inteligência intrapessoal aplicada.

Ou inteligência **emocional**.

Substituir hábitos e vencer barreiras emocionais implicam, necessariamente, coisas como autocontrole, autoconfiança, auto-estima, motivação, determinação.

Quanto menor o autocontrole, quanto mais frágil a determinação, maior a dificuldade para desenvolver competência operacional e maior o tempo empregado.

E mais precários serão os resultados.

Hoje entendemos isso – que a competência para fazer, para obter resultados, não depende apenas de conhecimentos e mesmo do desenvolvimento de habilidades, mas depende, e muito, muito mesmo, do desenvolvimento e da aplicação dos fatores que compoem a inteligência emocional.

Mas muitos ainda não perceberam que essa competência de que estamos falando não se restringe a atividades motoras e operacionais, como dirigir um carro, operar uma máquina ou jogar futebol, mas abrange todas as gamas de competência – desde a liderança de pessoas ao relacionamento interpessoal ou à simples habilidade em se comunicar com eficácia.

Ou ao ato de viver e de realizar sonhos.

Qualquer que seja a competência, os princípios que regem seu desenvolvimento são os mesmos e envolvem sempre uma forte dose de inteligência emocional.

Incluindo autocontrole e determinação.

Em qualquer tipo de aprendizagem em que se pretenda a competência plena, a inteligência emocional é imprescindível.

Obviamente, inteligência emocional não é o fato de sentir ou não sentir emoções em determinadas situações, ou do nível de sensibilidade para se emocionar, ou de possuir ou não um potencial inato para desenvolver emoções. É a capacidade de, em determinadas circunstâncias, utilizar ou direcionar suas emoções para sua realização pessoal.

Para sua felicidade.

Para viver a vida de seu próprio jeito, como bem lhe aprouver.

Encarada dessa maneira, a inteligência emocional inclui o controle de impulsos – quando os impulsos tendem a criar obstáculos para a realização de sonhos. Inclui a resistência à frustração, a automotivação, a determinação, a autoconfiança, a auto-estima, a capacidade de se entusiasmar e de se comprometer, o relacionamento interpessoal.

Inclui também, e fortemente, a **empatia** – essa formidável e fundamental capacidade humana de se colocar no lugar dos outros e sentir suas emoções.

Daniel Goleman resumiu em cinco as habilidades componentes da inteligência emocional:

1. A **autoconsciência** – a consciência plena de seus próprios sentimentos e emoções; a capacidade de identificá-los com precisão e segurança e conhecer suas causas e razões.

2. A **gestão das emoções** – traduzindo o autocontrole, como a capacidade de gerir, administrar e orientar sentimentos e emoções.

3. A **motivação** – como aquela força interior, aquela vontade única capaz de mover montanhas, capaz de seguir adiante quando muitos já ficaram pelo caminho.

4. A **empatia** – a mola-mestra da comunicação e do relacionamento, a essência do ser humano – como se estabelecesse um elo entre ele e seus semelhantes.

5. O **relacionamento interpessoal** – representando a interdependência, o apoio mútuo, a necessidade que todos temos de conviver com pessoas, de pertencer a um grupo.

Inteligência emocional é, pois, um conjunto de habilidades. Habilidades podem ser desenvolvidas e aprimoradas, como já discutimos.

Discutimos também que o desenvolvimento de uma habilidade envolve um conjunto de inteligências, incluindo a inteligência emocional.

E assim caímos num dilema, que podemos transformar num estimulante desafio: desenvolver ou aprimorar nossa inteligência emocional a partir do uso de nossa inteligência emocional.

Já conversamos sobre auto-estima e autoconfiança.

O foco agora é o autocontrole.

Você, meu prezado leitor, é um bom gerente de si mesmo? Tem um bom controle de suas emoções, a ponto de usar com proveito todas as suas habilidades e de manter firmemente em suas mãos as rédeas de sua própria vida? É capaz de evitar que emoções um pouco mais intensas e fortes impulsos o tirem do sério e perturbem suas ações e decisões? É capaz de impedir que seus sentimentos e emoções sejam gerados e manipulados pelas opiniões dos outros a seu respeito? É capaz de sobreviver às frustrações, sacudindo a poeira e dando a volta por cima num piscar de olhos? É capaz de vibrar com seus pequenos sucessos e fazer deles trampolins para novos êxitos?

Se você pode superar tudo isso e ainda encarar cada fracasso, cada desastre como uma nova oportunidade, e seguir em frente com um sorriso nos lábios... você provavelmente é um robô.

Como você não é um robô, esse absoluto autocontrole certamente não faz parte de seu dia-a-dia. Portanto, vamos ser sinceros: nem tanto ao mar, nem tanto à terra.

Não vamos falar aqui em desenvolvimento de autocontrole como uma fórmula mágica e infalível de transformar-nos em exemplos vivos e sublimes da perfeição humana.

Admitimos ser partes de Deus, criados à sua imagem e semelhança, mas temos um corpo e não somos – e não seremos – Deus.

Procuremos ser práticos e manter os pés no chão... ainda que com a cabeça nas nuvens.

Deficiências de autocontrole nos prejudicam em praticamente todos os nossos sonhos. E todos as temos em maior ou menor grau. Mas podem sempre ser minimizadas pelo aprimoramento da gestão de nossas emoções e de nossos sentimentos, proporcionando-nos, além de mais sucesso em nossas atividades, melhor qualidade de vida e, enfim, melhor realização pessoal.

Como? Algumas considerações talvez descortinem alguns caminhos.

Para começar, se você ainda pensa que aprimorar o autocontrole é aprender a engolir a raiva, cerrar os dentes e... falar mansinho, representando um papel que não traduz seu estado de espírito, não poderia estar mais enganado.

Isso seria apenas mascarar uma situação, fingir e enganar a si mesmo, transferindo para mais tarde e para os que rodeiam – sobretudo seus familiares – todo o efeito de uma ira reprimida.

E, além disso, destruindo seu próprio corpo com a energia negativa retida em sua mente e difundindo-se pelo seu organismo.

São outros os caminhos de que estamos falando.

Um bom começo é criar o hábito de pensar sobre suas emoções e seus sentimentos. O que normalmente não fazemos, apenas sentimos, reagimos e pronto.

A parte mais antiga de nosso cérebro, já existente em animais inferiores, é a principal responsável por nossos impulsos, assim consideradas nossas reações imediatas e automáticas aos estímulos que recebemos do ambiente, particularmente aqueles que representam ameaça à nossa integridade física ou mental.

Essa talvez, a principal defesa desses animais: um estímulo agressivo, sobretudo intenso e repentino, e uma resposta pronta, imediata, de fuga ou de ataque.

O advento do córtex cerebral em nosso sistema nervoso veio dar-nos a possibilidade de, ao recebermos estímulos do ambiente, transformá-los em informações e, assim, registrando-as e associando-as com informações já registradas anteriormente, analisá-las e, enfim, **raciocinar**.

O raciocínio possibilita-nos avaliar o nível de ameaça – se existente – representado pelos estímulos que recebemos, tornando-nos capazes de dosar a intensidade e a oportunidade da resposta que devemos dar a cada um.

Essa avaliação dos estímulos desencadeia uma interação entre o córtex e as regiões mais primitivas do cérebro, dosando e regulando as respostas destas, através de áreas cerebrais ditas inibidoras, e, com isso, adequando nossas reações.

No entanto, esse mecanismo de controle, e sobretudo o grau em que ocorre, varia enormemente de pessoa para pessoa, possivelmente em função do potencial genético e, principalmente, da história de vida e do tipo de experiências de cada uma.

Você deve conhecer pessoas que dificilmente agem destemperadamente, aquelas que pensam duas ou dez vezes antes de reagir a um estímulo, analisando cuidadosamente as conseqüências de suas ações.

Deve conhecer também pessoas do tipo "atira primeiro e pergunta depois", que, em face de quase qualquer estímulo um pouquinho mais forte, reagem de pronto, muitas vezes inoportunamente e em intensidade muito além daquela que seria adequada. Talvez você os trate por "destemperados" ou "estopim curto", ou mesmo estúpidos e ignorantes.

E, sem dúvida, conhece inúmeras pessoas cujas reações se colocam entre esses dois extremos (em que nível você se coloca?).

Portanto, desenvolver ou aprimorar o autocontrole é se tornar o mais possível capaz de melhor adequar suas reações, respondendo aos estímulos que recebe de maneira mais consciente e coerente – qualquer que seja hoje o nível de suas reações.

Quando você se concentra em suas emoções e sentimentos, procurando identificar com segurança suas causas e reconhecer com mais profundidade o que realmente sente, consegue duas conseqüências extremamente úteis para o autocontrole.

Em primeiro lugar, evita mascarar emoções verdadeiras – por exemplo, emoção aparente de raiva mascarando emoções como ciúme ou medo, o que costuma acontecer em algumas situações.

Por outro lado, quando você identifica e focaliza uma emoção, tem condições de analisar suas causas, sua intensidade e, o que é mais importante, seus possíveis efeitos.

Essa análise racional vai levá-lo, automaticamente, a inibir reações impulsivas e exacerbadas, passando a dosar melhor seu comportamento racional e, assim, aprimorar seu autocontrole.

Dirá você, agora: "Muito bem, se é assim que se faz, estou pronto. Na próxima vez que tiver uma emoção mais forte vou concentrar-me, analisá-la e..."

Exercer um belíssimo autocontrole? Bobagem!

Esse é o grande engano que geralmente se comete. Quando você está altamente emocionado, não terá condições de concentrar-se em coisa alguma, e vai reagir como sempre reagiu.

Saber como se faz não é a mesma coisa de ser capaz de fazer, lembra-se? Essa é mais uma habilidade que precisa ser desenvolvida e automatizada para que funcione.

Como? Exercícios! Não se lembra?

É preciso treinar esse comportamento durante algum tempo, partindo de emoções leves que não o bloqueiem totalmente e permitam focalização e análise.

E repetir o procedimento tantas vezes quanto necessárias, até que se torne um hábito e seja automatizado. Assim, seu cérebro passará a executá-lo automaticamente, nas mais diversas circunstâncias, sem que você até mesmo se dê conta disso.

Será um comportamento incorporado à sua personalidade, como se já tivesse nascido com ele.

Convença-se, de uma vez por todas, de que mudanças desse tipo não acontecem a troco de nada, ou de simplesmente saber como se faz: exigem vontade, determinação e persistência. Devem ser alcançadas progressiva e conscientemente.

Mas convém sempre lembrar: o tempo gasto no esforço para mudança de comportamento e atitudes pode ser medido em horas, semanas ou até mesmo meses, mas seus resultados serão sempre medidos em anos, muitos anos, até o fim da vida.

Ou você é daqueles que preferem passar anos reclamando dos prejuízos que sofre com sua dificuldade de falar em público, em vez de empregar algumas poucas semanas para resolver o problema de uma vez por todas, com absoluta eficácia?

Portanto, desenvolva o hábito de pensar sobre seus sentimentos e analisar suas ações (antes de explodir). Diante de impulso para uma ação explosiva, ou simplesmente precipitada, pare e pense:

> "Qual o seu exato sentimento, no momento – raiva, ódio, desespero, insegurança, despeito, inveja ou o quê?

> Qual é a causa real desse sentimento? Qual o significado dessa reação – existem outras alternativas? Quais as suas prováveis conseqüências – seriam positivas ou negativas? Seriam coerentes com o estímulo recebido? Como essa reação se enquadrará em sua escala de valores?"

É a razão trabalhando para entender e administrar emoções: o simples pensar e analisar já começa a esvaziar a emoção. Ao passo que não questionar ou contestar as reações emocionais vai reforçá-las e também transformá-las em hábitos.

O difícil é fazer isso quando sujeito a uma emoção poderosa – costuma não funcionar. Mas, como já foi dito, não é nada difícil fazê-lo ao confrontar-se com emoções (e impulsos decorrentes) mais fracos. Tente nessas ocasiões. Faça-o programada e sistematicamente. Pense, analise e tire conclusões.

Se o fizer um número suficiente de vezes, numa seqüência razoável, seu cérebro aprenderá a fazê-lo sempre, automaticamente, mesmo quando se deparar com emoções mais fortes.

Lembre-se mais uma vez (para fixar bem e nunca esquecer-se) de que o que altera nossas emoções e sentimentos, provocando reações e impulsos os mais diversos, não são os fatos, os acontecimentos, as coisas ou mesmo as pessoas, mas sim aquilo que representam para nós, o **significado** que a eles atribuímos, ditado por nossas experiências (muitas vezes inconscientemente). E sobre isso podemos ter controle. Podemos nos treinar, pelo exercício de repetição constante durante algum tempo, em analisar o mundo que nos rodeia de maneira mais otimista, destacando sempre o lado mais positivo (para nós) dos fatos e das pessoas, e atribuindo a eles significados que nos tragam algum benefício, bem-estar ou maior ponderação e equilíbrio emocional. Apenas uma questão de exercício mental.

Convém lembrar-se também, mais uma vez, de que nosso cérebro trabalha com imagens. Portanto, se nos habituarmos (também pelo exercício) a povoá-lo de imagens prazerosas (lembranças evocadas intencionalmente, ou criadas em pontes ao futuro), ele poderá brindar-nos com bons sentimentos e emoções agradáveis, aplacando a ira, a ansiedade, a insegurança ou o medo.

E ainda não é tudo.

Há pelo menos mais um recurso que pode ser usado para melhorar o autocontrole – e outras facetas da vida.

Já ouviu falar de **âncora**? É como o chamam os adeptos da programação neurolingüística. Pode até parecer estranho para os mais céticos, mas como funciona!... E é extremamente simples: experimente, quando estiver num momento de alto astral, associar a este estado de espírito um estímulo físico qualquer – vale um toque, um som, um cheiro ou qualquer outro. Posteriormente, em outra ocasião qualquer, se você repetir esse estímulo, exatamente o mesmo, verá que aquele estado de espírito, que a ele ficou associado, voltará imediatamente, como por milagre.

Estranho? Pois pense na quantidade de vezes que isso ocorre naturalmente em sua vida.

Uma música ouvida ao acaso e... **voilá** – a lembrança daquele grande amor do passado e, mais do que isso, o sentimento terno que o envolvia naqueles momentos. Uma palavra ouvida e a recordação imediata de um fato que a ela ficou associado – com a emoção correspondente. Um cheiro... e mais uma lembrança.

Quanto de nossa aprendizagem ao longo da vida se deve a âncoras? Involuntárias, é claro. Mas, por que não criá-las voluntariamente, para nossa conveniência?

Fazemos isso ocasionalmente, principalmente como fator educacional ou no adestramento de animais. Mas não costumamos chamar o processo de âncora; conhecêmo-lo mais por **reflexo condicionado** – e suas derivações, a partir dos trabalhos do psicólogo americano Burrus F. Skinner.

Na verdade, a prática nasceu da famosa experiência do fisiologista e Prêmio Nobel russo Ivan Petrovich Pavlov.

Relembrando: depois de deixar um cão sem alimentos por algum tempo, Pavlov mostrava-lhe um pedaço de carne e anotava a quantidade de salivação do animal, numa resposta reflexa perfeitamente natural.

Posteriormente, repetindo o processo várias vezes, passou a mostrar ao animal a carne e, ao mesmo tempo, tocar uma campainha.

Finalmente, após deixar o animal mais uma vez com fome, não lhe mostrou a carne, mas, simplesmente, repetiu o mesmo toque da campainha.

E aí – surpresa! – o animal voltou a salivar, com a mesma intensidade.

Este é o reflexo condicionado – um reflexo natural, fisiológico, evocado a partir de um estímulo associado que, em princípio, não tinha com ele qualquer relação.

Nada mais que uma âncora.

Conto-lhe uma experiência própria, dentre muitas outras.

Fumei durante muito tempo, uns 30 anos talvez. Muitas vezes tentei parar, em algumas até consegui – por uns seis ou sete dias. Não fumava muito, na verdade, em torno de um maço por dia. Mas quando dava aulas ou ministrava cursos extrapolava: chegava aos dois maços ou mais num único dia.

Até que, há cerca de dez ou 12 anos, ministrando um curso que durou três dias integrais, fumei bastante. E, juntando os efeitos do fumo com os de algumas cervejas comemorativas do término do curso, os resultados no dia seguinte foram deploráveis – um terrível mal-estar.

Foi aí que decidi experimentar: criei um sinal específico manipulando um cigarro e passei o dia a associá-lo àquele mal-estar físico, incluindo náuseas, sempre exatamente da mesma maneira.

Dois dias depois, passados os efeitos do episódio e após um cafezinho veio-me, como sempre, a vontade de fumar. Resisti. Repeti aquele mesmo sinal-estímulo e, imediatamente, surgiu a lembrança, e, muito mais que ela, aquele lamentável mal-estar, carregado de náusea.

Como fumar nessa situação? Impossível! E assim foram os quatro ou cinco dias seguintes – vontade de fumar, repetição do sinal, mal-estar.

E nada de fumar.

Passou o tempo e nunca mais.

Até hoje, o cheiro do cigarro não me incomoda. Ver alguém fumando não me incomoda, mas basta pensar em colocar um cigarro na boca ou tocar em um e lá vem – náusea e completa rejeição ao cigarro.

Âncoras funcionam.

Ainda duvida? Experimente!

Use os mesmos raciocínios e métodos para livrar-se do hábito de remoer os problemas já resolvidos ou de resultados insatisfatórios. Chorar o leite derramado só proporciona a multiplicação do sofrimento. O hábito de raciocinar objetivamente (ocupando a mente) sobre o que fazer a seguir – e não sobre o que poderia ter sido feito – suprime as lamentações e recompõe a moral. É um hábito facilmente cultivado pela repetição voluntária.

Assim, aprimorar o autocontrole e tomar em suas mãos as rédeas de sua própria vida não é uma questão de cerrar os dentes e engolir a raiva ou fingir que nada está acontecendo: é criar o hábito de entender e administrar as próprias emoções, tornando-as sempre suas aliadas.

E acrescente a isso um comportamento altamente edificante: cultive a motivação, o entusiasmo e o bom humor. Se, ocasionalmente, não se sentir assim, aja como se sentisse. Aja como se estivesse alegre, aja como se estivesse entusiasmado, aja como se estivesse motivado... enfim, aja **como se**... e assim se tornará (assim falou William James, e muitos o têm experimentado e comprovado).

> "Problemas, sofrimentos, frustrações são partes da vida. Não é possível evitá-los. Mas é possível sofrê-los com sabedoria."
>
> *Rubem Alves*
>
> Auto-respeito, autoconhecimento e autocontrole conduzem a vida ao poder supremo."
>
> *Alfred Femmyson*

"Qualquer um pode zangar-se – isso é fácil. Mas zangar-se com a pessoa certa, na hora certa, pelo motivo certo e da maneira certa – isso não é fácil."

Aristóteles

"Um diamante é um pedaço de carvão que se saiu bem sob pressão."

Anônimo

Relações Humanas

Em sua classificação de inteligências múltiplas, Horward Gardner incluiu, como uma delas, a inteligência interpessoal, reconhecendo, portanto, a capacidade de relacionamento com outros seres humanos como uma questão de inteligência.

Não que não se dê importância, há muitos e muitos anos, ao relacionamento humano, tanto no âmbito familiar quanto no âmbito social e mesmo no empresarial. Mas talvez nunca antes no grau de importância que realmente tem e que começa a ser reconhecido.

Apesar do discurso que sempre se fez exaltando a importância das relações humanas, sua prática não tem correspondido na dedicação em torná-las mais estreitas e na busca em aprimorá-las.

A não ser quando de alguma forma ameaçadas.

Aí pelos anos 60 decolava, no Brasil, com o incentivo e respaldo de psicólogos e educadores americanos, a teoria comportamentalista de Skinner, que enfatizava, no estudo e no aprimoramento do comportamento humano, apenas o que era externamente observável, relegando, de certa forma, a força dos sentimentos e das emoções.

Imediatamente associada à rígida taxonomia dos objetivos educacionais, de Benjamim Bloom, deu origem à então chamada **Instrução Programada** e às **máquinas de ensinar**, que praticamente dispensavam a presença do professor, e morreram ainda na década de 1970.

E morreram por quê?

Por falta de calor humano, responderam em uníssono a maioria dos estudantes então pesquisados.

Talvez tenha tido muita razão o psicólogo americano Abraham Maslow (também de Haward) ao incluir entre os cinco grupos de necessidades básicas inerentes à natureza humana dois grupos envolvendo as relações interpessoais – as necessidades **sociais** e as de **estima** e **apreciação**.

Mas não foi a primeira vez em que se confrontaram as relações humanas e a tecnologia. Também a eclosão de Revolução Industrial e os avanços tecnológicos chegaram a lançar a rede, mas, pouco a pouco, predominaram os novos conceitos de sociedade e, particularmente, de família.

E chegamos à era das telecomunicações e da informática com a sedução do domínio eletrônico da informação e do conhecimento, e o progressivo afastamento físico das pessoas, endossado pelas ondas de violência, de marginalização e desagregação social, surfando no vácuo da globalização dos costumes e da economia.

No entanto, cresce a resistência ao apelo da tecnologia, marcada, por um lado, pela forte busca, pelo ser humano de hoje, dos caminhos da espiritualidade, da religiosidade e das artes (como expressão máxima da natureza humana), através do autoconhecimento, da auto-ajuda e do esoterismo, evidenciada pela proliferação de livros, revistas, filmes, peças teatrais e programas de televisão voltados para a auto-ajuda, para o esoterismo e para a divulgação das artes em geral.

Tudo isso indicando, certamente, não uma reclusão ao individualismo, mas uma nova tomada de consciência e uma reformulação do ser humano em seu eterno caminho de volta a si mesmo, como base e preparação de nova abertura para o outro.

Porque, como muito já se disse, homem nenhum é (e nem consegue ser) uma ilha.

Por outro lado, surge também como resistência às conseqüências da alta tecnologia, como endosso à persistência da família e dos laços familiares (ainda que sob novas roupagens) e do convívio social, seja no estilo VIP das classes mais abastadas, seja no *underground* das novas tribos, seja na brava luta da classe média por seus valores.

Quanto mais a máquina seduz o homem para controlar o próprio homem, mais o homem busca o convívio e o apoio de seus semelhantes para o domínio e o uso adequado das máquinas que ele próprio cria.

Mesmo nas instituições que alimentam e se nutrem da tecnologia, o fator de equilíbrio e de sobrevivência não é a máquina, mas os seres humanos que as compõem.

Empresas crescem ou fracassam, sobrevivem ou desaparecem, em função dos seres humanos que as sustentam e, sobretudo, das relações que mantêm entre si, seja na gestão de pessoas, na liderança, na tomada de decisões, seja no trabalho em equipe, na compra de suas máquinas ou na venda de seus produtos.

Empresas fracassam quando fracassam suas relações humanas – internas ou externas.

Famílias fracassam quando fracassam suas relações interpessoais.

Sociedades fracassam quando fracassam as relações pessoais.

Governos e nações fracassam quando fracassam suas relações interpessoais, intergrupais e internacionais, deterioradas na luta pelo poder, na vaidade e na corrupção.

Foi assim no passado recente (ainda que dificilmente reconhecido). É assim hoje (ainda que fortemente reconhecido no discurso e negado nas ações). E assim será cada vez mais no futuro próximo (finalmente reconhecido por força das evidências e à custa dos fracassos provocados por anos de negligência).

Da mesma forma que a motivação no trabalho não é uma relação entre o homem e a empresa, mas uma relação entre o homem e os desafios de seu trabalho, que o comprometimento, tão indispensável à eficácia, é uma relação entre o homem e uma causa, entre o homem e seus sonhos; o sucesso pessoal é uma relação entre o homem e seus semelhantes.

Relações humanas são fruto da inteligência interpessoal, calcada numa boa inteligência intrapessoal.

Uma questão, portanto, de inteligência.

Emocional.

Para a pessoa, um passaporte para o sucesso pessoal, porque será mais bem vista, mais estimada e terá um número maior de amigos com os quais poderá contar; para o profissional, porque as pessoas são promovidas e obtêm mais êxito nas organizações pela habilidade de lidar com pessoas, de persuadir, convencer e obter colaboração e apoio do que por seus conhecimentos técnicos.

Para as organizações, uma garantia de produtividade e de êxito, porque sua capacidade de produzir e vender – qualquer que seja seu ramo de negócios –, depende, fundamentalmente, da habilidade de seus profissionais em lidar com pessoas, seja liderando-as, seja obtendo delas o melhor de seu desempenho, seja conquistando clientes ou vendendo produtos.

As relações interpessoais, além de representarem a ferramenta gerencial mais importantes à disposição da empresa e a melhor fonte de qualidade de vida das pessoas, podem e precisam ser aprendidas, desenvolvidas e aprimoradas.

Por quê?

Por, no mínimo, 12 razões fundamentais:

1. **RH no desenvolvimento pessoal** – Já se disse – e aqui também já repetimos – que homem algum é uma ilha. Nossa ânsia de convivência, de reconhecimento e de estima nos remete à busca constante de relacionamento com nossos semelhantes. Além disso, nossa ânsia de segurança e de auto-realização exige a conquista da colaboração de outras pessoas para o alcance de nossos objetivos e realização de nossos mais acalentados sonhos.

2. **RH na motivação e no comprometimento** – Motivação resulta do desafio inerente ao trabalho que se realiza, mas não só; resulta também do reconhecimento pelos resultados alcançados, o que só se torna possível num ambiente de relações saudáveis e isentas de inveja e disputas de poder, decorrentes da união e do comprometimento com objetivos comuns. Comprometimento esse reforçado na comunhão de interesses e na confiança mútua.

3. **RH na gestão de pessoas** – Gerenciar, hoje, já não é mandar, já não é ser chefe – é liderar pessoas, obter comprometimento. Gerar motivação, estimular, coordenar e sincronizar esforços em função de um objetivo comum. A habilidade mestra já não é a de concentrar informações e dominar tecnologia e processos produtivos, mas a de usar e somar a inteligência, o conhecimento e o entusiasmo de todos os parceiros. Em resumo: a habilidade de lidar com pessoas – relações humanas em seu estado mais puro.

4. **RH no clima organizacional** – Esse é o objetivo mais reconhecido do RH nas organizações: criar bom ambiente de trabalho. Nada mais verdadeiro: boas relações humanas garantem um ambiente de trabalho saudável, tranqüilo, com menos disputas pessoais e menos conflitos a serem administrados, evitando dispersão de energia, que é assim mais bem canalizada para a obtenção de resultados.

5. **RH na inovação e na criatividade** – Se a mãe da criatividade e da inovação, como se costuma dizer, é a necessidade, o pai é certamente a alegria e a descontração, conseqüência natural de um ambiente saudável, fruto de boas relações humanas, que caracterizam o comprometimento e a parceria geradas pela liderança e pela gestão participativa.

6. **RH no trabalho em equipe** – O trabalho em equipe verdadeiramente posicionado para resultados é absolutamente antagônico à chefia autocrática – a centralização predominante nesta inibe significativamente a liberdade exigida para a produtividade da equipe. A liberdade e a produtividade da verdadeira equipe decorrem do comprometimento, do respeito e, sobretudo, da confiança reinantes entre seus membros – tudo resultante de boas relações humanas.

7. **RH no fluxo de informações** – Uma das maiores queixas de todas as organizações, inclusive familiares e sociais, é a deficiência na comunicação, geralmente traduzida pelo fluxo precário de informações. Embora as providências saneadoras preferidas se concentrem na criação de jornais e informativos diversos, a deficiência decorre principalmente, além do desinteresse geral pelas pessoas, da gestão autocrática, onde o chefe – centralizador de decisões e distante dos subordinados – não sente necessidade, e muito menos interesse (aliado à vaidade do poder), em difundir informações. Havendo liderança, gestão participativa e bom ambiente de trabalho – tudo fruto de boas relações humanas –, as informações fluem naturalmente, porque se tornam necessárias às decisões coletivas e naturais ao ambiente de respeito e solidariedade.

8. **RH no controle de custos e de desperdícios** – Controle de custos e de desperdícios podem ser fruto de policiamento ostensivo e de punição, mas é verdadeiramente mais eficaz quando espon-

taneamente autopoliciado em defesa dos próprios interesses, conseqüência óbvia do comprometimento com a causa comum e da confiança mútua geradas pela coesão do grupo e pelo respeito decorrentes do relacionamento saudável no trabalho em equipe e na liderança.

9. **RH na conquista de clientes** – A conquista e a manutenção de clientes é função primária do bom relacionamento interpessoal, traduzido pela atenção, pelo bom atendimento, pelo interesse pela pessoa, pelo respeito, pela confiança demonstrada e conquistada, pela satisfação de necessidades emergentes.

10. **RH na venda de produtos, serviços e idéias** – Vender é persuadir a comprar; persuadir é convencer, é levar o outro a tomar uma decisão favorável à nossa proposta, pela compreensão das vantagens **mútuas** nela implícitas. A decisão é sempre ditada pela **razão** (argumentos, fatos lógica) e pela **emoção** (simpatia/antipatia, confiança, valorização pessoal) – e, comprovadamente, muito mais pela emoção do que pela razão. Quando há antipatia, os argumentos não são ouvidos, ou, no mínimo, são radicalmente desvalorizados. Quando há simpatia, os argumentos são mais bem recebidos e analisados, com evidente predisposição à sua aceitação.

Ao se plantar uma idéia, pesa substancialmente o valor da idéia, a fertilidade do terreno (traduzida pelas boas relações humanas) e a maneira de lançar a semente, no momento oportuno e de maneira emocionalmente atraente e cativante.

11. **RH na negociação** – Negociar com amigos é indiscutivelmente mais fácil, mais eficaz e menos desgastante do que com antagonistas antipatizados, quando as diferenças entre pessoas se sobrepõem às diferenças entre idéias e o objetivo de derrotar o outro se torna mais forte que a obtenção de um acordo vantajoso. Boas relações humanas criam o clima favorável aos bons resultados.

12. **RH no sucesso das organizações** – Somem-se os 11 itens anteriores. É preciso dizer mais?

Sendo assim tão importante e essencial o relacionamento interpessoal na vida das pessoas e das organizações, por que tanta dificuldade em investirmos em seu aprimoramento e em ensinar como fazê-lo nas escolas?

Talvez você pense que, com tantos cursos intensivos, livros e discursos sobre relações humanas que se vê por aí, não é bem verdade que não investimos no assunto. Mas, se observar bem, notará que ouvir e ler sobre o assunto e fazer discursos sobre sua importância não implica investir em **mudanças de comportamento e aprimoramento real**.

O que falta? Talvez acreditar realmente em toda essa importância de uma inteligência interpessoal. Talvez perceber e acreditar que não nos relacionamos tão bem como acreditamos e que os problemas que temos por essa deficiência não são sempre decorrentes da incompetência ou do temperamento difícil **dos outros**. Talvez acreditar que relações humanas podem ser aprendidas, treinadas, desenvolvidas, aprimoradas ao longo da vida, e tirar da cabeça a idéia, ainda que inconsciente, de que, como nos relacionamos desde que nascemos, já sabemos e praticamos tudo o que deveríamos saber e praticar.

Não são poucas as maneiras, pesquisadas e identificadas à exaustão, que favoreçam o aprimoramento do relacionamento humano.

Nada complicado ou surpreendente. Nada que não façamos vez por outra ou não conheçamos.

Apenas não separamos o joio do trigo, isto é, tanto praticamos aquilo que contribui para um bom relacionamento quanto aquilo que nem tanto. E não reparamos nos efeitos práticos de um ou outro comportamento.

As pesquisas feitas nos indicam e ressaltam aqueles comportamentos que mais levam à simpatia e à amizade, separando-os daqueles que despertam antipatia e antagonismo. Assim, permitem que nos apliquemos mais e objetivamente naqueles que forem mais interessantes para os benefícios que podemos obter com o bom relacionamento.

Ou seja, permitem-nos desenvolver nossa inteligência interpessoal.

Duas atitudes básicas devem ser consideradas para esse fim.

Primeira: as pessoas são movidas por interesses egoísticos. Importante entender por **interesse egoístico** a satisfação do ego, isto é, a satisfação daquelas necessidades básicas que provocam nossas ações, sejam elas de cunho material, sejam de cunho psicológico ou sejam de cunho espiritual. Não confundir interesse egoístico com o vulgar egoísmo – querer tudo para si.

Tudo o que as pessoas fazem tem por finalidade primordial suprir uma necessidade emergente. Buscamos alimentos para suprir a fome; amealhamos bens para suprir a necessidade de segurança ou de apreciação; buscamos o relacionamento com nossos semelhantes para suprir necessidades sociais e de sermos estimados; buscamos vencer desafios, realizar sonhos, contribuir e compartilhar o que temos e sentimos para suprir a necessidade suprema de nos realizarmos como os seres humanos que imaginamos ser, e justificar o significado e o sentido que atribuímos à nossa vida.

Daí as relações interpessoais estarem calcadas na busca de uma satisfação mútua de necessidades. Essas são as palavras-chave do relacionamento: satisfação mútua.

Segunda: as pessoas tendem a retribuir aquilo que recebem. Quando demonstramos simpatia pelas pessoas, elas tendem a sentir simpatia por nós; se as tratamos mal, elas tendem a tratar-nos mal.

Esta é a principal e mais proveitosa constatação das pesquisas sobre relacionamento.

Além de óbvia – depois que se constata –, extremamente útil para quem quiser levar a sério sua inteligência e sua habilidade interpessoal.

Some esses dois princípios, respeite-os e terá uma base confiável para o aprimoramento de sua inteligência interpessoal.

A partir daí, observe alguns comportamentos altamente recomendáveis:

1. Comece pela empatia – Daniel Golemam relaciona e enfatiza a empatia como uma das habilidades mais importantes da inteligência emocional. E com toda razão. Sabendo que as pessoas são movidas por suas necessidades emergentes e que tendem a retribuir aquilo que recebem, sabendo que a eficácia da comunicação depende do conhecimento que se tem do outro e da tradução de suas mensagens nos referenciais dele, nada mais natural que a empatia seja considerada a pedra-de-toque do relacionamento humano.

Empatia é esta extraordinária capacidade de nos colocarmos no lugar do outro, como se estivéssemos vivendo aquilo que ele está vivendo no momento, absorvendo seus sentimentos e sentindo as mesmas emoções – com isso compreendendo plenamente o que ele sente.

É, ou pelo menos deveria ser, uma reação plenamente natural. Você é empático, todos somos empáticos, faz parte de nossa natureza. Mas temos nos bloqueado muito, ao longo de toda a vida, ao mascararmos e restringirmos nossas emoções e nos lançarmos numa vida tensa de competição e estresse que limita nosso interesse pelos nossos semelhantes.

Com isso, nossa principal base para o relacionamento ideal fica prejudicada. Resgatar a empatia deve representar, hoje, um objetivo prioritário.

Sugiro empenharmo-nos nele pelo exercício voluntário e sistemático, até que, desbloqueada, a empatia volte a ser sempre uma manifestação espontânea. Como? Mais uma vez programando um comportamento e praticando-o até que se torne um hábito automatizado. Imaginemo-nos, no lugar do outro, na posição do outro, envolvido pelas mesmas circunstâncias... e deixemos que os sentimentos aflorem e sejam percebidos em nós, como se fossem nossos.

Como se perguntássemos a nós mesmos: se eu fosse ele, se eu estivesse no lugar dele neste momento, com a vida que ele teve, com as coisas que já passou, com os problemas e alegrias que já viveu e, principalmente, com os que está vivendo agora, como é que estaria me sentindo? Quais seriam meus sentimentos e minhas emoções? Quais seriam minhas ações e reações?

Quando conhecemos as razões do outro e experimentamos seus sentimentos, o nível de nossa compreensão e do nosso respeito aumenta, como aumenta nosso interesse por ele e nossas manifestações de simpatia se acentuam.

É fácil observar a gritante diferença de comportamentos num médico em empatia com seu paciente e naquele indiferente, voltado para si mesmo; ou num professor, em relação a seus alunos; ou num casal, ou em qualquer ser humano em relação a seus semelhantes.

2. Desenvolva o interesse pelos outros – E será recompensado pelo interesse deles. Uma boa maneira é aprimorar a sua capacidade de observação – de observar gente, pessoas, bem entendido.

De um modo geral, nosso potencial de observação é bem maior do que aquele que empregamos em nosso dia-a-dia. Se quer ter uma idéia do quanto você o utiliza, teste-se. Feche os olhos e procure relembrar, criando imagens mentais, de algumas características das pessoas com quem você convive. Evoque-as uma a uma. Usam óculos? Têm barba ou bigode? Como são seus cabelos, seus olhos, suas orelhas? Que roupas vestiam na última vez que as viram, ainda que fosse há poucos minutos ou que ainda estejam à sua frente? Reparou nos seus sapatos? E nas palavras que costumam usar (a não ser que sejam muito características ou peculiares)?

Percebe? Não é fácil, pois não?

Ignoramos, desconhecemos e esquecemos muitas coisas, não por deficiência de memória ou de inteligência, mas por falta de matéria-prima, isto é, por falta de registro em nosso cérebro. Se não observamos bem, os registros que poderiam ser lembrados são naturalmente precários.

Observamos melhor apenas aquilo que faz parte de nosso interesse imediato. Pouco observamos as pessoas que nos rodeiam porque, geralmente, pouco interesse nutrimos por elas, a não ser aquelas que nos são mais chegadas. Preocupamo-nos mais com nosso trabalho, com nossos problemas e dilemas, com nossas conquistas e ganhos; enfim, preocupamo-nos conosco mesmo.

Se chegarmos realmente a compreender que nossa vida será mais agradável e fará muito mais sentido, e que nosso sucesso depende, mais que tudo, das pessoas com quem lidamos, podemos começar a exercitar, com êxito, nossa capacidade de observá-las. Com isso, além de conquistar o interesse delas, poderemos obter uma infinidade de informações sobre elas, sua forma de viver e agir, sua maneira de ver o mundo e reagir a ele, que nos permitirão falar com elas nos seus próprios pontos de vista, nos seus próprios referenciais, aprimorando nossa comunicação e demonstrando nosso interesse, nossa atenção e nosso respeito por elas.

Outra boa maneira de demonstrar interesse, extremamente eficaz e útil por acarretar vários outros efeitos positivos, é, simplesmente, ouvir.

Isto mesmo, ouvir. Simples assim.

Mas como tem sido difícil na prática. Tão voltados estamos para nossos próprios interesses que dificilmente escutamos os outros. Normalmente, enquanto o outro fala, estamos pensando no contra-argumento, ou num exemplo nosso a dar!

Somos, quase todos, maus ouvintes, tão habituados estamos, em nossas conversas, a filtrar apenas aquilo que nos interessa, isto é, que coincide com nossos pontos de vista e reforça nossas idéias e nossos argumentos.

Dizia um amigo meu, há muitos anos, definindo o que é uma pessoa inteligente: "Inteligente é aquele que pensa igual a gente!"

Daí provavelmente nossa dificuldade em ouvir (e aceitar) as críticas que nos fazem ou respeitar aqueles que nos criticam.

Procure desenvolver o hábito de ouvir treinando-se em manter a boca fechada e concentrar-se totalmente naquilo que o outro estiver dizendo. Como? Mais uma vez, nada mais simples: programe-se para ouvir, voluntariamente, determinadamente, ainda que lhe coce a língua, durante alguns dias (ainda que seja por um certo número de horas/dia) todas as pessoas que se dirigirem a você.

Mas, ouvir mesmo – atentamente, concentrando-se naquilo que lhe é dito, compreendendo o raciocínio e apreendendo os significados, sem interrupções ou precipitados julgamentos de conteúdo ou de valor.

Se houver deslizes (sempre ocorrem recaídas), não desanime nem entregue os pontos: volte à carga, até que se torne um hábito incorporado à sua personalidade.

Descobrirá, certamente, que o fato de saber ouvir acarreta várias vantagens:

- É sempre recebido e percebido como uma inequívoca demonstração de interesse, de respeito e simpatia, favorecendo decisivamente o bom relacionamento. Como todos gostamos muito de falar das coisas de que gostamos e de nossos feitos, é sempre prazeroso e compensador contarmos com bons ouvintes – que fazemos questão de preservar como amigos, retribuindo sempre naquilo que pudermos.
- Alimenta-nos de informações e enriquece o conhecimento que temos das pessoas que nos cercam, facilitando nossa comunicação.
- Favorece e viabiliza substancialmente a persuasão e a negociação.
- Facilita extraordinariamente as relações familiares, a compreensão e a educação dos filhos.
- Esvazia as emoções negativas de amigos, parceiros ou clientes irados. Vale a pena atentar para este detalhe. Quando alguém se dirige a nós em altos brados, nervoso, irritado, seja lá com o que for,

está pronto para descarregar em nós toda a sua raiva, bastando para isso que retruquemos e criemos um confronto, pois qualquer coisa que dissermos terá o efeito imediato de aumentar sua ira e motivar ainda mais sua ação agressiva.

Se, ao invés de fazermos o que ele intimamente espera – retrucar – nos mantivermos em silêncio, ouvindo atentamente e demonstrando o maior interesse em ouvi-lo, quase automaticamente sua raiva irá se dissipando, como um balão esvaziando-se do ar que o preenche, por falta de uma ação contrária, até se perder completamente na falta de um sentido.

E, se depois que ele se calar, ainda tivermos paciência de continuar na postura de ouvir, com toda a atenção, quase sempre sua reação será a de se desculpar naquela maneira clássica: "Puxa vida, desculpe-me; não é com você, sabe? É que estou muito nervoso porque..."

Experimente, na próxima oportunidade.

Aprenda a ouvir adequadamente e constatará um dos maiores ganhos que pode conseguir no relacionamento com as pessoas – e em todas as suas conseqüências.

E não se esqueça de que você ainda demonstra interesse e simpatia pelas pessoas quando as trata com atenção e cortesia, e respeita – ainda que não concorde, para seu uso pessoal – sua maneira de levar a vida, com os significados e valores que a ela atribui, e com seu direito total e inalienável de viver como bem entender, desde que não interfira com os direitos dos demais e esteja disposta a aceitar as conseqüências de seus atos.

3. Cultive as afinidades que tiver com as pessoas – Os hábitos, gostos e conhecimentos existentes em comum, que estou chamando de afinidade, aproximam inevitavelmente as pessoas, estabelecendo fortes laços de amizade e simpatia mútua.

4. Apresente-se com simplicidade e humildade – Expresse-se com simplicidade. Não seja subserviente, mas seja simples e humilde. Não demonstre superioridade ou arrogância. Não alardeie superioridade das coisas que possui ou que o envolvem, como seu trabalho, seus feitos, sua casa, seu carro, sua remuneração, suas viagens etc. Se você se mostra superior, fará com que os outros se sintam inferiores – e ninguém gosta de se sentir inferior. Ou, no mínimo, sentem inveja, e inveja não gera sentimentos de amizade, simpatia ou lealdade.

Pode ter certeza, prezado leitor, de que a arrogância costuma ser o comportamento que mais gera antipatia.

5. Cultive a confiança – Lembrando-se sempre de que é uma rua de duas mãos. As pessoas o valorizarão se você demonstrar que, em princípio, confia nelas, e farão tudo para merecer essa confiança e não decepcioná-lo.

Por outro lado, faça por onde merecer a confiança delas e se aproximarão de você, manter-se-ão a seu lado e o respeitarão. **Não prometa o que não puder cumprir, e se prometer, cumpra.** Pense duas vezes antes de tomar uma decisão, e, quando decidir, seja firme em suas ações.

Se errar, reconheça claramente o erro, peça desculpas... e corrija-o.

Seja coerente. Demonstre na prática (com suas ações) suas crenças e seus valores.

Não aceite nem alimente fofocas. Rejeite claramente as tentativas de lhe passarem informações tendenciosas.

Seja discreto – respeite as opiniões e os desejos dos outros. **Não divulgue o que não é de sua conta.**

É difícil, bem sei, mas, quanto mais procuramos preservar os comportamentos que nos garantem a confiança dos outros, mais êxitos e frutos colheremos com nossas relações humanas.

6. Reconheça as virtudes e as qualidades das pessoas – Lembre-se de que todos – inclusive eu e você – temos virtudes e defeitos. E todos nós, por uma necessidade básica inerente à natureza humana, ansiamos por demonstrações de estima e de apreciação daqueles com quem convivemos. E temos simpatia e gratidão por aqueles que demonstram nos apreciar, tanto pelo que somos como pelo que fazemos. Mas, cuidado, reconheça, exalte e elogie aquilo que for verdadeiro; não caia na tentação de transformar elogio em bajulação. Não que muitos não gostem de ser bajulados, mas não costumam respeitar os bajuladores; é como os fofoqueiros: muitos ouvem com prazer sua fofocas, **mas não confiam neles.**

7. Aceite críticas – E leve-as a sério. Racionalmente. As críticas vão ajudá-lo a conhecer-se melhor e melhor avaliar sua atuação onde quer que esteja. Não tome as críticas como uma questão pessoal (ainda que, eventualmente, possam até ser). Analise-as. Identifique a razão delas. Use-as para seu aprimoramento, se for o caso. Mas não permita que alterem suas emoções.

Pessoas que não aceitam ou não demonstram levar a sério as críticas que recebem costumam ser vistas como "donas da verdade" e inflexíveis, o que resulta tremendamente antipático e prejudicial à convivência e ao bom relacionamento.

Convém lembrarmo-nos de que ninguém é perfeito ou infalível, e que todos temos muita dificuldade em enxergar defeitos e erros em nós mesmos.

8. Procure tratar as pessoas sempre pelo nome – Todos gostamos de ser reconhecidos, de nos sentirmos valorizados. E a principal identificação de todos nós é o nosso nome. Não gostamos de vê-lo deturpado, esquecido ou ignorado. Isto fere nossa sensibilidade e nossa auto-estima, como se fosse uma demonstração clara de que não somos suficientemente importantes aos olhos do outro.

Portanto, procure saber sempre o nome das pessoas com quem se relaciona, principalmente o nome pelo qual gostam de ser chamadas. Procure não esquecer o nome da pessoa com quem fala. Trate as pessoas sempre pelo nome (ou apelido – se gostarem mais do apelido do que do nome). E cuidado para não errar ou não trocar o nome do outro (oralmente ou por escrito).

9. Cultive sempre o entusiasmo e o bom humor – São ambos contagiantes, o que faz com que as pessoas se sintam bem ao lado de gente entusiasmada, otimista e bem-humorada. E, pelo mesmo motivo, fuja de pessoas mal-humoradas e negativas.

Essas são apenas algumas sugestões. Poderia incluir outras, mas não creio que sejam necessárias, pois, como essas, não representariam qualquer novidade.

Ficam como exemplo, que já conhecemos mas nem sempre valorizamos – ainda que freqüentemente acreditemos fazê-lo.

Se levadas a sério, se praticadas habitualmente, são garantia de relacionamentos saudáveis e profícuos, com todos os benefícios que trazem.

Difícil? Certamente não. Apenas uma questão de boa vontade, humildade e determinação.

E como vale a pena!

> "A gente ama não é a pessoa que fala bonito.
> A gente ama a pessoa que escuta bonito."
>
> *Rubem Alves*
>
> "Não queira ser bravo quando basta ser inteligente."
>
> *Paulo Coelho*
>
> "Atribuir à comunicação e às relações humanas um papel quase que acidental é uma das principais fontes geradoras de ineficiência e ineficácia nas atividades pessoais e organizacionais."
>
> *César Luiz Pasold*
>
> "Há cursos de oratória. Não há cursos de escutatória. Todos querem aprender a falar. Ninguém quer aprender a escutar."
>
> *Rubem Alves*

Motivação e Comprometimento

Três reações são muito comuns às pessoas que refletem sobre os temas que abordamos nos capítulos anteriores.

Uma delas é achar os temas interessantes e pertinentes, sobretudo por coincidirem, em alguns pontos, com suas próprias opiniões, e, portanto, considerarem a hipótese de mudanças de atitudes e comportamentos uma real necessidade... para os outros (sobretudo para alguns parentes e colegas que elas conhecem muito bem...), já que, para elas, é dispensável, pois são coisas que já praticam há tempos – pelo menos, essa é a crença que resguarda e protege suas auto-imagens.

Outra reação bastante comum é também julgar os temas interessantes e pertinentes, acreditar que sua prática seria muito útil e benéfica para si própria e suas aspirações na vida, mas... "tudo muito difícil e complicado. Afinal, não é fácil mudar comportamentos e atitudes, o que exigiria métodos e procedimentos altamente sofisticados, além de um tempo de dedicação (e muito esforço) que não se consegue encontrar nas rotinas do dia-a-dia, nessa atribulada vida que levamos".

Uma terceira reação, também excessivamente comum, embora perdendo terreno visivelmente nos últimos anos, é a descrença e a negação. Defendem (e se esforçam para acreditar) que mudanças são impossíveis, que assim nascemos e assim vamos morrer – o homem é o que é; "pau que nasce torto morre torto" etc. Portanto, há que se assumir e assumir o carma que determina suas vidas e tratar de aproveitá-las – ou sofrê-las – o melhor que puder, nas condições em que elas se apresentam e cerceados por suas próprias limitações (que, aliás, resistem fortemente em enxergar). Tudo mais é, conseqüentemente, filosofia barata e pura "poesia". Ou utopia.

Em resumo: uns acreditam, mas, para os "outros"; outros acreditam e "gostariam de", mas acham difícil demais; finalmente, outros simplesmente não acreditam (ou se esforçam para não acreditar, ou têm vergonha de fazê-lo publicamente).

Mas essas são apenas as reações mais comuns, pois há aqueles que acreditam, e buscam, e conseguem. Esses, talvez a minoria, mas a minoria que cresce cada vez mais e cresce significativamente. Talvez pela abertura mental resultante dos avanços das telecomunicações e da globalização de costumes, influindo decisivamente na autoconsciência e na consciência da vida e do mundo que nos rodeia. Talvez pelas necessidades geradas pelas intensas pressões deste mundo cada vez mais conturbado.

Se analisarmos essas reações mais comuns, talvez possamos chegar a algumas conclusões interessantes e, sobretudo, úteis.

Começando pela terceira.

Dizem os psicólogos – e o estudo de nossa percepção e de nossos comportamentos, além da simples, mas, sistemática observação de nossas atitudes e ações comprovam sua afirmação – que nossa personalidade é dinâmica.

Não somos hoje, no conjunto de nossas crenças, de nossas atitudes, de nossos comportamentos e de nossas características físicas, exatamente o que éramos ontem, ou anteontem. Quanto mais distantes no passado, mais diferentes somos. Seja por efeito das mudanças de percepção, seja pelas mudanças orgânicas ou quaisquer outras, estamos sempre mudando nossa personalidade (ou seja, o conjunto de tudo aquilo que nos caracteriza).

Não somos agora o que éramos minutos atrás, mas essa mudança é ínfima e não perceptível. Não somos hoje o que éramos há dez anos – e essa mudança é notável, representando o somatório de uma infinidade de mudanças ínfimas.

Mesmo hoje, não somos os mesmos em todas as circunstâncias em que vivemos. Representamos papéis – não somos os mesmos quando sozinhos ou quando sob olhares alheios e estranhos; não somos os mesmos em casa, na liberdade do sacrossanto lar, e no trabalho; não somos os mesmos ante nossos superiores, nossos subordinados ou nossa "galera"; não somos os mesmos nas solenes reuniões sociais, no campo de futebol ou no volante de um carro.

Enfim, mudamos no tempo e no espaço.

Mudamos inconscientemente e conscientemente.

Portanto, não há como negar que mudamos – e mudamos pela aprendizagem, seja ela consciente e voluntária, seja inconsciente ou condicionada.

Se mudamos, por que não mais vezes orientarmos consciente e voluntariamente essas mudanças para atitudes, crenças e comportamentos mais compatíveis com nossos sonhos?

Passemos agora àquela primeira reação mais comum: acreditamos ser necessárias algumas mudanças... nos outros, não em nós, que já somos (ou estamos) quase prefeitos.

Se você participou de alguma dessas avaliações de desempenho pelo processo de *feedback* de 360º, praticada hoje em dia em numerosas empresas, saberá o quanto é precária tal postura. Nesse processo de avaliação, pedimos ao avaliado uma auto-avaliação. Em seguida, solicitamos a algumas pessoas que o conhecem bem (chefes, subordinados, pares e clientes) que avaliem seu desempenho nos mesmos itens.

Ao comparar a média das avaliações em 360º com a auto-avaliação, verificamos, na grande maioria dos casos, uma notável discrepância, na qual, quase sempre, a auto-avaliação é bem superior à avaliação dos demais.

Realmente nós nos vemos com olhos muito otimistas e benevolentes, extrapolando a realidade de nossos comportamentos observáveis pelos outros.

Portanto, para haver mudanças, para evoluirmos, é preciso humildade.

Já aqueles que acreditam que é possível e consideram que alguma mudança lhes seria útil e vantajosa, mas julgam que os métodos e processos são muito difíceis, talvez mereçam uma revisão de conceitos, pois as dificuldades não estão no método.

Como se processam mudanças de atitudes e comportamentos? Desconhecemos outra maneira que não a prática: o exercício dos novos comportamentos até que sejam assimilados (como um novo programa) pelo cérebro e automatizados, e sistematizados, e incorporados à personalidade em substituição aos comportamentos antigos.

Assim, aprendemos e desenvolvemos senão todas pelo menos a maciça maioria de nossas capacitações e habilidades.

Assim aprendemos a ler, a escrever, a jogar futebol, a dirigir um carro, ou qualquer outra habilidade operacional. Também assim aprendemos a nos relacionar, a nos comunicar, a gerenciar, a dirigir pessoas, a ser bons profissionais em qualquer área.

O potencial genético é o ponto de partida, mas não basta – o exercício, contínuo e persistente, é essencial.

O problema, portanto, não está no como fazer (isto é simples), está na humildade para enxergar e aceitar as eventuais deficiências, na crença em que é possível atuar sobre elas, na determinação para praticar (exercitar) e na persistência para seguir até os resultados desejados.

Humildade e crença são conceitos razoavelmente claros. Motivação, determinação e comprometimento merecem reflexão.

Poderíamos considerar a motivação como a força que nos impulsiona a fazer algo. Mas não nos contentamos com essa conceituação por não ser suficientemente forte e determinante. Preferimos ampliá-la.

Quando temos um motivo para fazer algo, ele nos tira da inércia, impulsiona-nos em direção ao objetivo e nos leva a empregar nossa inteligência, nossas habilidades e nosso esforço para consegui-lo, mas tudo isso dentro de uma faixa normal de atuação – talvez empregando aqueles 10% ou 20% de nosso potencial que, dizem, empregamos normalmente.

Isto não nos leva a esforços extras ou extraordinários para vencer as barreiras que se apresentarem em nosso caminho.

Entendemos que, quando há motivação, não respeitamos barreiras nem limites para atingirmos os resultados que desejamos. Não respeitamos os tais 10% ou 20%: extrapolamos, vamos acima e além do simples dever, desejo ou obrigação.

Porque aí somos impulsionados não apenas por um motivo convencional como uma decisão de momento, uma circunstância ocasional, um contrato de trabalho, um salário ou uma satisfação à sociedade, mas por algo mais profundo no rol de nossas necessidades mais básicas e insaciáveis: o ímpeto de auto-realização, de vencer um desafio ou de obter o reconhecimento de todos aqueles que para nós importa nesta vida.

É essa a motivação que importa para realizar sonhos e cumprir objetivos.

É essa a motivação que importa para nos levar ao sucesso que almejamos, pessoal e profissional, e para nos tornar melhores seres humanos do que somos hoje.

É essa a motivação capaz de gerar a determinação e a persistência de que necessitamos para a rotina de exercícios capaz de levar-nos ao êxito em qualquer que seja a meta que traçamos e almejamos.

Dizem os psicólogos que a motivação não é algo que vem de fora, que nos é imposta ou determinada por outros, mas intrínseca a nós, gerada no mais íntimo de nossa mente e recheada por nossos sentimentos e nossas emoções.

Parece verdade.

As pessoas, as circunstâncias em que vivemos, podem dificultar, estimular ou mesmo despertar a motivação em nós, mas não gerá-la, amadurecê-la e expô-la em toda a sua força.

Isso depende de nós.

Exclusivamente de nós.

Alguns falam em automotivação, o que pode parecer um contra-senso, já que a motivação é sempre inerente à pessoa e, portanto, sempre *auto*.

Mas não deixa de fazer sentido, pois há pessoas que, independente de qualquer estímulo – positivo ou negativo – do ambiente, estão sempre motivadas para algo, sempre empenhando-se, com o máximo de suas possibilidades, no objetivo do momento (e a qualquer momento têm um objetivo claro).

São aquelas que, em qualquer tropeço, como diz a música, "levantam, sacodem a poeira e dão a volta por cima".

São pessoas fadadas ao sucesso.

No entanto, a motivação carece de um parceiro para coroá-la. Não basta a ela ligar-se a um simples envolvimento com uma causa ou um desafio: precisa de algo mais forte e decisivo para consolidar-se na efetividade – precisa da força do **comprometimento**.

O comprometimento é a palavra final que assegura não ter retrocesso, não ter volta.

Quando nos comprometemos com uma causa, isso significa que só nos interessa o êxito absoluto; qualquer outro resultado está fora de nossos propósitos e se torna inaceitável, como é inaceitável o deixar-se abater por qualquer pedra que encontrarmos a barrar nosso caminho.

A motivação e o comprometimento são, juntos, a mais poderosa e decisiva arma que temos para garantia de nosso sucesso, qualquer que seja o projeto em que nos envolvamos, não importa se um grande projeto profissional, se um projeto de auto-realização, de uma significativa mudança pessoal ou a mudança do mais simples dos hábitos ou comportamentos.

Pois a motivação e o comprometimento geram e tornam efetivas a determinação e a persistência – absolutamente indispensáveis.

É o suporte que a **inteligência emocional oferece** à **inteligência** (digamos assim, em contrapartida) **racional**.

> "A motivação para se preparar é mais importante que a motivação para vencer."
>
> *Vince Lombardi*

U·M·A O·F·I·C·I·N·A D·E S·O·N·H·O·S

Um Resumo com Jeito de Conclusão

Afinal, sempre cabe ao ser humano ser humano.

Cabe ao ente, à entidade, o ato de ser, isto é, de escolher a maneira como quer conduzir sua vida. Cabe a ele realizar o ato de viver.

Para muitos, talvez até mesmo para a maioria, basta, para o ato de viver, o estar vivo. O como, a escolha do destino e dos caminhos a percorrer são deixados aos desígnios do Senhor, como sendo ele próprio e o Senhor entidades absolutamente distintas.

Criatura e criador.

O ato de viver fica, assim, restrito a encarar a vida como ela se apresenta em sua percepção da realidade, sem maiores elucubrações ou questionamentos.

Que importa se a terra é redonda, se nos equilibramos muito bem sobre uma superfície tão absolutamente plana...

Que importa se a matéria acaso se restringir a um jogo envolvendo átomos e espaços vazios, envolvendo apenas energia e a velocidade da luz ao quadrado, se o que interessa para nossa realidade é que ela se apresenta tão sólida, palpável e confiável...

Que importa se as belas cores que alegram nossa vida não passam de caprichos de nosso cérebro, tão sensível aos comprimentos de onda da luz que nos ilumina, se o céu que realmente vemos é tão azul e a natureza tão exuberantemente verde e pontilhada das mais diversas e brilhantes cores...

Para muitos, o que importa, provavelmente, é sentir-se vivos, sem pensar nos porquês da vida e muito menos no destino que estiverem inconscientemente construindo. É acordar pela manhã, trabalhar durante o dia e fazer amor à noite. É torcer pelo seu time e rezar pelos seus filhos.

Se acaso houver mais dores que amores, foi Deus que assim o quis. Ou o diabo, cobrando-lhe os pecados dessa vida.

Portanto, nada a declarar, ainda que se blasfeme contra os céus pelas injustiças sofridas, enquanto o tempo cicatriza as feridas e faz com que a vida continue, ainda que aos trancos e barrancos.

"Os desígnos de Deus são vedados à compreensão dos homens. Deus sabe o que faz!"

No entanto, ainda assim, há momentos de dúvidas e incertezas.

Que passam. Afinal, não almejam à onisciência de Deus – são humanos, ou menos, apenas criaturas.

Para outros, entretanto, viver pode ser mais que ser tão absolutamente criatura, tão simplesmente humano. É ser também criador, como parte de Deus em sua essência e à sua semelhança, no nível que lhe competir.

Para esses, há que refletir sobre sua origem, seu caminho e seu destino. Há que pensar, descobrir, interferir na vida enquanto vive, moldando seus próprios sonhos e objetivos.

Não apenas aceitar o que se recebe – de prazer ou desprazer – sem questionar, sem entender as razões e até que ponto são inexoráveis os fatos dessa vida.

Ou até que ponto podem ser moldados segundo seus próprios interesses e cultivados em favor de sua felicidade e de seu sucesso.

Passivos ou proativos?

Seguidores ou líderes de si próprio?

Aprendizes passivos ou professores de si mesmo?

Com quem a razão? Qual é a melhor maneira de concretizar o ato de viver? Aceitando o que a vida proporcionar e evitando as dores do pensar e as angústias das incertezas, ou encarando os riscos da reflexão e da construção consciente do próprio destino na busca de algo melhor do que é na busca do que poderia ser?

Se a realidade do mundo em que vivemos fosse universal – a mesma para todos – e os fatos e as verdades fossem tão óbvias e definitivas quanto parecem ser aos nossos olhos, talvez não houvesse motivos para interpelações e decisões, ou para o exercício do livre-arbítrio com que somos dotados. Tudo poderia estar predeterminado como no *Admirável Mundo Novo*, de Huxley, ou no *1984*, de Orwel.

Mas, não. O dedo de Deus parece indicar mais para *Matrix*, a trilogia ostentando uma realidade absolutamente virtual, aceitável passivamente apenas por aqueles que não têm meios ou razões para dela duvidarem.

Mas não por aquelas que se tornam capazes de refletir, raciocinar e de se tornar conscientes da irrealidade daquilo que parece tão consistente e indiscutível.

Se levarmos a sério o conhecimento que hoje temos dos processos que presidem nossa percepção, acredito não haver como negar a relativa virtualidade do mundo que nos rodeia.

Afinal, em tudo que vemos, ouvimos ou sentimos há projeção de nossa própria história, distorcendo e moldando à nossa vontade a realidade e as verdades do mundo em que vivemos.

Não será à toa que tantos filósofos e pensadores indicam que só é possível mudar o mundo quando começamos por mudar a nós mesmos. Talvez tenha escapado a muitos de nós o duplo sentido que tal idéia encerra.

Por um lado, mudando a nós mesmos estaremos influindo na mudança daqueles que nos são próximos e sobre os quais exercemos influência, não só pelo exemplo como pelas conseqüências de nossas ações. Com isso, estaremos fazendo a parte que nos cabe.

Por outro lado, mudando a nós mesmos estaremos mudando a realidade do que o mundo é para nós, pois estaremos percebendo de outra maneira, já que o mundo, para nós, nada mais é que uma projeção de nós mesmos, de nossa própria história.

Mas, acima de tudo, somos dotados de livre-arbítrio, que inexoravelmente estaremos exercendo, tanto na opção, consciente ou inconsciente, pela passividade, pelo aceitar a vida como ela se apresenta, sem questionamentos, apenas colhendo os frutos – bons ou maus – dos sonhos que o destino, ao sabor do acaso, torne reais, como pela opção consciente de proatividade, de influir em nosso destino e construir a vida à nossa vontade, pela busca objetiva da realização de nossos melhores sonhos.

Qual o melhor caminho?

Para mim, certamente o segundo. Para você, só você poderá dizer: a escolha é sua. Para quem quer que seja, a escolha é pessoal e intransferível. E perfeitamente válida, qualquer que seja, desde que bem aceitas suas conseqüências.

Mas é bom estar alerta, pois, **quando se começa a pensar e a especular sobre a vida e suas razões, dificilmente haverá retrocesso.**

Se despertar seus sonhos, eles se tornarão cada vez mais vivos e mais presentes.

Se cutucar seus sonhos, eles se assanharão e exigirão que os realize.

Coloco ainda uma questão: são nossos sonhos derivados daquilo que pensamos, ou são nossos pensamentos derivados daquilo que sonhamos?

Nosso raciocínio se processa a partir da associação das informações que recebemos com os conhecimentos que já temos arquivados em nosso cérebro.

No entanto, os estímulos (e as informações) que recebemos a cada momento, através dos órgãos dos sentidos, são automaticamente associados com nossos registros e por eles alterados, dando forma à nossa percepção (nossa interpretação pessoal do estímulo recebido) antes de se tornarem informações ao nível da consciência e serem também registrados.

Portanto, a matéria-prima para o raciocínio – e os pensamentos dele derivados –, tanto aquela representada pelas informações recentes quanto pelos conhecimentos arquivados anteriormente, é toda ela condicionada por nossa história de vida e todas as emoções e sentimentos nela implicados.

Conseqüentemente, condicionada pelos significados que atribuímos à própria vida.

Logo, condicionada pelos nossos sonhos.

Assim, parece razoável admitir que nossos pensamentos estão atrelados aos nossos sonhos, e não o contrário.

Afinal, sou levado a concordar – em certo aspecto – com o cientista Antônio Damásio ao atribuir ao seu já famoso livro o título *O Erro de Descartes*.

A famosa frase do filósofo francês – "Penso, logo existo!" – bem poderia ser substituída, não propriamente pela simples inversão de termos ("Existo, logo penso!"), mas, por: "Sonho, logo existo!", sendo o fato de sonhar, em minha opinião, a evidência primeira de nossa existência.

Sonho, logo existo. Sonhando invento meu futuro, crio meu destino, atribuindo um sentido à minha existência e balizando a consciência que tenho dela.

Sonhando atribuo um significado, real, ao mundo que me rodeia.

Da mesma forma que uma expressão popular – "Ver para crer" – já vem sendo substituída por outra que parece fazer mais sentido: "Crer para ver", pois certamente vemos melhor aquilo em que acreditamos; aquilo que aprendemos a ver.

Talvez alguns, ao completarem a leitura deste texto, achem tudo isso uma grande fantasia. E se for, que importa? Não é toda a nossa vida uma grande ilusão?

Apenas sonhos.

Mas, não é de sonhos que vivemos? Não é de sonhos que forjamos nossa realidade? Não são os sonhos que alimentam nossa vida e dão sentido e significado a ela?

Afinal, que mais somos senão uma oficina de sonhos?

> **Cuidado com os seus sonhos: tornam-se pensamentos.**
> **"Cuidado com seus pensamentos: tornam-se palavras.**
> **Cuidado com suas palavras: tornam-se ações.**
> **Cuidado com suas ações: tornam-se hábitos.**
> **Cuidado com seus hábitos: tornam-se no seu caráter.**
> **Cuidado com seu caráter: torna-se no seu destino."**
>
> *Frank Oretlan*

"Uma coisa é fato na auto-ajuda: só você pode ajudar-se."

"Eu aprenderei.
Aprenderei que o homem tem valor quando se lhe dá valor.
Que o lago é bonito, não por si, mas pelos meus olhos..."

Aparecida

Um Exemplo

Esta não é apenas uma história, é um relato, uma homenagem e uma gratidão.

Solenidade de Formatura

Talvez houvesse lugar no salão para umas quatrocentas pessoas, mas, seguramente naquela noite estariam ali mais de quinhentas. Quem sabe até mesmo seiscentas. O fato é que o salão estava literalmente repleto. Pais, irmãos, namorados, mesmo alguns avós. Famílias. Amigos.

Calor.

No palco, a mesa grande, sobriamente decorada. Oito cadeiras antigas de espaldar alto, forradas de veludo vermelho. Bandeiras ao lado, dando um toque oficial. Ocupando as laterais, um pouco mais ao fundo, quarenta cadeiras comuns.

Burburinho na platéia. Risos nos bastidores. Silêncio no palco.

Silêncio que se estendeu gradualmente a todo o salão à medida que as cadeiras eram ocupadas. No centro, naturalmente, o Reitor da Universidade. De um lado, o Diretor da Faculdade; do outro, o Secretário. E demais autoridades, como manda a tradição.

Foi o Diretor quem abriu a sessão, saudando os presentes e passando a palavra ao Reitor, para presidir a solenidade.

Após a execução do Hino Nacional, o Secretário procedeu à chamada dos rapazes e moças que se diplomavam. Um a um, surgiram no palco, formalizados por suas becas iguais, expressões indecisas, e ocuparam seus lugares procurando obedecer ao disposto no ensaio prévio.

O clímax foi precoce. As palmas mais fortes identificavam os convidados do formando que se apresentava aos cumprimentos do Reitor.

Êxtase.

E a reunião se arrastou no desfile dos oradores, ouvidos mais com o coração do que com o cérebro.

Antes do encerramento, o Reitor voltou o microfone ao Diretor, para algumas palavras.

Pausa.

Olhou de frente a platéia, respirou e começou a dizer:

"Meus amigos! Vou pedir-lhes um pouco mais de seu tempo. Gostaria de contar-lhes uma história.

É a história de um menino que se tornou homem. Não se riam. Bem sei que todos os meninos se tornam homens. Mas, se para alguns o processo é natural e transcorre sem atropelos, numa seqüência lógica e automática de eventos, para outros o caminho é difícil, a mudança é ativa e penosa. E uns poucos nunca se sentem completos.

São levados a lutar por toda a vida, para atingirem um ideal exigente.

Esse menino lutou.

Tinha que lutar.

Nasceu no sertão mineiro. A seca. O isolamento. O cangaço. O jagunço de tocaia atrás do pé de pau (pela costas, de preferência). Mil novecentos e seis.

Tempos duros aqueles.

Vida dura em terra castigada.

Entretanto, começou bem. Moleque alegre e traquinas, solto pelas ruelas da cidade-sertão. O Grupo Escolar. Primeiro, segundo, terceiro ano.

Aí, a primeira lição: a morte da mãe, a morte do pai.

Nove anos.

Órfão.

Com o casal de irmãos, foi transferido para a casa de parentes, onde descobriu que era diferente.

Era pobre.

O primeiro passo, na lógica de antanho, era trabalhar. Incompatível com a escola. A escola da vida para o pobre – pernas fortes, braços rijos, lombo duro para a vara de marmelo.

E tome trabalho.

Levantar às quatro, pé na estrada (léguas e léguas), carregar pesos, limpar, capinar, foiçar, e pé na estrada de volta. Léguas e léguas.

E tome vara de marmelo, que é pra não esquecer.

De quê?

Direitos? Só o de estar vivo.

Não basta?

Não bastou. Sobrou trabalho onde faltou escola. Sobrou castigo onde faltou carinho. Sobrou humilhação. Consideradas as perdas e os danos, juntou os trapos e os irmãos.

Fugiu.

Dormiu não-sei-onde, comeu não-sei-o-quê, cuidou dos irmãos não-sei-como. O fato é que sobreviveu. Na verdade, perdi sua história por aí. Não sei se voltou ou por onde andou. Sei apenas que continuou lutando.

Voltei a retomá-la anos mais tarde.

A essa altura, vinte e poucos anos, duro, castigado, era caboclo temido e respeitado.

Vida errante e boêmia, tinha de seu o cavalo, a sela, as esporas de prata, as botas de cano longo, o chapéu de abas largas, o cinturão recheado de balas e os dois revólveres.

Trinta e oito, para impor respeito.

Ah, sim, havia também o punhal de prata enfiado na bota esquerda.

Pra caso emergência, se é que me entendem.

Valente?

Não sei. Dizem que era. Segundo alguns fatos que vim a saber, depende do ponto de vista: sentia medo, muito medo.

De que tirou uma lição para toda a vida.

Foi uma briga na zona boêmia.

Freqüentava, sabem?

Desentendeu-se com um mulato. Quase certo que fosse por uma mulher. O fato é que se estranharam. Enfrentaram-se no meio da rua. Que era pra todo mundo ver, mas sem se meter que a briga era dos dois. Cara a cara. Olhos nos olhos.

Mediram-se.

O mulato era maior, cara de mau, ar de quem nada tem a perder. Foi quando o medo surgiu, cresceu.

Tomou conta.

Um medo fundo, gelado, opressivo. Tremeu todo, por dentro. Preparou-se para fugir, sentiu-se bambo. Mas, pensou: 'Tenho medo, não sei se posso com ele, não o conheço; mas ele também não me conhece, não pode saber se pode comigo. Também deve estar com medo. Se é assim, perde quem ceder primeiro'.

Tratou de engolir o medo e agüentar firme.

Não tremeu por fora.

O mulato cedeu primeiro.

Trabalho?

Fazia de tudo.

Trabalho na roça, fábricas, curtumes, minas de prata e de cristal de rocha... bebeu, brigou, apanhou, desafiou os fortes e foi parar na cadeia.

Não ficou.

Esmurrou o delegado.

Teve muitas andanças. Noites no mato. Viu fantasmas, disparou pelo cerrado, perseguido pelo luar, até o cavalo cair de joelhos, suando, ofegando.

Medo.

Brigas.

Perseguido, tocaiado a mando.

Vida dura em terra castigada.

Cansou.

Foi para o Rio de Janeiro dos anos 30, sem tostão no bolso, arranjar trabalho fixo. Não arranjou.

Passou fome.

Descobriu emprego em construção de estrada no Paraná: mudou-se. Agüentou o frio enquanto pôde.

Não gostou.

Voltou para o sertão.

Conheceu várias moças. Particularmente uma, de família austera. Moça bonita, firme, decidida, sem papas na língua.

Gostou, namorou, noivou, marcou a data do casamento. Montou botequim pra fonte de renda. Trabalho de dia, trabalho de noite, madrugadas agitadas. Sono, cansaço, fraqueza.

Pneumonia.

Doença séria, naqueles tempos. Foi internado. Escapou: recuperou-se pouco a pouco e saiu magro, esquelético. Não esperou.

Assinou o livro e foi ao altar.

Casou.

E a cidadezinha comentou: 'Tomou juízo!'

As primeiras parcas economias dos dois foram destinadas à compra de terreno e construção da casa. Muito entusiasmo, dinheiro curto, construtor que não acertava com os planos sonhados. Despediu o homem.

E enfrentou a parada como mestre-de-obras, pedreiro e servente. Fez a casa que queria.

Gostou.

O primeiro filho já nasceu na casa nova.

Botequim faliu, virou construtor. Vieram outros filhos.

Família.

Lutou por ela.

Dinheiro não dando, arranjou biscates: vendedor de seguros, não tinha jeito (a mulher corrigia, nas folgas do trabalho no banco), que também ela era guerreira. Montou fábrica de ladrilhos, administrou lavra de ouro. Honestidade à prova, impôs-se. Convite para administrar um trecho de construção de estrada de ferro no interior da Bahia.

Foi.

Sozinho.

Que o lugar era mato. Selvagem.

E a história se repetiu: trabalho duro, perigos, aventuras.

Criou fama de homem honesto, justo, leal.

Duro.

Chamado às pressas à cidade, chegou à noite, para encontrar a filha doente. Médicos não haviam diagnosticado. Noite em claro, examinando a menina e os livros. Pela manhã, conclusão! Chamou os doutores e comunicou: tifo. Corre-corre, novos exames e a confirmação.

Tifo.

Tarde demais.

Morreu no dia seguinte, bem cedo. Oito anos muito curtos.

Chorou.

Enxugou as lágrimas e voltou à Bahia. Desta vez, levou a mulher e a filha que restou. Descobriu que o perigo era menor. Os filhos, para o colégio, que na idéia dele estudar era o mais importante. Internato era a única solução.

Interessou-se pelos livros.

Comprava os que podia. Leu nas horas vagas. Leu muito Grifava, revia, anotava. Mudaram a ortografia: ignorou-a.

'F' continuou 'PH'.

Religião.

Era o que mais preocupava. Leu tudo que pôde a respeito. Tudo sobre cada uma, por vez. Praticou cada uma a sério. Até sentir que não convencia.

Tentava outra.

Anos a fio sem comer qualquer espécie de carne, porque sei-lá-que-livro convenceu-o de que era absurdo tirar uma vida para alimentar-se. Convenceu-se do contrário e voltou aos churrascos de carne seca que adorava. Não encontrou a religião certa. Por raciocínio, por lógica.

Desistiu de procurar.

Negou-as todas com convicção. Negou o princípio, em definitivo. Questão de crença.

Continuou acreditando em Deus. Energia, quem sabe? Sei lá. Um Deus.

Mas que existe, existe.

Terminou o trabalho e voltou para Minas. Montou armazém de secos e molhados. Faliu. Fugiu o sócio com todo o capital, e o estoque de quebra. Pagou as dívidas com o que lhe restava e os empréstimos que fez.

Questão de honra.

De preservar o nome.

Juntou a família e mandou-se outra vez.

Para a capital.

Construiu, vendeu, construiu, alugou... formou um pequeno patrimônio. Vida simples, economia extrema era o regime. Deixar para os filhos era o princípio.

Continuava construtor. Continuava pedreiro e servente. Não se limitava a mandar.

Fazia.

Formou sua biblioteca, a velha paixão. Mal sabia português, mas lia francês e espanhol. Não perguntava, olhava no dicionário.

Dava para entender.

Os filhos davam trabalho. Puniu, recompensou, aconselhou.

Formaram-se: curso superior.

Descobriu que haviam-se tornado independentes (até que ponto?). Exultou.

Tarefa cumprida!

E agora?

Não teve dúvida, esse menino que se tornou homem e tinha consciência disto.

Noite de Ano-Novo.

Primeiro de janeiro de mil novecentos e sessenta e sete. Zero hora.

Família reunida, brindou o novo ano bom. Pigarreou e falou para os filhos:

'Vocês estão formados. Têm profissão, têm casa, têm família. Não precisam mais do meu amparo. Por todos esses anos, educar vocês era o mais importante. Por todos esses anos, guardei comigo o meu maior sonho: estudar, fazer curso superior, obter conhecimento profundo. Tenho sessenta anos. Vocês estão prontos. Os netos estão encaminhados. A renda que tenho, do aluguel das casinhas que fiz, é suficiente para sua mãe e eu. Hoje, aposento-me como construtor. Vou estudar. Parei no 3º ano primário, há cinqüenta e um anos.

Há muito que recuperar.'

Começou no dia seguinte, bem cedo. O primeiro passo era o exame de Madureza, Artigo 91, conforme batismo da lei. Ginásio e científico para os homens maduros, maiores, de 18 anos, como era o caso dele. Em um ano. Desde que fosse aprovado nas provas.

Estudava sozinho, dezoito horas por dia. Achava pouco. Havia tanto que ler, que estudar, que descobrir. Por onde começar? Como conseguir?

Não se furtava a pedir ajuda. Buscava nos livros, perguntava, catava tudo onde pudesse. Fazia da persistência uma arma. Era lutar contra o tempo sugando o máximo do próprio tempo.

Um ano.

Prestou exames em cidade do interior.

Viveu a emoção tardia de sentar-se num banco de escola com um bando de rapazes e moças, o coração aos pulos, o nó na garganta, enfrentando a ansiedade desconhecida e esperada, provocada tão simples e singelamente pelo sorteio de um ponto que definiria sua sorte.

Passou raspando, esbarrando nas bordas da nota cinco, por pouco mais de zero depois da vírgula. Mas passou. Menos em História, que lhe reservara o beneplácito de uma segunda época. Na prova oral, sorteara ele mesmo o ponto: Os jesuítas no Brasil. Conhecia o assunto, de longa data. Mais que qualquer outro. Começou pela personalidade de Inácio de Loyola, que já gozara da sua simpatia. Os porquês e os como da criação da Companhia de Jesus. Sua história no mundo. Sua história no Brasil. Disse o que sabia e o que pensava. Caprichou muito no que pensava. O professor era padre. Jesuíta. Não discordou muito da história, mas tudo indica ter feito ressalva aos pontos de vista.

Sentiu-se injustiçado. Voltou para casa envolvido pela frustração, usando o silêncio como escudo e o orgulho como arma.

Jurou 'mostrar ao padre'. Estudou como nunca e submeteu-se a novo exame. Passou. Venceu a batalha, mas não a frustração: outro mestre lhe testemunhou a glória. O padre abandonara a justa, talvez sem saber que ela existisse.

E chegou a tão esperada hora do vestibular.

Decidiu-se pela Medicina. Uma idéia que lhe ficara, e acalentara tanto tempo de que era o melhor curso, mais profundo. Queria há muito conhecer o homem, seu corpo, sua mente, seus valores. Em sua cidade do interior instalava-se uma escola. Optou por ela, por se sentir em casa. Fez cursinho. Reunia os colegas para grupos de estudo. Reclamava dos professores que 'matavam' aulas. Levava tudo a sério.

Liderava.

Quando efetivamente se inscreveu no vestibular, transformou em estupefata surpresa o que todo mundo sabia, mas nem de longe alguém pensou em levar a sério. Houve rebuliço na cidade-sertão-emperrada. Ao microfone da rádio local, o diretor da escola fazia discursos inflamados: 'Escola é para jovens!' – dizia e repicava. Não conseguiu demovê-lo. Nem impedi-lo.

E a cidadezinha murmurou, como nos velhos tempos: 'Nunca teve juízo'. Trezentos candidatos, quarenta vagas. Participou da luta como qualquer outro, respeitando os adversários e fazendo-se respeitar. Conseguiu aprovação. E foi tudo o que conseguiu, pois a classificação deixou a desejar em função do número de vagas: octogésimo lugar. O que lhe valeu, como a tantos outros, a alcunha tão comum na época: excedente.

Agiu como excedente. Reuniu os outros, formou comissão e pediu abertura de nova turma. É claro que faltava verba. Sempre se pode faltar alguma coisa. Por que não verba? Juntou o grupo e foi a Brasília pedir ao Ministro. Conseguiram. Mas o diretor da escola pensou bem e voltou atrás.

Alegou o perigo do precedente.

Saiu de cabeça erguida como tinha tentado entrar.

Voltou ao cursinho. Reviu seus planos, visitou escolas, leu, consultou e concluiu que Medicina não era bem o que queria.

Saiu para outra.

Mais um ano, mais um vestibular. Dessa vez, Psicologia. Duzentos candidatos disputavam quarenta vagas. Dessa vez, mais seguro, mais tranqüilo, passou em quinto lugar. Preencheu todas as fichas e documentos, anotando sempre, com tremendo orgulho, em frente ao item **profissão**: estudante.

Um sonho é sempre um sonho. Mesmo quando tem o sabor de realidade.

Passou cinco anos na carteira da frente, onde o ouvido já bastante ruim prejudicava um pouco menos, gravando as aulas para repetir em casa. Não faltava; não chegava atrasado; não saía cedo. Comprava todos os livros. Lia-os. A memória já não ajudava muito. 'Para compensar', era o que dizia, estudava mais que todos os colegas. Bem mais.

Entrosou-se na turma. Participou de tudo: um estudante como os outros. Um jovem como os outros.

Detestava cuidados e distinções. Não houve segundas épocas, não houve dependências, não houve reprovações.

O Diretor parou de falar por um instante a voz embargada. Olhou a platéia. Correu os olhos pelos formandos e continuou:

– Contei-lhes esta história porque é verdadeira. E porque este menino-que-se-tornou-homem está conosco hoje.

Voltou-se para os formandos e apontou um deles:

– Ali!

O velho-jovem levantou-se automaticamente, lágrimas nos olhos, meio curvo, o corpo robusto, forjado na luta de setenta anos, disfarçado pela larga beca.

Olharam-se.

E disse o Diretor:

– Papai, quero ter o orgulho de ser o primeiro a abraçá-lo!"

Kleber Dias do Nascimento, meu pai, morreu aos noventa e seis anos de idade, quando tomava aulas de computação e escrevia, em seu PC *notebook*, a segunda parte de sua biografia.

Depois de formar-se em Psicologia, dedicou-se a explorar a vida, a aprender o que faltava aprender e a escrever – seu grande sonho.

Escreveu e publicou três livros: *Uma luz na escuridão*, um ensaio filosófico; *Páginas soltas*, poesias; e *Sombras do passado*, um misto de autobiografia e relato de saborosos casos da sua infância e adolescência, como pano de fundo o sertão mineiro dos primórdios do século passado.

O quarto, o complemento de sua biografia, ficou por acabar, mas não abandonado até o último instante de consciência da vida, tal a força do sonho.

"As estórias dizem com poucas palavras o que as análises dizem com muitas."

Rubem Alves

"Viver é a coisa mais rara do mundo. A maioria das pessoas não faz outra coisa senão existir."

Oscar Wilde

Parte 2
A Construção do Sucesso Profissional

"O sucesso profissional começa no sonho, passa pela determinação e se concretiza no trabalho, feito com entusiasmo, com amor, com gosto e prazer."

Inserindo no Contexto

Certamente já lhe perguntaram um dia: "O que vai ser quando crescer?"

E você respondeu com seu sonho de então.

Talvez o mesmo sonho de hoje, talvez não. Sonhos geram sonhos, sonhos se transformam – realizando-se ou não. Como são os sonhos a matéria-prima da construção da vida, também **são sonhos a matéria-prima da construção do sucesso profissional**.

Sucesso profissional.

Confundindo-se freqüentemente, na ótica do homem social, como o sucesso na própria arte de viver, como se este dependesse necessariamente daquele.

Não depende, rigorosamente, mas tornou-se, para o homem, um elo da maior importância na valorização da vida; e assim se torna cada vez mais também para a mulher.

O que é o sucesso profissional?

Ser próspero, amealhar riquezas? Ser reconhecido e respeitado como um excelente médico, ou empresário, ou administrador, ou professor ou outra competência qualquer? Sentir-se completo e realizado naquilo que se propôs fazer? Estar feliz com o que faz?

São muitas as opções para conceituar o que seja sucesso profissional. Você certamente tem a sua, eu tenho a minha e a sociedade, como um todo, tenta sempre impor um padrão único.

Dinheiro, talvez.

Mas qualquer que seja o conceito eleito, alguns fatores costumam se colocar como contribuições universais, embora não a qualquer tempo ou a qualquer época, pois as circunstâncias que envolvem a sociedade em cada tempo ou em cada geração elegem as contribuições mais adequadas para o momento.

Daí a importância do contexto vigente.

E qual é o contexto do momento?

Ainda estamos atravessando, no Brasil e no mundo, um período de crise. Ou não?

E quando não estivemos?

Grandes crises, pequenas crises, longas crises, crises passageiras – a crise é uma constante, como é constante o fenômeno, progressivo e inexorável, que chamamos de **mudança**.

Porque a crise nada mais é do que uma manifestação da mudança.

O processo de mudança que ocorre no mundo, provavelmente desde que o mundo é mundo – como universo e como natureza –, é ininterrupto e inevitável. A mudança não dá saltos e não tem retrocesso.

O advento do homem na terra, reforçado pelo desenvolvimento de sua imensa capacidade de alterar a natureza, passou certamente a influir no processo de mudança, não no sentido de interrompê-la, mas no sentido de alterar sua intensidade e, principalmente, seu ritmo.

O ser humano, como qualquer ser vivo, só sobrevive quando adaptado ao meio ambiente que o abriga e do qual é dependente. E este inclui tanto a natureza em seu estado original quanto as transformações nela produzidas pelo próprio homem, em todas as suas conseqüências – inclusive biológicas, sociais, tecnológicas (progresso?) e econômicas.

É razoável supor que, no alvorecer da humanidade, isentas ainda das ações do homem, as mudanças da natureza ocorriam de forma lenta e gradual, salvo alguns fenômenos geológicos e meteorológicos mais bruscos. E os seres vivos, incluindo o próprio homem, a elas se adaptavam sem maiores transtornos.

Mas, à medida que o homem gera o próprio progresso e o progresso acelera as mudanças em seu meio ambiente, exigindo novas posturas e novos comportamentos, a adaptação do homem já não é tão tranqüila e automática.

É verdade que **o ser humano possui uma extraordinária capacidade de adaptação**, mesmo a circunstâncias as mais adversas. No entanto, poder de adaptação nem sempre significa a adaptação rápida, pelo menos não na mesma velocidade em que ele próprio passou a provocar transformações em seu meio ambiente.

Assim, de tempos em tempos, quando a mudança ambiental se torna mais acelerada, ocorre uma defasagem entre as novas exigências do meio ambiente e o comportamento do ser humano – ainda sintonizado com tempos idos e vividos.

É quando o homem se sente meio perdido, meio sem rumo, sem o controle de situações que até então controlara com eficiência.

Nessas circunstâncias, ao percebermos o meio ambiente diferente do que "sempre foi", nossa primeira reação, freqüentemente, é de perplexidade, favorecendo a inércia.

Depois, as tentativas de negar ou justificar a nova realidade – os bodes expiatórios, as tentativas de fuga, os atos de desespero e a hibernação (o fingir-se de morto "até que as coisas voltem ao normal").

Finalmente a percepção, lenta e gradual, de que crise é mudança e mudança não tem retrocesso. E de que a única maneira de vencer uma crise é adaptar-se às novas circunstâncias criadas pela mudança.

Evoluir ou morrer.

E evoluir não é crescer, é adaptar-se.

A luta pela sobrevivência é mais uma vez a luta pela adaptação. E adaptar-se tão rapidamente quanto mais velozes sejam as mudanças, já que a hibernação ou a estabilização passa a representar um afastamento cada vez maior das novas exigências do meio ambiente, que, por sua vez, se tornam cada vez mais acentuadas e mais distantes, pois o processo de mudança não pára e nem espera por ninguém.

Nem pelos ricos. Nem pelos poderosos.

Aqui, convém refletir um pouco sobre tudo isto: podemos tomar esta sucinta história da crise como verdadeira?

A resposta é sim, como também pode ser não.

Porque verdades e mentiras, verdades e fantasias não passam de uma representação mental, ou seja, de uma interpretação nossa do que se passa na natureza, condicionada por todas as vivências que já tivemos e experiências que já sofremos, como vimos repetindo.

Os fenômenos são, do ponto de vista da física, reais; mas a verdade que deles emana é fruto do significado que a ele atribuímos: significado esse ditado pela projeção de nossas experiências e condicionamentos ao longo da vida.

A infinita maioria de nossas **verdades** não é fruto de experiências sensoriais (reais) nossas – isto é, experiências que tenhamos pessoalmente vivido através de nossos sentidos, mas sim de crenças em fontes de informação (mídia). Ou seja, são verdades porque acreditamos, e acreditamos porque nos disseram, e quem nos "disse" goza de nossa confiança. Seja a respeito de fatos científicos, seja a respeito de trivialidades.

Assim, nossas verdades dependem de nossas crenças e dependem dos resultados – materiais, psicológicos ou espirituais – que delas (verdades) obtivemos ao longo do tempo.

Portanto, verdade é o que é emocionalmente satisfatório e racionalmente prático para nós – produz os resultados esperados (ainda que apenas psicologicamente esperados). Até que a ocorrência de outras variáveis, até então não percebidas ou existentes, esclareça pontos que não estejam hoje sendo considerados e estabeleçam uma nova verdade ou uma nova versão de verdade, que também resulte em satisfação emocional e, na utilização prática, em resultados satisfatórios.

Por este prisma, o conceito de crise que estamos estabelecendo, como um mero episódio do processo de mudança, é verdadeiro, pois, como tal, é utilizável praticamente e produz resultados previsíveis.

A história tem mostrado alguns piques de aceleração da mudança, com suas respectivas crises e adaptações do comportamento humano, de modo geral correspondentes a grandes descobertas, invenções ou inovações tecnológicas que mudaram o rumo dos acontecimentos.

No período compreendido entre a revolução industrial e os meados do século XX, as transformações mostraram-se bem mais significativas, exigindo um esforço maior do homem para acompanhá-las (com algumas crises marcantes pelo caminho).

A criação das fábricas exigidas pela revolução industrial e a necessidade de organizar o processo produtivo de maneira a harmonizar a interação entre máquinas, homens e ferramentas, levaram as organizações a buscar um modelo administrativo nas únicas entidades então existentes dotadas de um sistema já implantado e testado – o exército e a igreja, ambos sistemas autocráticos e fortemente hierarquizados, com a igreja acrescentando significativa dose de paternalismo.

E tal modelo cumpriu muito bem sua função, já que era perfeitamente adequado: algumas poucas pessoas detinham as máquinas, as informações e o conhecimento necessário para definir o que deveria ser feito, quando, por quem, onde e de que maneira – enfim, estavam capacitadas a tomar as decisões necessárias e tinham o poder de posse (máquinas e capital) para sustentá-las. Às outras – a todas as outras – cabia, portanto, a função de executar (operar), cada uma em seu setor, cada uma com sua habilitação específica.

Sem o conhecimento necessário para decidir, e sem o capital para financiar máquinas e tecnologia, à grande massa de seres humanos só restou adaptar-se à situação, fazendo da obediência e do trabalho operacional seu ganha-pão. E transferiu para atividades extraprofissionais boa parte da busca de realização pessoal intrínseca à natureza humana.

Nascia, então, a dicotomia capital-trabalho, representada pela relação patrão-empregado, acompanhada de outra igualmente forte e influente – **trabalho** (o ganha-pão) e **lazer** (a diversão, o prazer, a liberdade).

Assim, muitos se tornaram operadores (operários), e alguns poucos se tornaram administradores e gerentes... **chefes**.

E foram denominados estes últimos superiores, motivados talvez, pela eterna vaidade humana. E ficaram os outros subordinados e subalternos.

A necessidade de um número cada vez maior de chefes, para garantir o controle, levou a organização a recrutá-los entre os operadores com mais habilitação e conhecimento de seu processo produtivo, garantindo a obediência ao sistema e fortalecendo, assim, a rede hierárquica calcada na autocracia.

Com o passar dos anos, o modelo foi progressivamente aprimorado, ressaltando a importância da satisfação e da motivação do elemento humano na produtividade do sistema, distinguindo-o da máquina como meio de produção, sem, entretanto, abrir mão de administrá-lo ou gerenciá-lo como um recurso, paralelo aos recursos econômico, financeiro e material.

E, assim, mantido o princípio básico das decisões centralizadas e da autoridade pela linha hierárquica.

A autoridade do gerente, transformado em chefe, permaneceu intocada como fonte de decisões e detentora do poder – o chefe decide o que fazer e como fazer; o chefe ensina; o chefe corrige; o chefe cobra e controla; o chefe premia e pune. O chefe tem respostas para todas as questões.

E tudo muito bem-aceito, porque assim estava escrito desde o princípio.

E assim ficou sendo na família, na escola, no governo e na sociedade em geral, onde quer que houvesse uma entidade organizada. Aos detentores da matéria-prima e dos meios de produção associou-se o poder, e ao poder associou-se a autoridade sobre os demais. Até que o homem, depois de aprimorar os meios de transportes, permitindo viagens rápidas e seguras a praticamente qualquer lugar do mundo, depois de inventar a imprensa e o rádio, depois de criar o cinema e a televisão, inventou o computador, criou a informática e colocou um satélite no espaço. A partir daí a tecnologia disparou mais uma vez – e desta vez com um vigor nunca antes demonstrado – e as telecomunicações viraram o mundo e a humanidade de cabeça para baixo.

A comunicação ampla e rapidamente universalizada e o veloz processamento de informações – transformando conhecimento em tecnologia de ponta – tornaram rapidamente o conhecimento globalizado a principal fonte de poder da nova era. Mas o conhecimento vem com a informação. E informação não é alimento, que se estoca e guarda; não é terra, que se cerca e monopoliza; não é ouro, que se tranca em cofres e se conserva. A informação se espalha, difunde-se e não respeita fronteiras.

A difusão de informações desencadeia um processo de globalização de conhecimento e de costumes – estimula e intensifica o consumismo.

Conseqüentemente, amplia-se o mercado consumidor, que provoca o rompimento de fronteiras comerciais – é a globalização da economia, colocando face a face produtos e empresas que, até então, se mantinham, relativamente, cada uma em seus domínios. A concorrência se torna cada vez mais acirrada e crescem as exigências de qualidade. O incremento da produtividade – maior produção, com melhor qualidade, custos mais baixos e menores prazos – se torna imperioso.

É evoluir ou morrer. É adaptar-se às novas condições do mercado global ou desaparecer.

A crise mais uma vez se caracteriza pela defasagem entre os comportamentos consagrados num passado muito próximo e as exigências altamente diferenciadas e cambiantes de um futuro que, muito rapidamente, se transforma em presente.

A reação imediata das organizações, como de costume, foi de descrédito e displicência, como se "essas coisas" não fossem para agora, mas para gerações futuras. Os sinais do que estava acontecendo e a previsão do que estava para acontecer, através de alertas e publicações de gurus da administração e de futurólogos conceituados e bem municiados de dados e informações, como Alvin Toffler (*O choque do futuro, A terceira onda, Previsões e premissas*), Peter Drucker (*As novas realidades, Administrando para o futuro*), John Naisbitt (*Megatendências, Reinventando a empresa, Magatrends 2000, Paradoxo global*) e outros, foram ouvidos e lidos (por alguns), comentados (por muitos) e, na prática, ignorados (pela grande maioria).

Depois, veio a perplexidade, como se, de repente, os marcianos estivessem à nossa porta, o inacreditável estivesse acontecendo. Perplexidade logo seguida das primeiras reações de desepero – bruscas reduções de custos, demissões em massa (cortando as gorduras – "Puxa! Como chegamos a tanto sem perceber!"), encolhimento... tudo para esperar a crise passar, pois, no íntimo de cada um, esperava-se a volta dos velhos e bons tempos.

Poucos perceberam, logo de início, que encolher, esperar, não era o melhor caminho. Que o mundo estava mudando velozmente e que a única esperança de sobrevivência era mudar com ele.

Na mesma direção. E rapidamente.

A progressiva tomada de consciência dessa nova realidade finalmente levou as empresas a um posicionamento mais pragmático.

A globalização e a disponibilidade de tecnologia de ponta a tornarem a concorrência realmente mais acirrada. A concorrência exige maior competitividade. A competitividade reclama conquista de mercado, e conquistar mercado é conquistar clientes.

O cliente é coroado rei.

Mas os clientes já não são os mesmos. Também eles sofreram a influência da globalização. Também eles ingressaram no mundo dos satélites e da informática. O cliente, até então cativo, passou a exigir qualidade nos produtos e serviços pelos quais ele paga.

E não apenas qualidade no sentido de ausência de defeitos, mas qualidade no sentido de satisfazer plenamente suas expectativas e necessidades.

Expectativas e necessidades de quem usa o produto ou serviço, e não do ponto de vista de quem os fornece, pois o cliente descobriu que é ele, e somente ele, quem sabe onde o sapato aperta o calo.

E mais: a exigência de qualidade tomou um sentido bem mais amplo, envolvendo, além da ausência de defeitos e das características intrínsecas ao produto ou serviço, também o custo, o prazo de entrega, as condições de entrega, a atenção, o respeito...

Tudo sempre obedecendo às expectativas do consumidor. Enfim, a qualidade plena e personalizada.

E se não a encontra aqui, compra do Japão, de Taiwan, de Cingapura... ou da China.

Mas, como realizar essa nova exigência de qualidade e conquistar e manter clientes?

Com tecnologia de ponta, com novos processos produtivos, com talento e dedicação do pessoal. E com uma nova postura administrativa, traduzindo uma gestão eficiente e eficaz desses recursos.

Mas a tecnologia é nova e avança a cada dia, tornando, hoje, o ontem obsoleto. Os novos processos são realmente novos – ainda estão sendo criados. O grande diferencial competitivo passa a ser as pessoas, os jovens (e também veteranos) talentos capazes de selecionar, operar e inovar a tecnologia emergente e de criar novos processos, mantendo-se sempre atualizados e eficazes para sua época.

Mas o pessoal – aquela turma que vestia a camisa nos bons e velhos tempos, que renovava esforços e dedicação a cada apelo e a cada novo discurso (ou a cada nova edição dos velhos discursos) –, o pessoal já não é o mesmo.

As empresas, que finalmente se renderam à força da tecnologia emergente e da globalização da economia, custam a perceber, em sua estratificada visão cartesiana, que a globalização da economia, revolvendo o mercado, é conseqüência da globalização do conhecimento e dos costumes – e conhecimento e costumes só existem nas pessoas. Portanto, a economia muda, e o mercado muda, quando mudam as pessoas.

As pessoas, sobretudo as pessoas, sofreram na pele (e principalmente na cabeça) todo o processo de mudança e foram altamente influenciadas por toda a avalancha de informações – vistas, ouvidas e... sentidas.

Também as pessoas passaram (e muitas ainda passam) pelas fases de descrédito e perplexidade face à mudança, antes da tomada da consciência da necessidade de adaptação. Se, por um lado, não receberam, como empresas, uma injeção de investimentos em reestruturação, reengenharia etc., por outro sofreram um ataque maciço e direto de informações, que as vem rapidamente conduzindo a uma nova consciência do mundo e, sobretudo, de si mesmas.

Rapidamente vêm tomando forma, por um lado, a insegurança no emprego, e, na vida social, a perda do poder aquisitivo, a perda da referência de paradigmas que se foram, a crença em antigos valores e em antigos discursos, o estresse, a redução da libido, o fantasma terrível da concorrência, cada vez maior também entre as pessoas, fruto de reengenharias precipitadas, a necessidade de rever princípios, valores e paradigmas, de aprender – e aprender muito e rápido e sempre.

Mas, por outro lado, o renascimento do ser humano como ser humano; a volta para si mesmo, o tributo ao indivíduo, o renascimento das artes e da religiosidade (espiritualidade), a busca frenética de realização pessoal e de qualidade de vida – na sociedade, no lazer, no esporte, na família e, finalmente (por que não?), no trabalho.

E a mulher se destacando como nova propulsora da indústria, do comércio, dos negócios, como também das artes, dos esportes, da política.

Nos anos 80, futurólogos como John Nasbitt já apontavam enfaticamente essas tendências, que hoje já não são tendências, pois se concretizam como realidades emergentes.

Cada vez mais bem informados, com maior domínio sobre a nova tecnologia, mais conscientes de sua própria capacitação para operar, tomar decisões e definir seus próprios limites, e mais voltados para o autodesenvolvimento profissional e pessoal – enfim, para o autogerenciamento –, o "pessoal" das empresas já não aceita facilmente o comando do velho chefe.

As pessoas são o princípio, o meio e o fim das mudanças sociais. Tentar superar crises através de redesenhos da estrutura e da troca de métodos e sistemas, sem levar em conta as mudanças ocorridas nas pessoas, é como medicar sintomas sem atentar para suas causas.

A crise econômica é a manifestação das transformações na mentalidade e nos costumes do homem em todo o planeta.

E essas transformações são, quase sempre, bruscas, descontroladas e contundentes.

"Hoje temos que gerenciar pessoas de conhecimento e não sabemos como fazê-lo!", concluiu pragmaticamente Peter Drucker – para muitos, o guru dos gurus da moderna administração.

Como proceder hoje o chefe tradicional, que gerenciava pela autoridade inerente ao monopólio do conhecimento e pelo poder nele investido pelos donos do capital e da tecnologia, quando o poder do capital e da tecnologia se deslocam para o conhecimento e o conhecimento está ao alcance de todos (ou de uma grande massa de trabalhadores intelectuais)? O chefe tradicional, que se impunha pelo domínio dos processos produtivos, os mesmos processos que hoje se tornam obsoletos e são inapelavelmente substituídos por processos inovadores, criados justamente pelos novos trabalhadores intelectuais que lhe são subordinados, sepultando não só longos anos de experiências, como antigas e respeitadas profissões?

Como ser chefe quando o fantasma da redução de níveis hierárquicos praticada pelas grandes organizações (dez, 11 ou 12 níveis para três ou quatro) – promovida e apoiada pela evolução do espírito empreendedor e pelo autogerenciamento dos trabalhadores intelectuais – se instala progressivamente?

É claro que nem todos os trabalhadores são ainda intelectuais; nem todos têm acesso ao conhecimento de toda a tecnologia emergente, mas estes, os que têm acesso, são a força; estes são, hoje, o poder.

Infelizmente, existe a face avassaladora da globalização e da alta tecnologia, que tem que ser, a qualquer custo, atacada e debelada pelas empresas, pelos governos e pela sociedade: os trabalhadores braçais, aqueles chamados operários, que representam a grande massa de excluídos por não terem acesso ao grosso do conhecimento, vêem suas profissões desaparecerem, sem condições de desenvolverem as sofisticadas habilidades exigidas no mundo atual, e o fantasma do desemprego se tornar cada vez mais aterrorizante. E, ainda assim, e apesar de tudo, também se conscientizam cada vez mais de seus direitos como seres humanos, e reivindicam e reivindicarão cada vez mais esses direitos; que, diga-se de passagem, são absolutamente legítimos – e não podem ser ignorados.

Ai da sociedade, e de todos nós, se não os ouvirmos rapidamente.

Neste quadro, que cada vez mais claramente se delineia, como integrar, harmonizar e administrar, com eficiência, todos os fatores – humanos, econômicos e tecnológicos – que se intercomunicam?

Em terra de cego quem tem um olho é rei!

Com os empresários (como com os governantes, os professores e os "chefes-de-família") sentindo-se de certa forma perdidos ou sem um rumo claro, alguns profissionais, que vêm acompanhando mais de perto a evolução das mudanças, passam a se dedicar a orientar as organizações, propondo modelos e soluções, alguns bastantes lógicos e coerentes e outros nem tanto, frutos, às vezes de conclusões precipitadas ou imaginação fértil.

É o momento dos consultores e da proliferação de modelos e teorias, promovendo um significativo enriquecimento do jargão administrativo e gerencial.

E assim surgem timidamente os CCQs (Círculos de Controle de Qualidade), logo açambarcados pelos TQC, TQM, reengenharia, terceirização, reestruturação, tudo calcado no *downsizing* e recheado de fórmulas, princípios e pecados capitais.

Curiosamente, há um consenso nos modelos: o ser humano, ainda dito **recurso humano**, é o pilar da reviravolta – tecnologia se compra; métodos e processos se aprendem, criam-se e se copiam – o grande diferencial de competitividade é o potencial, o talento, a competência e o comprometimento dos recursos humanos.

Esperar-se-ia, portanto, que o grande trunfo, na implantação real dos modelos, fosse o investimento na seleção e no desenvolvimento desses "recursos". Mas não. Vencida a fase de discursos, a implantação se restringe à reestruturação organizacional, à racionalização de tarefas administrativas, à redução de custos, à revisão de sistemas e à introdução de novos métodos e processos. Além, é claro, do indispensável enxugamento da máquina: demissões.

A partir daí, espera-se que os "recursos humanos", então com os pés no futuro, a cabeça ainda nos paradigmas do passado e a alma atolada nas incertezas e nos conflitos mal assimilados do presente, adaptem-se num piscar de olhos à "modernidade" empresarial, comprometam-se profundamente com uma visão e uma nova realidade não compartilhadas e conduzam a empresa do atoleiro ao pico da montanha.

Tudo porque o uso do cachimbo faz a boca torta.

Após dezenas de anos fazendo o discurso do valor do ser humano no trabalho, como o grande patrimônio da organização, e, na prática, valorizando de maneira absolutamente prioritária a tecnologia e o poder econômico, não conseguem os empresários, em sua grande maioria, aceitar realmente, no mais íntimo de suas emoções e de sua postura empresarial, que o **ser humano** – o talento, o empreendedor, o inovador – **é de fato, para valer mesmo, o único diferencial competitivo de que podem lançar mão para garantir a sobrevivência e o sucesso de suas empresas.**

Porque ele é o princípio, o meio e o fim.

Não conseguem, no íntimo de suas crenças e convicções, aceitar o fato de que seu pessoal, aquele mesmo que há pouco vestia a camisa e fazia-o-que-o-chefe-mandasse, é composto hoje (cada vez mais, nesse período de transição de valores e costumes) de profissionais ansiosos por liberdade de ação. Por auto-realização, por desenvolvimento pessoal. E que precisam mesmo é de quem invista nesse desenvolvimento e em sua atualização, livrando-os da poeira e dos vícios dos velhos tempos.

Não conseguem ainda entender que a grande virada de sua empresa, em toda a sua reestruturação, renovação e revitalização, está nas mãos de seus "recursos" humanos, que só se comprometerão se virem razões concretas para isso, pelo prisma de sua nova maneira de perceber e entender o sentido do trabalho. E, sem eles, todo o investimento na reengenharia e nos programas de qualidade escoará pelos ralos do piso da fábrica.

Esta tem sido a crua constatação das empresas que perceberam – e têm percebido – a tempo o valor real do investimento no desenvolvimento de seu pessoal, e da capacidade deles de renovar a empresa: sucesso.

Como tem sido também a constatação daqueles que não o fizeram ainda: fracasso.

Assim, têm as empresas recorrido avidamente aos novos modelos e concentrado todos os esforços no redesenho da estrutura organizacional e na implantação dos métodos e técnicas sugeridos, omitindo-se, entretanto, na maioria dos casos, na recuperação e na adequação daquilo que mais importa: a força de trabalho.

Muito provavelmente, essa omissão tem uma razão de ser: a crença arraigada, ainda que muitas vezes negada pelo discurso, de que os comportamentos humanos, em sua maioria, são determinados pela genética ou pela educação de berço e de que coisas como relações humanas, comunicação, negociação e, atualmente, liderança, não são passíveis de aprendizagem, isto é, não se ensinam. E que na prática, na realidade nua e crua, o que motiva é o dinheiro; o comprometimento é fruto de prêmios e privilégios; a produtividade nasce do prêmio e do medo da punição.

Ainda que possam estar agonizando, definitivamente não morreram e, conseqüentemente, não foram sepultadas frases (e atitudes que as sustentam) como: "O olho do dono é que engorda o porco", "Se quer uma coisa bem feita, faça você mesmo", "Bom funcionário é funcionário bem mandado", "Quem sabe faz, quem não sabe manda", "Pato novo voa baixo", "Quem pode manda, quem tem juízo obedece" e tantas outras similares.

Daí a crença, não expressa, de que, resolvidas as coisas objetivas (estruturas, organização, sistemas, métodos), o resto (o ser humano) se enquadra – ou deve ser enquadrado – automaticamente.

No máximo, reúne-se o pessoal e se diz, muitas vezes num discurso eloqüente, como deve ser daqui pra frente "a nova empresa, o futuro brilhante que nos espera...!"

E se espera que o ser humano, angustiado pela insegurança, deprimido pela sina dos companheiros demitidos, coibido em sua qualidade de vida pelas constantes perdas no poder aquisitivo, desestimulado pela falta de perspectiva profissional e vital, estressado por todos os efeitos da mudança, reaja como num passe de mágica, e se motive e se comprometa, e volte a funcionar ainda melhor do que era antes.

Como a máquina que sai da oficina renovada pelas novas peças (originais)...

É claro que o ser humano é dotado de poderosa força de recuperação e de adaptação, mas não na velocidade que se espera e não isenta de traumas, revoltas e marcas perenes.

Felizes das empresas e dos empresários que têm percebido a tempo que, mais importante que a estrutura, é o investimento no ser humano: o apoio à sua recuperação dos efeitos da crise, ao seu desenvolvimento pessoal e profissional, ao desenvolvimento inestimável das habilidades exigidas pelos novos tempos, pois estes, sim, são capazes de recuperar suas empresas (inclusive reestruturando-as, assimilando novas tecnologias e criando métodos e sistemas).

O pilar da empresa moderna é realmente o ser humano – com seu talento, seu espírito inovador e empreendedor e, acima de tudo, seu comprometimento espontâneo e total.

A ação mais objetiva que pode ter a empresa hoje é investir naquilo que considerava subjetivo ontem.

Algumas empresas, convencidas finalmente de que a saída da crise é investir no homem, começam a patrocinar, com entusiasmo, o treinamento e a aquisição de conhecimentos atualizados por seus funcionários – MBA (*Master of Business Administration*) e diversos outros cursos de Pós-graduação. Mas, ainda assim, e tendência é concentrar-se nos processos econômico-financeiros, na gestão de contrato, na gestão de negócios, na tecnologia, relegando-se, na prática, a gestão de pessoas a uma mera tintura (ainda focada nas conclusões do passado), apenas para cumprir o conteúdo programático e alimentar o eterno discurso.

Desprezível o conteúdo técnico desses cursos? Absolutamente não. São extremamente necessários e, na maioria, bem elaborados e competentes.

O problema é que não são suficientes. O MBA forma, como pretende formar, mestres em administração e gerenciamento de negócios; não forma líderes. Esperar que os formandos cumpram seu papel de mestres em administração de negócios é lícito e justo. Esperar que saibam conduzir pessoas e extrair delas comprometimento e motivação é esperar demais. Da mesma forma que os modelos de reengenharia – usados nas empresas – carecem do fator principal: ensinar o homem e lidar com o homem, principalmente o novo homem – o trabalhador intelectual. E ainda: ensinar o homem a lidar consigo mesmo – a busca do autoconhecimento, delimitando suas forças e suas fraquezas; a usar e promover esta força incrível de produtividade, competência e auto-realização que hoje se tem convencionado chamar de inteligência emocional.

Nota-se ainda mais uma vez que, no fundo, o que falta é acreditar realmente, visceralmente, na possibilidade e na potencialidade de desenvolver habilidades como automotivação, criatividade, persuasão, negociação, auto-estima, autocontrole, autodesenvolvimento, competência pessoal e, principalmente, para o mundo de hoje, **liderança** e **habilidade para trabalhar em equipe**.

Não basta aos empresários mais atualizados patrocinar programas: é preciso que acreditem. E que aprendam. E que pratiquem. Acima de todos os mais eloqüentes discursos que possam fazer e de todas as demonstrações que possam dar pela autorização de cursos e liberação de verbas, que dêem o exemplo pessoal da prática cotidiana; este sim, inequívoco.

Mas não se pode, nem justo seria, culpar empresários por tais equívocos, pois também eles são humanos e frutos dos mesmos processos de condicionamento pelos quais tem passado toda a humanidade. E seu papel na história certamente não é o de acompanhar de perto a evolução da Filosofia, da Psicologia e da Sociologia – mas, o de dirigir empresas. Pode-se julgá-los, sim, pela persistência que tiverem em ignorar as causas de seus resultados negativos.

Por outro lado, não é fácil assimilar mudanças e mudar atitudes.

É bom lembrarmos, quando planejamos mudanças em nossas organizações (como também em nós mesmos), que não basta projetar, traçar diretrizes, alterar estruturas, introduzir sistemas e definir como vai funcionar –, pois não basta saber como fazer, é preciso aprender a fazer, adquirir as habilidades necessárias para fazer, o que implica bombardear crenças antigas, mudar atitudes, substituir hábitos, criar novos padrões de comportamento – enfim, vencer as barreiras emocionais. E isto só se consegue a partir da consciência de sua necessidade, com o conhecimento daquilo que é preciso aprender, e com a repetição, isto é, com exercício e mais exercício até que o cérebro grave o programa, e a nova postura se consolide em nossa personalidade e seja automatizada na ação cotidiana.

Convém não subestimar a força das emoções.

Os chefes remanescentes de hoje foram treinados para serem chefes, seja através de cursos, seja através de treinamento no serviço ou simplesmente através dos exemplos que recebiam. E aprenderam a apreciar os privilégios e benefícios que, ao longo dos anos, se tornaram inerentes ao cargo: o poder, o *status*, a remuneração, os símbolos da chefia (sala e banheiro especiais, carro, benefícios extras). O exercício desse poder e o usufruto desses privilégios se tornam hoje antagônicos ao comportamento e às aspirações do novo trabalhador intelectual, bem como às novas estruturas e aos novos sistemas das organizações em evolução.

A compreensão da necessidade de mudança de estilo e de atitude vai, aos poucos, invadindo as mentes, criando uma nova consciência. Mas as emoções contidas em todas as atitudes consolidadas por anos de prática – e muitas vezes de sucesso – rejeitam fortemente as tentativas de mudanças e adaptação.

A nova era exige participação, em lugar da autocracia; trabalho em equipe, em lugar do individualismo; comprometimento, em lugar da obediência; motivação, em lugar da obrigação; determinação, em lugar de intenção; persuasão, em lugar de comando.

Os sonhos de sucesso nos dias atuais exigem, e muito, conhecimento e capacitaçã técnica profunda e atualizada, além de determinação e persistência na busca da realização dos objetivos propostos.

Mas exigem mais.

Exigem aquelas habilidades que compreendem o que já se convencionou chamar de inteligência emocional, como a auto-estima, a autoconfiança, o autocontrole – essa extraordinária habilidade de administrar os impulsos e gerenciar as emoções; a **empatia** – a habilidade de entender e participar dos sentimentos e emoções alheios, como se estivesse no lugar do outro; a **automotivação** – traduzida por um estado constante de motivação independente de estímulos externos; tudo isso tornado possível a partir do **autoconhecimento** – um profundo conhecimento de si mesmo.

Exigem mais do que nunca uma grande habilidade de lidar com seus semelhantes – o que implica fundamentalmente competência nas relações humanas e na comunicação.

Exigem, como acentuada característica deste início de século e de milênio, um forte espírito empreendedor, marcado pela iniciativa, pela criatividade, pela capacidade de traçar seu rumo e moldar seu destino.

E exigem flexibilidade, para se adaptar aos acelerados ciclos de mudanças, e, sobretudo, humildade e coragem.

Humildade para reconhecer suas deficiências e seus limites atuais e identificar seus pontos fortes e seu potencial.

Coragem para expandi-los, empenhando-se no aprimoramento pessoal pela aquisição de novos conhecimentos e, principalmente, pelo desenvolvimento de novas habilidades.

Empenhando-se, enfim, no autodesenvolvimento, não como um fator de momento, mas como uma aprendizagem contínua e permanente.

São certamente exigências comuns ao sucesso em qualquer atividade profissional, seja ela como franco-atirador, seja numa profissão liberal, seja no âmbito de uma empresa.

Se se busca o sucesso numa carreira empresarial, há dois pontos que não podem ou não devem ser ignorados e muito menos desprezados, pelo muito que são exigidos e valorizados nas organizações de vanguarda atuais: a habilidade e a disponibilidade para o trabalho em equipe e a capacitação para liderar e gerir pessoas participativamente.

Desses últimos itens nos ocuparemos mais tarde; dos primeiros, aqueles mais ligados à inteligência emocional, já nos ocupamos na primeira parte deste livro (*A construção da vida*).

Ocupemo-nos, pois, como novo ponto de partida, de algumas dicas, ou reflexões se preferir, de caráter mais geral.

> "Gerenciar não é mais a direção da coisa, mas o aperfeiçoamento das pessoas."
>
> *Alvin Toffler*

> "Conhecimento é o único recurso econômico que faz sentido."
>
> *Peter Drucker*

> "Ganhar a vida não é mais suficiente. O trabalho tem de nos permitir viver a vida também."
>
> *Peter Drucker*

O Desenvolvimento da Competência

Falando por hipótese, **o que buscam as pessoas?**

Sucesso.

Sucesso traduzido em realização profissional, em prestígio, em qualidade de vida, em reconhecimento de seus semelhantes, em poder, em realização pessoal. Em **felicidade**.

O que leva as pessoas ao sucesso?

Competência.

Competência para sonhar e traduzir sonhos em objetivos e metas. Competência para planejar e perseguir objetivos; competência para desenvolver as habilidade necessárias e administrar emoções; competência para inovar, relacionar-se, comunicar e persuadir.

Competência, enfim, por definição, para produzir os resultados almejados, sejam eles traduzidos em realização profissional, em ganhos materiais, em qualidade de vida, em paz de espírito ou, acima de tudo, em felicidade.

De onde vem a competência?

A competência das pessoas nasce, em parte, do potencial específico, mas, em grande parte, da determinação em identificar e remover barreiras que limitem seu desempenho, sejam elas representadas por hábitos inadequados, conhecimentos precários, habilidades maldesenvolvidas ou emoções e sentimentos limitantes.

A competência é função do desenvolvimento pessoal. Desenvolvimento este até então bastante – e quase exclusivamente – enfatizado e patrocinado pelas famílias, pelas escolas e pelas empresas.

A ênfase no ensino (predeterminado e dirigido) sobrepondo-se à aprendizagem (pessoal e intransferível).

A preocupação em formar técnicos sobrepondo-se à formação de pessoas e cidadãos.

Hoje, felizmente, já se fala em autodesenvolvimento, estimulando as pessoas a traçar e a buscar seu próprio destino.

Já se fala bastante, mas ainda não se pratica o suficiente. Sobretudo, quase não se pratica nas escolas e ainda muito pouco nas empresas. E não me parece que seja por desinteresse das pessoas, mas por falta de iniciativa das escolas e inércia (ou falta de perspicácia) das empresas.

Ou por simples questão de hábito. Ou tradição. Ou conservadorismo.

No entanto, as pessoas, consciente ou inconsciente, parecem demonstrar hoje um interesse crescente pelo autodesenvolvimento. Pelo menos é o que talvez se possa deduzir pelo fluxo cada vez mais freqüente às livrarias (embora ainda menor do que seria desejável) e pela procura cada vez mais intensa por livros e outras publicações abordando auto-ajuda, levando mesmo o tema a ser priorizado por editores, revendedores e publicações diversas, que já o incluem numa categoria à parte nas listas dos mais vendidos.

Mas enfrentam uma dificuldade: a maioria das pessoas não foi treinada para buscar por si mesma o próprio desenvolvimento.

A educação que recebemos ao longo da vida – em casa, nas escolas e nas empresas – utiliza métodos e processos tão diretivos e tão prioritariamente voltados para a formação técnica que nos torna, quase inevitavelmente, aprendizes passivos.

E, de repente, pela autoconsciência proporcionada pelos avanços e pela globalização das telecomunicações, já não nos contentamos em ser atores, mas queremos escrever o roteiro e ser os diretores de nosso próprio filme.

No entanto, não basta a intenção. Há alguns detalhes na arte de traduzir sonhos em objetivos e de dirigir a própria vida que não nos foi repassado.

Não é fácil dormir ator e acordar diretor.

Não se pode esperar, em sã consciência, que seja fácil, para quem, ao longo da vida, recebeu o currículo pronto, foi conduzido por processos didáticos predeterminados e de cuja elaboração não participou, ou foi incluído em cursos muitas vezes aleatórios a seus mais autênticos interesses, programar seu próprio desenvolvimento e remover as pedras de seu caminho.

O fato de as pessoas começarem a ter consciência e a buscarem o autodesenvolvimento é alentador e um importante passo em direção à sua maior independência e evolução pessoal.

Mas não é fácil.

Ainda assim não creio que haja espaço para dúvidas quanto ao seu sucesso nessa empreitada – uma questão de tempo, mas, talvez, tempo demais, que poderia ser bastante abreviado se pudesse contar com orientação segura e apoio extra.

Aí o papel das escolas, das empresas e dos livros e cursos de apoio à auto-ajuda.

Quanto mais desenvolvidas as pessoas, quanto mais sadias física e mentalmente, quanto mais conscientes de seu próprio destino, mais abraçam as causas que lhes parecem válidas, mais comprometidas se tornam e mais eficazes se mostram.

Não é à toa que se clama pelo autodesenvolvimento numa época em que a sociedade e as organizações em geral priorizam a iniciativa, a flexibilidade, o comprometimento e a competência.

Mas, continuo afirmando, não é fácil.

Não é fácil pela formação que tivemos e não é fácil pelo momento que vivemos. Momento que, por um lado exige, estimula e apela ao autodesenvolvimento, e, por outro, representa um forte desestímulo pelas pressões sociais exercidas sobre as pessoas, círculo que parece vicioso: a velocidade e a profundidade das mudanças (sem falarmos nas ondas de corrupção) geram uma crise de grandes proporções que conduz o país à recessão; as organizações se reestruturam (quando não fecham as portas) e reduzem drasticamente seu quadro de pessoal; a taxa de desemprego aumenta e atinge níveis assustadores; a violência impera; as pessoas se sentem absolutamente inseguras e estressadas. Insegurança e estresse geram insatisfação, angústia e, muitas vezes, depressão. O poder aquisitivo da população diminui, a produção das organizações cai, as empresas demitem, a taxa de desemprego aumenta, as pessoas se tornam mais infelizes e inseguras...

Já não é apenas um círculo vicioso, é uma espiral.

Descendente.

Há como rompê-los, o círculo e a espiral?

Existem alternativas. Uma delas é deixar tudo por conta do governo – política econômica, taxa de juros, incentivos à exportação, guerra à especulação, controle da balança comercial, combate à corrupção e à violência... essas coisas. Será que funciona?

Outra é cuidar de sua parte, cuidar de você. Fácil não é, ninguém ignora isso. Mas está longe de ser impossível – há muitíssimos exemplos que respaldam essa opinião. Necessários, sem dúvida, são, mais que esperança, uma crença inabalável, forte dose de determinação e um ajuste de foco. E a inspiração de um grande sonho.

Não bastam os discursos e os apelos dos governos, das organizações, dos pais, da sociedade, enfim.

Algo vem morrendo dentro das pessoas vivas que as impedem de ouvir e reagir a eles como faziam outrora, quando se sentiam satisfeitas, bem alimentadas e seguras.

A mesma recessão que infernizará as empresas corrói a alma das pessoas, que não contam com o beneplácito das reestruturações amparadas por renomados consultores e financiadas pelos lucros do passado não muito distante ou por uma discreta parcela do capital.

Como pedir motivação a pessoas insatisfeitas, estressadas acima de tudo, cabisbaixas, arrastando consigo uma auto-estima à beira da falência?

Como pedir determinação, criatividade e inovação quando a insegurança só leva a extremos de cuidados para não se expor, não cometer erros ou não ficar visível demais para o próximo arrastão de roubo e violência, ou para o próximo *downsizing* em sua empresa?

Como pedir comprometimento quando há escassez de credibilidade?

No entanto, é preciso. É quando mais se necessita dessas forças internas para romper o círculo e a espiral.

É quando mais se precisa de um grande sonho, de criar um significado todo especial para uma nova vida.

Em condições normais e céu de brigadeiro, todos somos bons pilotos.

Em meio a tormentas, com o barco quase à deriva, é preciso algo mais. É quando o verdadeiro sonho é posto à prova, a capacidade de gerar competência é testada e uma dose formidável dessa força misteriosa que chamamos **motivação** é exigida.

Mas, a motivação não está na sociedade, no governo ou na estrutura organizacional. Não está na tecnologia e nem mesmo nos métodos e nos processos.

Não há motivação nos sistemas e, muito menos, nos discursos, nas exortações e nos apelos.

Só existe motivação na alma das pessoas. Ou, como queiram os puristas, em seu espírito, em sua mente, em seu cérebro – muito mais à direita do que à esquerda, que **a motivação é muito mais emoção que razão**.

Hoje, as organizações precisam da motivação de seu pessoal como talvez nunca tenham precisado antes. É preciso muita motivação para aumentar a produtividade e garantir a competitividade das empresas nesse mercado global.

É preciso muita motivação para colocar a educação no rumo certo neste país. Como é preciso muita motivação para sair-se bem nos dias atuais, seja no trabalho, seja no esporte, seja no simples (e tão complexo) ato de viver.

Mas, motivação não é algo que combina com essa gente cabisbaixa.

Motivação combina com auto-estima, com autoconfiança, com alto-astral.

Motivação combina com sonho.

Com um sonho que restaure sua autoconfiança, sua esperança, seu otimismo e sua crença no futuro, apesar da política, da economia, de tudo...

Um projeto de autodesevolvimento para aprimoramento da competência exige um sonho como objetivo. Exige a definição de metas e planejamento para transformá-las em resultados. Exige motivação, determinação e comprometimento. E exige exercício, muito exercício na prática dos conhecimentos para gerar habilidades e capacitação.

Mas, como compensa!

Um projeto de autodesenvolvimento não se limita à aquisição de algumas habilidade técnicas, para o exercício de uma profissão, pois nem só habilidades técnicas garantem competência, mas abrange (ou, pelo menos, deve abranger) a habilidade de viver, de extrair da vida tudo de melhor que ela pode proporcionar.

Envolve todo o conjunto de habilidades e conhecimentos que dão sentido à vida e permitem seu gerenciamento eficaz, em todos os sentidos, conduzindo para a auto-realização, para o sucesso e para a felicidade.

Uma das metas do autodesenvolvimento, talvez a mais visada, e para muitos até mesmo a única, é o aprimoramento da competência profissional – o que torna por si só um poderoso instrumento de evolução pessoal.

Mas, por que não pensar em autodesenvolvimento também como uma ferramenta para qualidade de vida, tanto no plano físico como no psicológico e mesmo no espiritual?

Com tudo o que já se conhece sobre essa fantástica máquina humana, sobre o funcionamento dos sistemas nervoso e endócrino, sobre a força indiscutível da autoconfiança, das crenças e da fé como propulsoras e moderadoras de comportamentos, é perfeitamente possível e viável projetarmos o autodesenvolvimento também com o objetivo de autogerenciamento e desenvolvimento da inteligência emocional.

Tantas doenças e distúrbios de que hoje padecemos poderiam não apenas ser curados com mais rapidez e eficácia, como realmente evitados e, quem sabe, talvez alguns deles até mesmo eliminados.

Estados patológicos como depressão (um dos mais comuns hoje em dia), infartos, hipertensão, distúrbios gástricos, hormonais ou cardiovasculares e tantos outros. Distúrbios psicológicos como neuroses, diversas fobias, ansiedade, angústia, sentimentos de rejeição, de menosvalia, de inferioridade também poderiam ser controlados, minimizados ou mesmo eliminados, livrando-nos dos devastadores efeitos que nos causam.

Seria o autodesenvolvimento atuando para reduzir as visitas ao médico e ao psicólogo, não apenas na terapêutica como também na prevenção de distúrbios orgânicos ou psíquicos, e na aquisição e manutenção de um verdadeiro estado de plena saúde – física, mental e espiritual.

E assim encarado, no sentido de **independência do ser humano para conduzir seu destino**, buscando a realização de seus sonhos e desenvolvendo plena competência para produzir e viver, por que não estimulá-lo e apóia-lo não apenas pela exortação e pelo discurso, mas preparando de fato as pessoas para ele nas escolas – a começar pelas primeiras séries de ensino (?) fundamental, já que, quanto antes for aplicado, melhor proveito se tem e mais tempo de vida se aproveita, e nas empresas, que só teriam vantagem nessa prática.

Por que continuam as escolas se omitindo e ensinando (?) apenas matemáticas, físicas, químicas, engenharias, administrações etc., quando se sabe e se prova vez mais que tais conhecimentos e habilidades são apenas uma parcela – e nem sempre a mais importante – na competência para o exercício da grande maioria das profissões e para o ato de viver?

Por que se limitar a exigir para o exercício do magistério nos educandários (?) os títulos de mestre ou doutor, quando os mestrados e doutorados se limitam a promover o aprimoramento técnico, em praticamente nada contribuindo para a formação do professor e do educador, já que não ensinam a lidar com os jovens educandos e muito menos a educar a estimular sua aprendizagem?

Por que continuam tímidas as empresas, treinando em habilidades operacionais e administrativas e na divulgação de conhecimentos técnicos, em que pese a validade e a força dos MBAs nesses misteres, e ignorando o autodesenvolvimento em seu sentido amplo, quando já se sabe e se comprova tão bem que a maior fonte de seu sucesso está no comprometimento, na motivação, na liderança e na habilidade de trabalhar em equipe e de lidar com pessoas?

E que mesmo seus programas de treinamento técnico-operacional seriam muito mais valorizados e eficazes, e muito menos dispendiosos, se precedidos por um programa de orientação, estímulo e apoio ao autodesenvolvimento?

Até quando?

E você? Como se insere nesse contexto? Esperando o quê?
Pode não ser fácil, mas, pelo menos, está em suas mãos.

"A liberdade do vôo é uma dádiva da disciplina."
Rubem Alves

"Nos negócios, muitas vezes a perseverança e a tenacidade contam mais que a inteligência."
Georg Fischer

"A grandeza não consiste em receber honras, mas em merecê-las."
Hemus

Algumas Dicas Para o Sucesso Profissional

1. Eficiência, Eficácia e Efetividade

No Contexto da Competência

A competência, em praticamente qualquer ramo de atividade, envolve três conceitos fundamentais, muito citados, muito repetidos, mas nem sempre bem compreendidos: eficiência, eficácia e efetividade.

Aliás, na gerência e na administração das organizações é usada com muita freqüência uma variedade de termos – muitos deles puro modismo – a que muitos se referem com aparente familiaridade mas poucos conhecem seu real significado. Isto sem falar na quantidade de palavras com duplo sentido ou sentidos diversos, que cada um interpreta segundo sua própria experiência ou a seu bel-prazer ou conveniência.

Eficiência, eficácia e efetividade podem ser tranqüilamente enquadrados na categoria dos malcompreendidos.

Inúmeras vezes tive oportunidade de testar objetivamente essa afirmação, pedindo a gerentes, executivos e empresários de organizações as mais diversas, abrangendo empresas e universidades, que conceituassem, por escrito, tais termos e outros, e os explicassem verbalmente.

Convém ressaltar que o significado específico dos termos técnicos consagrados pelos especialistas nem sempre coincide com algumas definições encontradas nos dicionários e usadas na prática leiga cotidiana.

Portanto, nenhuma verdade absoluta. O importante é o consenso. É adotar um conceito único, para que todos entendam a que se refere quando do for usado.

Uma das idéias que o festejado guru austríaco, naturalizado americano, da administração moderna, Peter Drucker, mais tem defendido nos últimos quarenta anos consagra tecnicamente nas empresas os conceitos de eficiência e eficácia que usaremos aqui.

Há uma diferença considerável entre **fazer certo as coisas** e **fazer as coisas certas**. Em outras palavras, há diferença entre, por um lado, se esmerar na realização de uma tarefa, caprichando nos detalhes e cumprindo-a da melhor maneira possível, e, por outro, dedicar-se a fazer, como puder, aquilo **que precisa ser feito**.

A impressão que se tem, à primeira vista, é que executivos e gerentes em geral se dedicam a fazer o que precisa ser feito, procurando fazê-lo o melhor que podem.

Mas segundo Peter Drucker e segundo aqueles, inclusive eu, que se preocuparam em checar essas suas observações no dia-a-dia das organizações, essa imagem não é verdadeira.

Executivos e gerentes, como seres humanos que são, costumam, com significativa freqüência, dar preferência e prioridade às tarefas que consideram mais importantes. O problema é o inconsciente, que os leva, também com extraordinária freqüência, a considerar mais importantes justamente aquelas tarefas que mais gostam de fazer – e que comumente não são aquelas que mais contribuem para os resultados que esperam alcançar.

Assim, perde-se tempo excessivo em fazer coisas que pouco contribuem para os resultados, ficando aquelas que realmente importam relegadas a segundo plano e ao tempo que restar.

O mesmo fenômeno ocorre ao se delegar tarefas: costumamos delegar, preferencialmente, aquelas que menos gostamos de realizar, quando poderíamos delegar aquelas que fazemos mal, ou que outros fazem melhor do que nós.

O termo **eficácia** contempla o fato de fazer a **coisa certa**, isto é priorizar as **tarefas que mais contribuem para os resultados esperados**. Assim, considera-se eficaz o executivo que trabalha em função de resultados, ou, usando-se o jargão empresarial, o executivo orientado para resultados. Ou ainda em outras palavras: eficaz é aquele que busca e produz os resultados almejados.

Eficiente é aquele que faz certo as coisas, isto é aquele que faz bem feito.

Ser eficaz e eficiente sempre, isto é, manter constante a eficácia e a eficiência, é o que conceituamos como efetividade.

Competência é, portanto, ser eficaz, eficiente e efetivo. É fazer bem feito e conseguir alcançar os resultados perseguidos. Sempre.

E se não for possível ser eficiente e eficaz sempre?

Muitas vezes encontramos pessoas absolutamente perfeccionistas, que se esmeram o mais que podem no que fazem, empenhando-se nos detalhes, não admitindo qualquer senão na qualidade e que, talvez por isso mesmo, perdem os prazos estabelecidos e não alcançam os resultados que delas se espera. São eficientes? Claro, muito eficientes.

Eficazes? Não, os resultados são prejudicados.

Que fazer quando a eficiência prejudica a eficácia, quando não se consegue ser igualmente eficiente e eficaz?

Qualquer amante do esporte, do futebol por exemplo, aposta na vitória. Prefere ganhar o jogo jogando feio, não tão bem assim, do que perder com um jogo bonito, de lindos lances.

Assim em qualquer atividade: importam os resultados.

Resultados com eficiência é o ideal. Eficiência com resultados negativos não ganha medalhas, não aufere lucros, não realiza sonhos.

A não ser que o sonho seja justamente fazer bem feito o que se faz. Mas, nesse caso, a eficiência se iguala à eficácia, pois fazer bem feito é exatamente o resultado que se busca.

Ser competente, pois, é, em princípio, ser eficaz, conseguir realizar os resultados perseguidos. Com a melhor eficiência **que for possível** e com efetividade.

Essa afirmação costuma angariar severas críticas: "Como?! Então vamos viver em função de resultados, competindo gananciosamente uns com os outros pelo lucro e pelo poder?"

Não são poucos os estragos causados pelos significados que emprestamos a certas palavras.

Nas empresas em geral a palavra **resultado** é empregada e ouvida quase sempre referindo-se a lucro, e indiretamente associada a poder e à competição. Mas não é a isso que nos referimos quando a empregamos.

Resultado é o fruto e a conseqüência de nossas ações. Bons resultados é o que buscamos para realizar nossos objetivos, nossas metas e nossos sonhos. Sejam eles quais forem.

Se nossas ações visam obter lucro num empreendimento, esse é o resultado que esperamos; seremos eficazes se o conseguimos; seremos eficientes se conseguimos a melhor qualidade em nossos esforços.

Se nossas ações visam formar bons profissionais e cidadãos, ou convencer alguém a uma boa ação ou alcançar paz de espírito, tais são os **resultados** que almejamos. Seremos igualmente eficazes se os alcançarmos.

Se buscamos a realização de um sonho, ser competente é realizá-lo, pois esse é o **resultado** que sonhamos. Com toda a eficiência que pudermos.

Assim, desenvolver a nossa competência significa nos aprimorarmos nas habilidades, que nos permitam alcançar o resultado específico que almejamos, ainda que seja simplesmente ser feliz.

A competência é específica. Para desenvolvê-la precisamos de um objetivo bem claro: competência em quê e para quê.

Ninguém é competente de forma absoluta, embora assim tenhamos o hábito de rotular as pessoas em nossos contatos cotidianos – "Fulano é competente, Beltrano não é!".

É muito comum, nas empresas, pessoas consideradas "competentes", por atingirem bons resultados em atividades específicas, serem indicadas e convocadas para funções as mais diversas, que pouco ou nada dominam. Por serem genericamente rotuladas de "competentes".

Haja vista quantos profissionais, excelentes técnicos, são promovidos a chefes (gestores e supervisores) sem terem qualquer habilidade para gerenciar ou lidar com pessoas. Apenas por serem considerados "competentes" e "merecerem" uma promoção.

Qualquer um de nós é competente em alguma coisa. Ou, quem sabe, em duas ou três. No mais, em todas as outras atividades humanas costumamos ser bastante incompetentes.

Daí a necessidade de o autodesenvolvimento, em busca de aprimoramento da competência, estar ligado necessariamente a um sonho, a um objetivo, a uma meta.

Como, então, desenvolver ou aprimorar a competência? É tarefa que costuma ser facilitada por um bom planejamento.

O primeiro passo, obviamente, é saber o que se quer: competência para quê? Que sonho se espera realizar, traduzido num objetivo e nos resultados que o representam?

É bom ter plena consciência daquilo que se quer alcançar.

Quantos planos falham pela precária definição do objetivo.

O objetivo deve descrever com muita exatidão e abrangência aquilo que se pretende. Só assim será referência adequada para as ações a serem tomadas para sua realização. E deve especificar o prazo para que seja alcançado, pois essa é a referência que estimulará seu empenho.

Vale a pena uma boa reflexão sobre os resultados que caracterizarão a realização do objetivo e os benefícios, ou ganhos pessoais, que deles advirão, pois são precisamente esses ganhos que determinarão o grau de comprometimento e a persistência.

Uma coisa em que raramente se pensa ao definir um objetivo e traçar um plano é que, apesar de o objetivo representar um sonho, e portanto sinalizar para a pessoa apenas com benefícios, quase sempre dele advirão também alguma perda ou algum prejuízo, seja ao atingir o alvo, seja no percurso.

As perdas são praticamente inerentes ao processo e as grandes responsáveis pela maioria dos fracassos, quando não previstas e não minimizadas, pois, ao longo do caminho, dificultarão e boicotarão todos os espaços para atingir o objetivo.

Considere um exemplo simples e óbvio.

Imagine que você queira fazer um regime para emagrecer.

Possivelmente, como é bastante usual, estabelecerá como objetivo perder dez quilos (por exemplo) em sessenta dias, ou chegar ao dia x pesando x quilos.

Aqui já vale uma ressalva: o que acontecerá quando atingir a marca esperada? Possivelmente a reação inconsciente será "Ótimo, consegui! Agora estou livre do compromisso!" E toca a comer e a recuperar todo o peso perdido.

Melhor seria um objetivo de reeducação alimentar, que proporciona uma perda de peso progressiva e a manutenção do peso ideal a partir do mês x.

Mas, tudo bem, o objetivo mais comum é o primeiro; vamos em frente com ele.

Estabelecido o objetivo e o prazo, passa-se a estabelecer o **como**, qual será a dieta. E mãos à obra.

Certamente o regime terá sido motivado por alguns benefícios que representarão os resultados esperados – talvez uma melhor estética, melhor condicionamento físico, maior resistência a doenças etc.

E as perdas?

Aquela cervejinha nos **happy-hours**, a pizza com os amigos, o chocolate... e a persistência cada vez mais minada. E que dizer da pele que vai afrouxando e despencando, e do investimento em novo quarda-roupas, ou, na pior das hipóteses, na reforma do antigo?

Talvez você pense, caro leitor, que perdas só ocorrem em alguns poucos casos, como neste exemplo. Pois experimente analisar a sério outros objetivos e terá uma surpresa – quase sempre descobrirá que haverá perdas que estão prontas a boicotar o melhor dos esforços.

Pesadas as perdas e os ganhos, definem-se as ações que serão executadas para atingir o objetivo. Este é um momento crucial para o desenvolvimento da competência: que conhecimentos e habilidades serão necessários?

A listagem dos conhecimentos e das habilidades que nos faltam ou que necessitam de aprimoramento será a base do programa de autodesenvolvimento.

Aqui, mais uma vez, um cuidado extremamente importante.

É também muito comum, ao analisar as habilidades carentes, lembrar apenas das habilidades técnicas, esquecendo-se de que, freqüentemente, as habilidades que mais conduzem à competência e ao sucesso são aquelas que poderíamos classificar como psicológicas, inclusive aquelas ligadas à inteligência emocional.

> "Um objetivo nada mais é do que um sonho com limite de tempo."
>
> *Joel Griffth*

2. O Problema É Você

Calma, não é uma provocação.

No entanto, pensando bem, talvez seja. Mas uma provocação respeitosa e, espero, produtiva.

Encare a coisa dessa maneira: o que acontece quando você, em sua vida profissional, ou mesmo pessoal, encontra uma barreira aos seus objetivos, uma pedra em seu caminho? Imediatamente tal barreira é batizada de PROBLEMA.

Você tem um problema.

E problemas exigem soluções. Daí você, se não se desespera e foge da situação como fazem alguns, passa a buscar soluções pelo levantamento dos fatos e dados e análise das alternativas possíveis.

Isto, como manda o figurino, depois de identificar com exatidão qual é o verdadeiro problema.

Tudo bem se não fosse um outro problema: a exata identificação do verdadeiro problema a ser resolvido poderia ser outra.

Como poderíamos classificar os problemas que mais freqüentemente encontramos?

Poderia ser, por exemplo:

- **Problemas devidos a material e equipamento** – o problema é a máquina quebrada, ou o carro avariado, ou o computador fora do ar, ou a falta de papel, ou a tinta que acabou, ou...

- **Problemas climáticos** – choveu, fez calor, fez frio, nevou, houve enchentes, caíram barreiras...

- **Problemas econômico-financeiros** – faltou dinheiro, acabou o dinheiro, o dinheiro não chegou...

- **Problemas devidos a terceiros** – faltou pessoal, o pessoal é incompetente, Fulano não colaborou, Beltrano não aprovou...

- **Problemas pessoais** – adoeceu, estava estressado, perdeu a paciência, faltou experiência, descontrolou-se...

O que existe de comum entre todos estes problemas? Todos eles impossibilitam, prejudicam ou dificultam os resultados? Isto é óbvio, ou não seriam problemas.

Há um outro ponto, e este sim fundamental para nosso raciocínio aqui: todos esses problemas, com exceção daqueles contidos no último item (problemas pessoais), são referidos no meio externo, isto é, não estão na pessoa, estão no ambiente. Isto em nossa maneira normal e costumeira de encarar os problemas que temos.

Mas poderíamos encarar os problemas, praticamente todos eles, de uma outra maneira, muito mais produtiva para nosso desenvolvimento pessoal e, particularmente, profissional.

O problema não está no meio externo: o problema está em mim, o problema sou eu.

O problema é você.

O computador pifou? O problema não é o computador, o problema é a sua incompetência para prevenir ou superar as falhas do computador.

O problema é a falta de dinheiro? Não; o problema é a sua incompetência para conseguir o dinheiro, para prevenir a falta de dinheiro, para inovar, para criar.

O problema é a chuva? Não, o problema é sua incompetência para se prevenir ou encarar situações de chuva.

O problema é o fulano, que não colaborou? O problema é sua incompetência para persuadir, induzir a motivação e criar comprometimento ou conseguir a colaboração de terceiros quando deles necessita.

Portanto, há uma coisa em comum aos mais diversos tipos de problema: o problema não está no meio externo – o problema é sua incompetência.

Mais uma vez, **calma**!

Sei muito bem que você não suporta ser chamado de incompetente. Mas, veja bem, incompetência, para mim, não é um xingamento, é uma expressão que sugere a falta de alguma habilidade específica, o que não é nenhum pecado ou demérito.

Todos somos competentes para uma ou algumas atividades e bastante incompetentes para todas as outras, lembra-se?

Voltando à nossa abordagem: o que muda nessa maneira de encarar o problema que estou propondo? Nos procedimentos para solucioná-lo (levantamento de dados e fatos, análise de alternativas etc.) talvez nada ou muito pouco.

Mas muda substancialmente a maneira de encarar nosso desenvolvimento, pois nos alerta para a necessidade de desenvolvermos mais algumas habilidades específicas, como, por exemplo, a elaboração do planejamento, a programação do trabalho, a organização, a coordenação e o acompanhamento de sua execução, além das importantíssimas habilidades de persuadir e garantir aprovação e colaboração, de autocontrole, de determinação e persistência e tantas outras.

Quando focamos as nossas dificuldades em nós mesmos, ao invés de as transferirmos para o meio externo, focamos também em nós a busca de soluções, não apenas para o problema atual, mas também e principalmente **para a prevenção de problemas futuros**.

Enfim, quando sugiro que **você é o problema** encare isso não como uma verdade metodológica, mas como um **artifício** – um poderoso artifício para seu desenvolvimento.

O que provoca, por decorrência, minha próxima dica.

"O problema não é o problema – o problema é a atitude em relação ao problema."

Kelly Young

> "A sabedoria consiste na antecipação das conseqüências."
>
> *Norman Cousins*

> "Nada é mais perigoso que uma idéia, se é a única que você tem!"
>
> *Anônimo*

3. Onde Foi que Eu Errei?

Vamos supor que estejamos buscando realizar um sonho.

Definimos o objetivo, elaboramos o planejamento adequado, reunimos os recursos e vamos à luta... Mas os santos não colaboram...

Não atingimos o objetivo e sentimos o sabor amargo do fracasso.

Sobrevêm a frustração e a desilusão. Para amenizá-las, buscamos, com incrível freqüência, todas as justificativas que pudermos.

Afinal, nossa auto-imagem não costuma suportar com muita isenção nossos erros e fracassos. Para evitar que ela saia arranhada do episódio, buscamos, com todas as forças, um álibi ou uma justificativa que nos isente de qualquer falha.

Não alcançamos o objetivo? Não foi por nossa culpa. A culpa foi do tempo, do computador, do engarrafamento ou daqueles infelizes que nos garantiram apoio e não colaboraram.

Daí, se a culpa foi alheia, não houve erro nosso. Se não erramos, não há o que corrigir ou o que aprender. Logo, continuaremos agindo da mesma maneira das próximas vezes. Repetindo os mesmos procedimentos e as mesmas atuações, obteremos os mesmos resultados.

Novos fracassos.

Como é difícil admitir falhas em nós mesmos! Essa é a maior fonte de dificuldade para o autodesenvolvimento ou para o aprimoramento pessoal.

Daí a importância desta dica: treine-se.

Treine-se a evitar buscar justificativas para seus fracassos. Condicione-se, pelo treinamento da vontade, a fazer a si mesmo, sempre que algo não funciona como deveria e o resultado não for o esperado, a pergunta-chave para seu desenvolvimento pessoal: "ONDE FOI QUE EU ERREI?"

Se o objetivo era meu, se o planejamento foi meu, se o interesse era meu, a falha foi minha.

O que eu deveria ter feito naquela circunstância? O que eu deveria ter previsto ou antecipado para que isso não acontecesse? Que habilidade deveria ter desenvolvido para garantir o resultado que desejava?

Enfim, o que deveria ter sido feito e não foi?

Fazendo isso, você será estimulado a analisar todo o ocorrido, desde o planejamento até cada passo da execução, e identificará não só a exata causa da falha, mas as circustâncias que levaram a ela.

E poderá corrigi-las para que não voltem a acontecer. Estará revendo seus comportamentos, seus métodos, suas técnicas e se aprimorando.

Você estará realmente promovendo seu desenvolvimento, ao passo que, **buscando justificativas, estará apenas cristalizando suas deficiências.**

Mas você poderá ainda refutar: e se eu admitir que o erro foi meu, e investigar, e por mais que investigue não identificar absolutamente nada que pudesse ter sido feito ou que possa ser corrigido?

Nesse caso, dê um tapinha em suas próprias costas e parabenize-se pela sua competência e eficiência. Você merece.

E pode estar certo de que isso acontecerá algumas vezes. Mas pode estar certo também de que, na maioria das vezes – pelo que me atesta minha experiência profissional –, você descobrirá alguma coisa que poderia ter feito para evitar o mau resultado.

Você se espantará com a quantidade de pequenos (ou grandes!) detalhes que nos passam despercebidos e promovem maus resultados. Quase sempre detalhes que poderíamos ter evitado ou corrigido a tempo.

Quando nos limitamos a justificar as falhas, eles permanecem ignorados e perdemos algumas das melhores oportunidades que temos para nos aprimorarmos.

Portanto, não se esqueça: falhou? Onde foi que **você** errou?

Mas, por falar em fracasso, não fracasse mais. Exclua esse termo de seu dicionário profissional.

Maus resultados nem sempre são definitivos; aliás, muitas e muitas vezes não o são. No entanto, quando você obtém um mau resultado e diz para si mesmo "Fracassei!", esse termo tem, em sua mente, uma conotação definitiva – "Nada mais a fazer. Está terminado".

Quando você não raciocina em termos de fracasso, mas apenas no reconhecimento de um mau resultado, mentalmente perceberá que maus resultados podem ser revertidos, se revisar o processo, encontrar as falhas e corrigi-las.

Logo, não fracasse. Analise, corrija e continue no jogo.

Uma questão de comprometimento e determinação.

E bom senso.

> "Quando um arqueiro erra o alvo, vai buscar o erro dentro de si mesmo. Se você não acerta na mosca, isso não é culpa do alvo. Para melhorar sua pontaria, melhore a si mesmo."
>
> **Gilbert Arland**

> "Comemore o seu sucesso. Veja com humor os seus fracassos."
>
> **Sam Walton**

> "A vida sem reflexão não merece ser vivida."

"As organizações modernas, nesta época de globalização e concorrência extremada, buscam profissionais de reconhecido talento, valorizando fortemente, além do espírito empreendedor, da competência técnica e emocional e do comprometimento, a habilidade de liderança e a capacidade de trabalhar em equipe."

Pequenos Anúncios Classificados*

PRECISA-SE

Precisa-se de homens e mulheres que tenham os pés na terra e a cabeça nas nuvens.

Precisa-se de homens e mulheres capazes de sonhar sem medo de seus sonhos.

Homens e mulheres tão idealistas que sejam capazes de transformar seus sonhos em uma visão do futuro. Tão ousados que se atrevam a persegui-la. E tão práticos que sejam capazes de torná-la uma realidade.

Homens e mulheres que sejam tão determinados e tão obstinados que nunca abram mão de construir seu destino e gerenciar sua própria vida. Que não temam mudanças e saibam tirar proveito delas.

Precisa-se de homens e mulheres que tornem seu trabalho um objetivo de prazer e uma porção substancial de sua realização pessoal e que percebam, na visão e na missão de sua empresa, um forte impulso para sua própria motivação.

Que possuam aquela dignidade pessoal determinada pela coerência entre seus atos e suas crenças e valores.

Precisa-se de homens e mulheres que questionem, não pela simples contestação, mas pela necessidade íntima de só aplicar as melhores idéias.

Homens e mulheres de uma cara só, que nem se comportem como "superiores" nem se sintam "subordinados", mas mostrem a face serena de um parceiro leal, capaz de respeitar idéias e respeitar pessoas, não pelo cargo que tenham, mas pela função que desempenhem, seja ela a realização de uma tarefa, seja a coordenação de esforços individuais para um objetivo comum a todos.

Precisa-se de homens e mulheres, de qualquer idade, ávidos por aprender e desenvolver novas habilidades, que não se vangloriem de experiências e sucessos passados, mas se orgulhem de sua habilidade em absorver o novo.

Homens e mulheres com coragem para inovar, para encontrar novos caminhos, para criar soluções adequadas a problemas e exigências de seu tempo, presente e futuro, sem as amarras de âncoras do passado. Que sejam ousados ao enfrentar desafios e tão seguros de si que se façam capazes de assumir os riscos inerentes à própria inovação.

Precisa-se de homens e mulheres que se comprometam com seus sonhos, com sua visão e com a realização dela através de seu trabalho.

Homens e mulheres que vejam em seu cliente e usuários daquilo que produzem a razão de seus esforços e a fonte de seus resultados, e que se empenhem, com inteligência, dedicação e cortesia, em conquistá-los.

Precisa-se de homens e mulheres que construam equipes e se integrem nelas; que não tomem para si o poder, mas saibam transferi-lo para cada um de seus companheiros de jornada, não delegando tarefas, como se fazia no passado, por compreender que as tarefas de sua equipe não são suas para serem delegadas, mas pertencem, cada uma por direito, ao profissional habilitado para realizá-la.

Homens e mulheres que busquem o progresso profissional não pela ocupação de cargos, mas pelo desenvolvimento de sua competência em fazer aquilo que sabem e o mais que possam apreender, e que busquem recompensas não pela competência que tiverem, mas pela parcela de competência que dedicam aos resultados de sua equipe.

Homens e mulheres que não se empolguem com seu próprio brilho, mas com o brilho do resultado final do trabalho conjunto. Que não tenham respostas para todas as questões, mas saibam encontrá-las nos companheiros de equipe. Ou onde quer que existam.

Precisa-se de homens e mulheres que vejam as árvores e a floresta. Que vejam as partes e o todo. E compreendam suas relações.

Precisa-se de homens e mulheres que sejam verdadeiros e justos. Que inspirem confiança em quantos os rodeiem e demonstrem confiança em seus parceiros, estimulando-os e energizando-os, sem receio de que lhe façam sombra, mas, pelo contrário, orgulhando-se deles.

Que criem em torno de si, pelo seu próprio exemplo, um clima de entusiasmo, de liberdade, de determinação e... de amizade.

Homens e mulheres que mantenham sempre a esperança e façam da esperança sua certeza.

Precisa-se de homens e mulheres que sejam racionais, tão racionais que compreendam que sua realização pessoal está atrelada à vazão de suas emoções, que é sempre na emoção que se encontra a razão de viver.

Precisa-se de homens e mulheres que saibam administrar coisas... **e liderar** pessoas.

Precisa-se urgentemente de LÍDERES.

OBSERVAÇÕES:

1. Não se admitem discriminações de cor, de idade, de sexo ou qualquer outra.

2. Dispensam-se experiências anteriores.

3. Os homens e mulheres de que precisamos determinarão seus próprios salários.

Cartas para empresas nacionais e multinacionais, acompanhadas de foto (sem maquiagem) e de um fio da própria barba ou do próprio cabelo, como garantia da veracidade das informações prestadas.

* Artigo do próprio autor, publicado em diversos jornais e revistas.

> "Quem é rico em sonhos não envelhece nunca.
> Pode mesmo ser que morra de repente, mas morrerá em pleno vôo, o que é muito bonito."
>
> *Rubem Alves*

O Líder e a Liderança Necessária
A Essência da Liderança

Quando se fala em líder, a imagem que normalmente ocorre na mente das pessoas é de alguém ou alguma entidade que está na ponta, com um punhado de gente (ou entidades) vindo atrás. Alguém que comanda, que puxa a corda, que segue na frente. É a empresa líder do mercado; o time líder do campeonato; o líder da nação.

Por outro lado, a imagem se completa com a idéia de alguém ou algo especial, melhor que os outros, um ser quase perfeito que se destaca dos demais pelas inúmeras virtudes e competências, e as qualidades mais entrosadas com os valores vigentes na cultura.

Quando se fala em **líder** na empresa, muitas vezes se pensa num excelente chefe – técnico. Algumas vezes, apenas, se pensa num **ser** capaz de conduzir pessoas e equipes a resultados; mas, ainda assim, quando se parte para formar líderes, matriculam-se as pessoas nos MBA e se lhes ensina planejamento... e organização... e gestão de contratos, de negócios e de finanças...

E chamam os **mestres** de líderes.

Lamentamos muito, mas não é desse líder ou dessa liderança que estamos falando.

Não estamos falando de nenhum insigne benfeitor da humanidade ou de algum salvador da pátria – sem nenhum demérito para esses, que talvez sejam realmente excepcionais, como um Jesus Cristo, um Mahatma Ghandi, uma Margareth Thatcher, um papa João XXIII, um Adolf Hitler, um Winston Churchil, um Jucelino Kubistchek, um Albert Einstein, uma Margaret Mead e tantos outros. Muito menos de geniais economistas ou técnicos capacitados – também eles importantes e essenciais em sua função.

Estamos falando de seres humanos normais, que poderiam multiplicar-se por milhares, ou milhões, ocupando o lugar de cada chefe, de cada professor, de cada político, capazes de levar grupos de pessoas a atingir suas metas, não pelo comando e pelo exercício do poder da autoridade, mas pelo comprometimento e pela motivação – e, por isso mesmo, obtendo os melhores resultados.

Seres humanos que têm seguidores não por estarem na frente, puxando a corda, mas por serem imitados em seu exemplo como membros efetivos da equipe.

É um novo conceito de liderança, talvez não a derradeira expressão da verdade, mas atual e prático (porque funciona).

É uma atitude. Uma predisposição mental, uma maneira de proceder que estimula os companheiros a produzir mais e melhor.

E, por isso mesmo, não tem muito a ver com os mitos em que transformamos, num conceito antigo, os líderes do passado.

Quando se pensa em liderança como expressão de determinados traços de personalidade, pode-se imaginar a habilidade de liderança como algo inato. Um dom que se possui... ou não.

Se pressupomos que o líder é um ser carismático, estamos determinando que só pode ser líder quem é carismático. E o que é o carisma? Não sabemos bem o que é isto, mas, seja lá o que for, tem cheiro de dom, de algo inato. E, como tal, não pode ser aprendido e, portanto não pode ser ensinado.

Mas quando estudamos a liderança nas empresas, nos governos, nas escolas, como muitos e muitos já o fizeram e vêm fazendo – um dos prováveis líderes mundiais do estudo da liderança é Warren Bennis, da South California University –, chegamos a algumas conclusões interessantes: uma delas é que a liderança, o fato de alguém ter seguidores, não tem muito a ver com carisma.

Aliás, não tem nada a ver.

Tanto podemos relacionar dezenas ou centenas de líderes carismáticos, como um outro tanto (provavelmente muitos mais) de líderes sem nenhum carisma.

Encontramos tanto líderes bastante sociáveis, como líderes absolutamente anti-sociais; líderes "gente boa", camaradas, flexíveis, como líderes linha dura, disciplinadores severos; líderes rápidos e impulsivos, como líderes lentos e calmos; líderes calorosos ou indiferentes, orgulhosos ou humildes.

Pode-se mesmo dizer que existem líderes para todos os gostos. E todos eles liderando com eficácia e conseguindo resultados. Quaisquer que sejam seus temperamentos e seus traços de personalidade, não chefiam; lideram. E quando gerenciam, gerenciam pela liderança.

Chegamos, pois, à liderança não como um conjunto de traços inatos de personalidade, mas como uma atitude, uma postura perante as metas, os objetivos e a própria vida.

Uma postura que pode ser aprendida, e da qual derivam habilidades que podem ser exercitadas e assimiladas.

Podemos, pois, aprender a liderar e a formar líderes.

A administração teve sua vez na história das organizações. Também a gerência teve sua vez. Hoje, nem uma nem outra perderam a majestade e o seu lugar, mas, quando se trata de lidar com pessoas, com gente, a história é outra.

Parafraseando a Almirante Grace Hooper, da marinha americana: "Administramos coisas, gerenciamos projetos e contratos, mas, as pessoas, nós as lideramos!"

Pessoas hoje não podem mais ser vistas como máquinas ou recursos para serem administrados. Pessoas são inteligência, emoções, vontade, talento – que exigem liderança.

Liderar é obter comprometimento com uma causa. É conseguir das pessoas que coloquem toda sua inteligência, sua vontade, seu talento, enfim, a serviço pleno da causa.

Como?

Primeiro tentando entender a essência da liderança. Em outras palavras, se ser líder é ter seguidores, o que faz uma pessoa para tê-los? Ou, o que leva alguém a seguir uma pessoa?

A inteligência? O caráter? A cultura ou a erudição? O discurso? Ou aquele tal de carisma?

Podemos – e costumamos – admirar uma pessoa inteligente, ou culta, ou dotada de bom caráter, mas dificilmente a admiração nos levaria a segui-la. Pessoas podem ser muito populares por suas virtudes ou por seus feitos, mas popularidade não significa liderança (existem numerosas pessoas populares que não têm seguidores) como também liderança não significa necessariamente popularidade (existem líderes absolutamente impopulares).

Então o quê?

Costumamos seguir nossos sonhos.

Se você tem um sonho, você tem uma visão; se você tem uma visão, você tem uma razão para crescer como ser humano.

E isto é tudo que buscamos: crescer como seres humanos. Seja traduzindo tal objetivo como auto-realização, ou como sucesso, ou simplesmente como felicidade, entendendo felicidade como riqueza, como poder, como saúde, como paz... ou como a glória de conseguirmos viver nossa vida de nosso próprio jeito.

Todos sonhamos. E todos temos um grande sonho, que subordina todos os outros sonhos. Muitos, entretanto, sublimam os sonhos em meros desejos, que se esvaem com o tempo ou se mantêm apenas como doce memória de uma fragrância que se dissipou.

Outros transformam seus sonhos em uma **visão**, uma imagem de futuro desejado, percebida e sentida de maneira tão clara que parece real. E se contentam em curti-la no aconchego de sua intimidade.

Mas existem alguns que, além de transformarem seus **sonhos** numa **visão**, traduzem essa visão num **objetivo**.

E o perseguem. Não se contentam com o sonho nem com o desejo, querem viver intensamente aquilo que sonharam.

E alguns desses perseguem seus sonhos/objetivos tão obstinadamente, tão determinadamente, transmitindo uma certeza tão intensa de que chegarão lá, que nos **estimula a segui-los**.

E os seguimos, não por eles, como pessoas, mas pelos seus sonhos – sempre que seus sonhos forem também os nossos sonhos.

A visão é o **líder**. Apenas transferimos a liderança para o homem que a persegue com todas as suas forças, a fim de torná-la palpável e visível.

Portanto, se alguém tem um sonho e o transforma em uma visão, e traduz esta visão em objetivos e metas de resultados desafiadores, mas passíveis de ser alcançados, e persegue com determinação tais resultados, será um líder para quantos tenham a mesma visão e convivam com seu exemplo.

Simplesmente porque, louvando-se na obstinação dele, realizarão seus próprios sonhos.

O líder é, assim, a fonte de energia, o catalisador de comprometimento, não com ele, na verdade, mas com a causa, que é o sonho de todos.

A essência da liderança não é um padrão de personalidade, mas **um conjunto de habilidades** que, como tais, podem ser aprendidas e aprimoradas. Entre as quais certamente se destacam:

A **habilidade de transformar um sonho em uma visão** e **expressá-la como um objetivo a ser alcançado**.

A **habilidade de traduzir objetivos em resultados que possam ser concreta e progressivamente perseguidos**.

A habilidade de atuar com **determinação na perseguição dos resultados**.

Essas habilidades são, por si, geradoras de seguidores entre aqueles que comungam os mesmos sonhos. Mas precisam ser consolidadas pela confiança, que é fortemente sedimentada na integridade pessoal e na coerência, isto é, na sintonia entre os valores e os princípios que são pregados, de um lado, e os comportamentos, do outro.

Em resumo, seguimos pessoas que demonstram ter os sonhos que temos, e os traduzem em metas de resultados que perseguem obstinadamente e buscam realizar com invejável **determinação**. E demonstram uma coerência tão transparente, uma integridade tão forte, que conquistam nossa confiança.

Sonhos... todos temos! Transformá-los em uma visão... todos podemos! (É preciso pouco mais do que querer.) Traduzir a visão em objetivo e resultados... podemos aprender a fazê-lo, com facilidade! Determinação... podemos cultivar! Coerência... podemos desenvolver!

Enfim, podemos aprender a ser líderes, desenvolvendo as habilidades que atraem seguidores.

> "Os líderes são as pessoas mais voltadas para resultados que existem no mundo. Suas visões são claras e atraem as pessoas para elas."
>
> *Warren Bennis*

É Possível Forjar um Líder?

É possível formar líderes? E se estendermos a questão, é possível formar atores? E políticos? E médicos? E jogadores de futebol? E professores? E violinistas? – ou qualquer outra habilidade?

Tomemos ao acaso mil seres humanos e tentemos treiná-los em qualquer dessas habilidades. Depois de algum tempo teremos, certamente, em qualquer delas, alguns poucos incapazes, um pouco mais de medíocres, muitos e muitos praticantes razoáveis, alguns poucos craques e, talvez, um ou outro gênio.

Ah, dirão alguns, mas liderança é diferente. Não sabemos bem que características tornam uma pessoa um líder!... Mas também não sabemos bem que características tornam um ser humano um gênio do futebol, por exemplo. Que traços de personalidade ou de estrutura física diferenciam Pelé de qualquer outro jogador?

Ah, dirão, mas não estamos falando de formar um Pelé, mas um simples jogador de futebol...

Como também não estamos falando aqui na formação de um Hitler, ou Churchill, ou Maomé, ou Jesus Cristo... Estamos falando de milhares de líderes que substituam os atuais *chefes*, que, por sinal, foram também formados por um sistema gerencial específico, com base em algumas poucas características deduzidas do perfil do cargo, como também as temos para os líderes de que necessitamos hoje.

O potencial genético (ou o *dom*, como queiram chamar) é apenas isto: um potencial, que só se concretiza em habilidade em circunstâncias favoráveis, com estímulos favoráveis e exercícios adequados.

O homem não nasce com a habilidade, nasce com o potencial. E o potencial básico para qualquer habilidade humana, praticamente, todos os homens possuem – em diferentes graus: daí os medíocres, os bons, os craques e os gênios que resultam da educação e do treinamento adequados.

Quando se pretende forjar líderes, o que se busca na realidade é resgatar o potencial de cada um para a liderança, muitas vezes mascarado, oculto ou deformado pela educação, por traumas ou por anos e anos de subordinação a um sistema ou a um chefe.

O que se busca pelo treinamento ou pela reeducação é libertar o potencial e estimular o desenvolvimento de características de liderança condizentes com as necessidades de hoje. E, ao fim do processo, remanejar os medíocres, aproveitar os bons, agradecer pelos craques e orar aos céus pela descoberta de gênios.

Na realidade, portanto, a questão não é o bizantino "se", mas é o prático "como".

Habilidades de liderança se desenvolvem, como quaisquer outras habilidades, pela motivação, pelo conhecimento das características que devem ser desenvolvidas e pelo exercício contínuo e determinado no próprio ambiente de trabalho.

Seminários de dois ou três dias, se bem estruturados e bem dirigidos, estimulam e geram motivação, transferem informações e geram conhecimento e delineiam formas e padrões de exercícios.

Não se ensina liderança, como não se ensina qualquer outra habilidade; liderança se aprende. Ensina-se o que se deve praticar para desenvolver a habilidade. O resto depende da perseverança do treinando, que muitas vezes depende, por sua vez, do ambiente, do apoio, do estímulo e da valorização dada a seu esforço em sua empresa.

Se a empresa quer líderes, não dispense os seminários e cursos, mas selecione-os. E não pergunte a seu pessoal, na saída do curso, se se tornaram líderes, pergunte apenas se tomaram consciência daquilo que devem praticar e de como devem fazê-lo. E apóie-os em sua prática, e valorize-os até que se tornem líderes.

Da mesma forma que, ao recrutar um profissional, busca-se na Universidade um estudante para trabalhar durante alguns anos como estagiário até se tornar apto a ser contratado.

Ou da mesma forma que você coloca em seu anúncio de recrutamento um claro requisito: "Exigem-se cinco ou dez anos de experiência na função".

E, nesse tema, não impera a lei do tudo ou nada: qualquer avanço, qualquer melhoria em direção à liderança, é um ganho considerável – para a empresa, para a equipe e para o profissional.

> "Perguntaram a Michelangelo:
>
> – Como você consegue transformar um bloco de pedra bruta em imagens tão belas e tão perfeitas?
>
> Respondeu o artista:
>
> – Eu não transformo a pedra em imagem. Apenas desbasto a pedra, tiro os excessos e liberto a imagem que existe nela."

Uma Pequena História
Que Poderia Ser Bem Real

José da Silva é uma pessoa esperta. Esperta e inteligente. Sempre sonhou em ter sucesso e não poupou esforços. Nem esforços nem tempo, nem oportunidade. E quase chegou lá...

Para falar a verdade, está quase lá, falta pouco, mas há uma barreira que José da Silva considera intransponível: ele tem que se tornar um líder, mas acredita que não consegue, porque lhe falta o essencial – o dom. A vocação, o potencial, a aptidão, o carisma ou seja lá o que significa essa coisa mágica com que uns nascem muito bem dotados e a outros, coitados, lhes falta totalmente.

E como faz falta! Pelo menos para José da Silva. Pelo menos neste momento. Justamente agora, que está quase chegando lá.

José nunca foi muito diferente de milhares de outros jovens da mesma geração. Rapaz normalmente inteligente, com boa saúde, filho de uma típica família de classe média, vivia a vida que viviam seus companheiros – a escola, as aventuras, as festas, as garotas...

Mas queria um dia ser um homem de sucesso. E entendia por sucesso ter uma boa profissão, fazer carreira em uma boa empresa, que lhe garantisse remuneração suficiente para ter todas as coisas que desejava – o que incluía uma família saudável, viagens, lazer... e, num futuro remoto, uma boa aposentadoria.

Com a idéia na cabeça, procurou seguir o figurino ditado pelos pais, pelos professores e, principalmente, pelos especialistas no assunto.

Havia algumas dificuldades iniciais: diziam que era muito disperso, que não se fixava nas coisas importantes da vida (como estudar, respeitar os mais velhos, dormir cedo, alimentar-se bem... essas coisas), que não sabia o que queria, que não tinha um bom tônus vital.

Diziam também que era muito franzino (isso ele sabia muito bem – o espelho sempre lhe dizia) e se descuidava da aparência. Além de tudo que lhe diziam, havia outras coisas que ele sabia – que era muito tímido, por exemplo, e que tinha muita dificuldade em se aproximar das meninas da tribo.

Pois se assim era, mãos à obra. Começou pelo que lhe parecia mais fácil: a academia de ginástica, as quadras de esportes, a alimentação dos atletas.

E como malhou! Com uma coisa puxando outra, começou a selecionar as festas, a dormir mais e beber menos e (ora, vivas!) a ser assediado pelas garotas, o que começou a obrigá-lo a soltar a língua e tornar-se mais desinibido.

Não se sabe se pelo gosto que foi tomando pelo esporte, ou se por influência do assédio sexual (permitido naqueles tempos), o fato é que se descobriu mais perseverante nas metas que buscava, o que implicava um tônus mais elevado e mais energia canalizada.

Daí a agrupar-se e a socializar-se mais na escola foi um passo. Conseqüentemente, começou a estudar mais, a conseguir melhores notas e a vencer as etapas com mais facilidade.

Paralelamente, com uma visão mais clara da vida, e mais do que dela queria, viu seu comportamento em casa (com os pais, com os irmãos, com o resto da família) e na sociedade mudar sensivelmente. Passou a tratar os pais com mais atenção; as crianças com um carinho especial e um vocabulário adequadamente infantil; os professores e os mais velhos com mais respeito; e os estranhos com uma formalidade cortês e convencional.

Enfim, aprendeu a ajustar seu comportamento a cada circunstância e a cada papel que exerce na vida.

Começou a desenvolver novas habilidades. Desenvolver aptidões para o domínio da informática foi fácil. Tocar violão já não foi tanto – demorou um pouco mais. No início, sentia-se desajeitado e quase absolutamente incapaz de controlar e sincronizar os movimentos dos dedos. Mas, como já era persistente e determinado, insistiu. E conseguiu. Não a ponto de tornar-se um "virtuoso", mas pode-se dizer que toca muito bem.

O inglês também apresentou dificuldades, vencidas também pela determinação (em função da necessidade). Aprendeu a falar, também fluentemente, o espanhol e o francês.

E, assim, foi trilhando seu caminho rumo a seu objetivo maior.

UMA OFICINA DE SONHOS

Escolheu a profissão que queria, venceu o vestibular, cursou a faculdade vencendo desafios, sofrendo transformações com a aquisição de conhecimentos e o desenvolvimento de novas habilidades – que sempre apreciara e nunca se acreditara ser capaz de adquirir.

Assim, desenvolveu novos papéis e novos comportamentos, compatíveis com o novo estilo de vida.

Estava pronto para iniciar-se num emprego e fazer carreira.

Buscou, procurou, selecionou a empresa que lhe convinha, candidatou-se a ela e, finalmente, lá estava. Uma nova fase de adaptações – o ajustar-se à cultura da casa, a seus valores, a seus princípios, a seus hábitos e aos costumes. Como tratar os colegas, como realizar os trabalhos seguindo as normas da casa, a verdadeira arte de tratar (e convencer) os chefes...

Assim começou a escalada final para o sucesso. A indiscutível competência técnica que tinha levou-o ao primeiro degrau. A confiança que conquistou de seus superiores levou-o à segunda promoção. Sua experiência como chefe levou-o mais acima.

Estava perto do topo, às portas das promoções definitivas, quando o mundo virou de cabeça para baixo.

Globalização dos costumes. Globalização da economia. Avanço incrível e acelerado da tecnologia. Novas técnicas, novos métodos, novos processos. Um novo ser humano, uma nova mentalidade empresarial. O aumento voraz da concorrência. Produtividade e qualidade total – as palavras de ordem. Reengenharia, redução de níveis hierárquicos. *Downsizing.*

Abaixo os chefes. **Precisa-se de** líderes.

Depois de anos e anos de preparo, de aprender a obedecer ordens, de aprender a chefiar, a dirigir o feudo com pulso firme da autocracia, vêm falar de participação, de trabalho em equipe como mero parceiro ou simples coordenador e energizador do trabalho alheio?

Vêm falar de espírito empreendedor, de criatividade e inovação para quem foi exaustivamente treinado para seguir normas e regulamentos, para obedecer e repetir ordens unilaterais?

Vêm falar de lideranca?

Como ser líder quem sempre foi chefe?

Como se tornar líder quem não tem o dom, a vocação peculiar para a liderança?

E assim se coloca a questão. E assim se delineia o dilema. Que não se restringe a um **mas a muitos chefes como ele. E também a muitos e muitos jovens profissionais aspirantes a uma promissora carreira, mas que não têm o dom da liderança. Ou pensam que têm ou não sabem se têm.**

E acreditam piamente que é preciso ter. Porque assim está escrito porque assim é dito e repetido pelo povo e por tantos "entendidos".

Afinal, ser gênio, ser artista, ser poeta e cantor, ser craque de futebol – e ser líder não **é uma questão de DNA?**

Como ser o que não se é, o que não se nasceu para ser? Não se muda a personalidade!

Não morre torto o pau que nasce torto?

Envolvido em seu dilema e no emaranhado de emoções e temores por ele despertados, José Silva nega sua capacidade, reduz sua auto-estima e restringe suas possibilidades.

Porque acredita no que sempre ouviu dizer, sem refletir.

Ah, se ele se olhasse no espelho e se debruçasse sobre suas velhas fotos, testemunhas mudas, mas muito eloqüentes, de seus antigos comportamentos e das velhas crenças e atitudes que se perderam no tempo, substituídas que foram pelo José da Silva de hoje!

Onde a timidez de outrora, traço marcante de sua jovem personalidade? Onde a total inabilidade para o violão e a dificuldade para o inglês? Onde comportamento dispersivo, o baixo tônus vital, a irreverência e o descompromisso?

Toda uma vida de mudanças – de atitudes, de comportamentos, de crenças, de valores, de hábitos e costumes; toda uma vida de aprendizagem, de condicionamentos, de desenvolvimento de dezenas de habilidades; toda uma vida agora mascarada por um dogma:

É preciso ter dom! E por outro dogma: a personalidade é imutável!

E talvez reforçada ainda pelo desconhecimento das habilidades que fazem de alguém um líder.

Como saber se não as pode desenvolver, se nunca tentou, impedido de tentar pela força do dogma.

E se fosse realmente um dom? Como saber se não o tem, se nunca o expôs?

E, na verdade, não é.

Liderança, como qualquer outra habilidade ou virtude humana, é fruto do esforço de aprendizagem. Fruto da repetição determinada e persistente de alguns comportamentos, do exercício, da dedicação.

Como costumam dizer os gênios, do alto de sua sabedoria e experiência própria: genialidade é um pouco (muito pouco) de vocação e muito (muito mesmo) de transformação (trabalho; muito trabalho).

Que não se neguem, é claro, a genética e a influência do DNA. Aqueles que têm o dom se tornarão líderes excepcionais se praticarem – se exercitarem muito as habilidades que angariam seguidores. Segundo os entendidos, o dom (o DNA) não responde por mais que 30% do resultado final.

Aqueles que não têm o dom, ou têm apenas parcela dele (já que o dom não é uma questão de tudo ou nada), se praticarem o suficiente talvez não cheguem a ser líderes 100%, mas, certamente, poderão chegar a líderes 70%, ou 80%, ou mesmo 90%.

Precisará José de mais do que isso para uma carreira de sucesso?

Já os que têm o dom, mesmo sem ser a suposta totalidade, se não se dedicarem arduamente ao exercício das habilidades de liderança (conscientemente ou pelo acaso de uma educação, ao longo da vida, que lhe foi favorável) provavelmente nunca liderarão alguém.

Além do mais, para se conduzir eficazmente uma moderna equipe de trabalho, não basta a liderança, são necessárias além das habilidades que lhe são próprias várias outras que as completam e que caracterizam um moderno e eficaz gestor de pessoas.

E todas elas frutos da aprendizagem.

De exercício e dedicação. Com dom ou sem dom.

Afinal, o verdadeiro dilema do José não é a possibilidade de ser ou não ser líder. De se tornar um líder. Resume-se à incapacidade de vencer o dogma e acreditar que é possível. E à disposição e determinação para aprender – pelo conhecimento e pelo exercício que leva ao desenvolvimento das habilidades necessárias.

Uma pena que pessoas como José ainda acreditem na imutabilidade do ser humano. E apostem seu sucesso e sua vida nessa crença.

O Líder na Empresa

Mas não basta ser líder, no sentido de angariar seguidores de seus sonhos, para liderar uma equipe em busca dos melhores resultados.

Seguidores se comprometem com suas metas e atuam a seu lado na busca de resultados, o que é, por si só, altamente vantajoso, pois somam esforços. Mas podem não ser tão produtivos quanto à multiplicação de resultados conseguida por uma equipe eficientemente organizada.

Portanto, na empresa, o ideal não é apenas reunir as habilidades que caracterizam a essência do líder, mas adicionar a elas algumas habilidades complementares que integram as pessoas em verdadeiras equipes.

Liderar, por si só, é ter seguidores. Liderar equipes é, **além disso**, integrar pessoas, desenvolver competências, potencializar a eficácia e compartilhar sonhos e resultados.

E isto, em nenhum momento, é ser chefe no estilo já tradicional e padronizado pela gerência autocrática, que aqui encaramos, apenas para exemplificação, em seu teor mais radical.

O que distingue realmente um chefe (radical típico) de um líder de equipe, como aqui preconizamos? É claro que poderíamos relacionar uma série bastante significativa de ações e comportamentos antagônicos ou diferenciados. Mas isto não é o mais importante, pois, na verdade, os comportamentos de um e de outro são meras conseqüências de uma atitude básica (uma predisposição mental em relação à gestão de pessoas) diferenciada.

A atitude (ou postura) do chefe pode ser resumida no seguinte "pensamento" (obviamente inconsciente):

"Minha área é meu feudo; meu trabalho (processo) é meu cartão de visitas; a responsabilidade pelos resultados é minha; portanto, é mi-

nha a autoridade sobre o processo. Meu maior objetivo é meu *status* e minha posição na empresa, como profissional – minha carreira."

Em outras palavras, o chefe está orientado para a carreira; o trabalho é o meio de consolidá-la; sua área e seus recursos (seu feudo), os símbolos de seu *status*; os resultados, apenas a evidência de seu sucesso e eventual alavanca para outros cargos.

Tal atitude (postura) gera automaticamente alguns comportamentos inevitáveis:

- Devo tomar todas as decisões importantes.
- Devo ter respostas para todas as perguntas; não posso ser pego de calças nas mãos.
- Devo definir o "que deve ser feito" e "como deve ser feito", pois a minha experiência é que garante o meu cargo.
- Devo conhecer as tarefas e ensiná-las aos meus funcionários.
- Meus funcionários são meus subordinados; portanto, devem obedecer-me.
- A responsabilidade pelos resultados é minha; portanto, devo exercer todo o meu poder sobre os subordinados, para que eles cumpram suas tarefas.
- Devo delegar as tarefas que julgar convenientes.
- Preciso de subordinados que eu possa controlar, para evitar tumultos e indisciplinas que prejudiquem a boa ordem.
- Devo seguir sempre as normas da casa e agradar meus superiores, para garantir minha carreira.
- Devo proteger a minha área e os meus projetos dos olhos e das investidas dos outros chefes, para não ser prejudicado em minha carreira.

Já a atitude básica (ou postura) do líder pode ser resumida no seguinte "pensamento":

"Preciso conseguir os resultados que persigo, para realizar meus sonhos. É tudo o que importa. Preciso das pessoas que me rodeiam para alcançá-los. Tudo o mais será conseqüência de nossos resultados."

Assim, o líder está orientado para resultados, que traduzem o sonho que o alimenta. Como essa postura se sobrepõe às conquistas da chefia, como o poder, o *status*, os privilégios do cargo etc., que ficam aqui subordinados à consecução dos resultados almejados, todas as suas ações e preocupações são direcionadas para tais resultados.

Portanto, os comportamentos gerados automaticamente da atitude de liderança são bem outros:

- Os funcionários são meus parceiros, já que todos buscam os mesmos resultados, para realizar os sonhos de cada um de nós, que se integram no sonho de todos nós.
- A responsabilidade pelos resultados é mútua. Cada um é espontaneamente, pela força de seu próprio comprometimento, responsável pelos resultados de suas tarefas e responsável pelos resultados da equipe como um todo. Inclusive o líder.
- **As decisões devem ser tomadas pela equipe, orientadas por quem estiver, em cada situação específica, mais habilitado a fazê-lo.**
- Cabe à equipe, e a cada um de seus membros, buscar as respostas para as perguntas que surgirem.
- Cada parceiro é um profissional e tem autoridade sobre sua tarefa.
- Como líder, sou um membro da equipe, como cada um de meus parceiros, com uma função específica. Meu papel é estabelecer metas desafiantes, estimular e energizar a turma, coordenar as atividades e sua inter-relação em função da meta perseguida, dar *feedbacks*, incentivar o autodesenvolvimento, garantir um clima de saudável inovação e colaboração, controlar resultados, premiar e dar exemplo pessoal de determinação, coerência e participação.
- Preciso dos parceiros mais competentes que puder encontrar.

A orientação dessas duas atitudes pode ser representada num diagrama, que mostra claramente seus efeitos no desenvolvimento.

A ênfase da gerência pela chefia é no chefe. O talento dos funcionários é subordinado ao talento do chefe, isto é, as habilidades não se somam – são usadas, todas elas, para ampliar uma única habilidade: a do chefe, que, naturalmente, tem limitações em sua expansividade, sobretudo quando reduzidas pela vaidade humana (o subordinado não pode demonstrar mais capacidade que o chefe).

CHEFIA:

LIDERANÇA

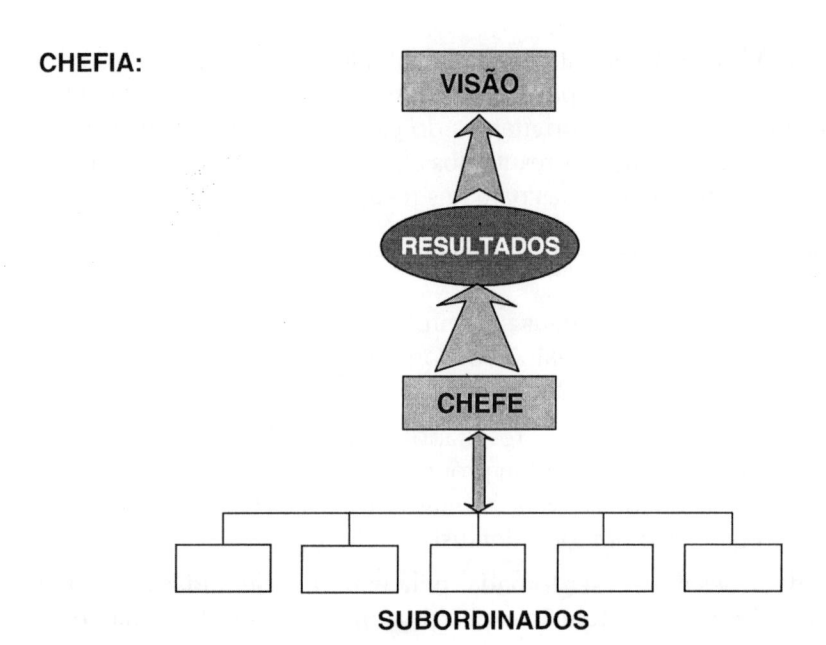

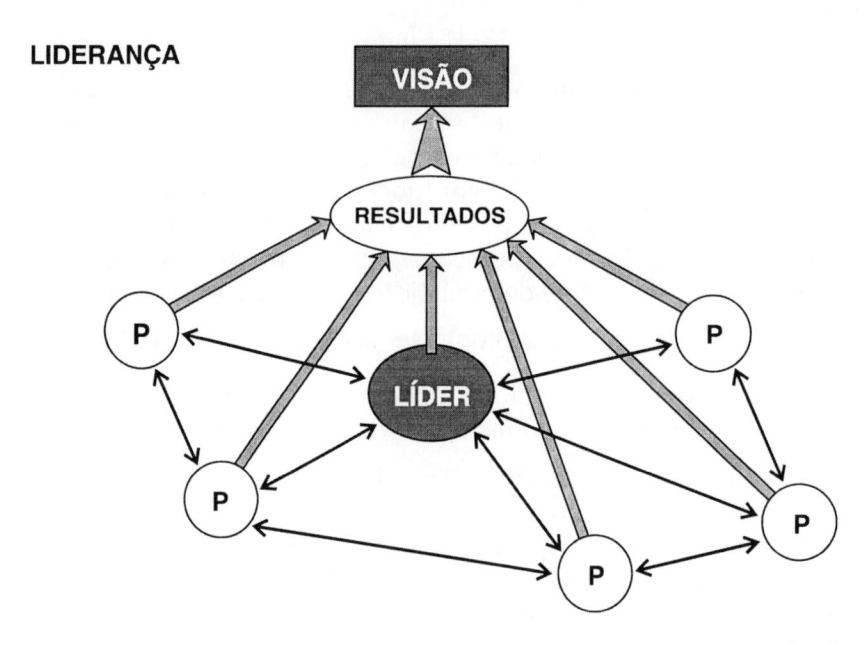

P = Parceiros

Já a ênfase da gerência pela liderança é no resultado. O talento de cada membro da equipe é totalmente somado ao de cada um dos demais na perseguição da meta. A soma das competências individuais não está limitada pelo grau de competência do líder.

Não importa muito que o líder seja limitado em habilidades e conhecimentos técnicos, se sua competência e ações como líder são capazes de liberar a criatividade e potencializar a plena utilização das habilidades de seus parceiros.

E mais: a competência da verdadeira equipe vai muito além da soma das competências individuais.

No trabalho em equipe, incompatível, por definição, com a gerência pela chefia, cabe ao líder mais que simplesmente liderar, ou seja, exercer as habilidades essenciais para garantir seguidores (visão, orientação para resultados, determinação e coerência); cabe a ele coordenar e implementar o trabalho dos parceiros, a fim de garantir o melhor desempenho em função dos resultados almejados.

Em outras palavras: a liderança de uma equipe exige do líder mais que as habilidades que consideramos essenciais; exige algumas outras que chamamos de complementares à função do mesmo na empresa.

Se as habilidades essenciais do líder contribuem para sua eficácia em alcançar resultados, as complementares garantem sua eficiência (alcançá-los da melhor maneira em termos de prazo, custo, clima e intensidade).

Para conduzir equipes com eficiência e eficácia, o líder precisa, portanto, desenvolver, além das habilidades de liderança, algumas outras habilidades típicas de um gestor de pessoas, mas um gestor moderno, participativo, energizador, e não um "chefe" à moda antiga.

Aí, sim, a competência do gestor-líder, ou do líder-gestor que aqui, em nossa intimidade, continuaremos chamando, simplesmente, de LÍDER.

> "As coisas mais importantes primeiro."
>
> **Revista** *Fortune*

"Encare a realidade como ela é, não como foi
ou como você gostaria que fosse.
Seja sincero com todos.
Não gerencie, LIDERE.
Mude antes que tenha que mudar.
Se você não tiver nenhuma vantagem competitiva,
não entre na competição.
Controle seu próprio destino ou alguém o fará
por você."

Revista *Fortune*

A Equipe

Para falar em habilidades complementares para liderança de equipes, acreditamos ser conveniente examinarmos nossos conceitos de equipe, já que o termo é empregado muitas vezes em acepções não muito precisas.

Aliás, o termo **equipe** faz parte de um grupo bastante significativo de termos que, em meio a tantos modelos administrativos e gerenciais criados nas últimas décadas, são usados a todo momento nas empresas, com ampla liberdade, sem muita atenção ao que realmente pretendem significar. Como, por exemplo: líder, liderança, participação, motivação, visão, visão holística, reengenharia, qualidade total, Kaizem, *just-in-time*, agressividade e tantos outros.

Falamos em equipe quando queremos nos referir a todo o quadro de funcionários de nossa empresa, ou quando nos referimos ao nosso departamento ou à nossa seção. Também usamos equipe para definir um grupo de trabalho, os responsáveis por um projeto ou uma força-tarefa.

Falamos em equipe nos referindo, de uma forma poética, a uma grande família, como também, de uma forma mais pragmática, citando um grupo de profissionais responsável por determinados resultados.

E está tudo muito bem. Nada a condenar. Mas quando aqui nos referimos à liderança de uma equipe, estamos pensando numa luta sem tréguas para alcançar os melhores resultados na consecução de nossas metas.

Portanto, vamos conceituar equipe como um grupo de profissionais em busca de resultados. E aí, com licença da "licença poética", precisamos ser mais precisos, pois não é qualquer organização em grupos que leva eficaz e eficientemente a bons resultados.

Alguns pressupostos devem ser observados em sua composição e em seu funcionamento:

1. Assim como o ser humano, em sua individualidade, assim como uma organização qualquer; assim como um país, **uma equipe precisa ter uma visão. Precisa ter um sonho visualizado que possa ser perseguido,** que represente o norte ou o destino final, que oriente as ações de cada um de seus membros. Todos precisamos de um rumo, de saber a cada momento, principalmente naqueles em que surgem incertezas diversas, para onde nos dirigimos. Todos precisamos do sentimento cálido e gostoso da esperança, do sentimento profundo de que temos algo por que lutar, algo que dá sentido à nossa vida, que represente mesmo uma razão para viver.

A equipe precisa de uma visão que seja comum a todos os seus membros. Uma visão que, além de nortear os esforços, represente uma convergência de todas as ações, **criando um vínculo significativo entre todos os parceiros.**

Eis porque o primeiro pressuposto para que um grupo de pessoas se torne uma equipe é uma **visão compartilhada.**

2. Mas pensar que a visão seja suficiente para energizar e solidificar uma equipe, mantendo-a coesa e fortemente determinada durante todo o tempo, é sublimar a natureza humana.

A visão é o ponto de partida e o ponto de chegada, e é a luz que ilumina todo o caminho, evitando que as pessoas se percam nos desvios.

Mas não é a fonte da energia contínua que mantém o homem em ação no auge de seus esforços durante todo o tempo.

A visão, freqüentemente, é um ponto distante; é o fim de uma longa jornada, ao passo que o ser humano é comumente imediatista em suas ações – se não usufruir de resultados num futuro próximo, ele enfraquece seus sonhos e os transforma em meros desejos, esmaecidos na névoa do tempo.

O homem precisa de desafios para potencializar a automotivação. Precisa de se sentir exigido para empenhar-se com o máximo de sua potencialidade na busca de um resultado. **E precisa coroar seus esforços com vitórias periódicas e próximas para manter-se aceso no caminho.**

É preciso, portanto, que a luz da visão ilumine uma cadeia de metas interligadas, pontilhando todo o percurso.

E que cada meta, como um desdobramento do grande objetivo, seja um forte desafio para cada um dos membros da equipe.

Este é o grande segredo da coesão dos membros de uma equipe: metas próximas e desafiantes, que empolguem as pessoas – e as conduza, passo a passo, à concretização da visão.

3. Tanto a visão como as metas intermediárias, que forem criadas para conduzir a ela, devem ser coerentes com os interesses dos membros da equipe, isto é, satisfação de uma necessidade, ou, em outras palavras, a realização de um interesse egoístico. Deve agregar a eles algum valor.

O ser humano é movido por seus interesses egoísticos, isto é, pela satisfação de seu ego. Todas as suas ações, desde as mais individualistas e satisfeitas materialmente até as mais altruístas e satisfeitas espiritualmente, visam à satisfação de alguma de suas necessidades básicas (aquelas que no momento forem mais emergentes e mais fortes), sejam elas mais ligadas à própria sobrevivência, como as fisiológicas e de segurança, ou mais ligadas à auto-realização ou à espiritualidade.

Assim, uma condição para que o homem se comprometa com uma causa é perceber nela a possibilidade de satisfação de suas necessidades mais prementes e a realização de seus interesses egoísticos mais claramente definidos no momento.

É a percepção dos benefícios que certamente terá.

Uma vez com as necessidades básicas mais primárias (fisiológicas, de segurança e sociais – segundo Abrahan Maslow) razoavelmente satisfeitas, o homem busca a admiração e a estima de seus semelhantes e, acima de tudo, sua auto-realização, que pode freqüentemente ser traduzida pelo vencer desafios.

O comprometimento, gerador da coesão da equipe e maior força propulsora do esforço humano, é, assim, determinado pela percepção de benefícios altamente significativos e pela magia do desafio. E é o terceiro pressuposto da equipe.

4. Equipes carecem também de disciplina e ordem. Ações fortemente direcionadas para metas e objetivos comuns, mas dessincronizadas no tempo e no espaço, ora se chocam, ora divergem e perdem muito do seu poder de fogo. É preciso a definição de uma abordagem comum, de um plano de ação que instrua a todos, que mostre a cada um qual é o seu papel e quando deve ser exercido. Que defina ações de apoio mútuo e cobertura de eventuais falhas individuais em tarefas específicas.

Numa equipe, é fundamental o sentido de apoio mútuo. Por melhores que sejam os profissionais, falhas sempre podem ocorrer. O que torna necessário o sentido comunitário, o esforço compartilhado, que leva cada um, quando necessário, a deixar momentaneamente sua tarefa e se desdobrar para cobrir a falha do outro, para que não fique um elo fraco na corrente.

O plano de ação da equipe deve prever todas essas situações e deve ser desencadeado pelo líder e partilhado, desde sua concepção até sua ação final, por todos.

Além do comprometimento com a causa – com a visão e suas metas intermediárias (e os desafios por elas representados) –, há que haver um forte compromisso com a abordagem, ou seja, com a tática ou plano de ação.

5. O que gera mais um pressuposto para a formalização de uma equipe: a responsabilidade dupla. É indispensável que cada um tenha, na equipe, uma dupla responsabilidade: responsabilidade total pela execução de sua tarefa e também pelos resultados dela advindos, e responsabilidade pessoal, embora compartilhada por todos os seus parceiros, pelos resultados da equipe como um todo.

6. Mas, para garantia de apoio mútuo e de responsabilidade dupla, é necessária também uma confiança mútua. E esta não se obtém pelo discurso ou por juras de amor eterno. A confiança é emanada da coerência do líder e de seus pares e tem, portanto, suas raízes no exemplo.

E chegamos aqui a uma conclusão inevitável, que pode ser comprovada e constatada na prática cotidiana, se nos dermos ao trabalho de observar: o ponto crucial para a coesão e a consolidação de uma equipe, a grande fonte geradora de confiança, responsabilidade e apoio mútuo, o grande catalisador do comprometimento não é a visão ou metas dela emanadas, mas, sim, o **desempenho**. A visão e as metas são as inspiradoras da equipe.

É no **desempenho** que se consolida o **desafio**. É durante a ação através do tremendo envolvimento compartilhado exigido para vencê-lo que cada participante toma consciência de que toda sua força é a força da equipe. De que, sozinho, ele não pode, mas, juntos, podem tudo. E essa certeza, no momento crucial, no âmago do esforço concentrado, é que gera a confiança, que gera o apoio, que gera a responsabilidade, que leva à plenitude o comprometimento.

Não é necessariamente a confiança no amigo, gerada pela própria amizade, é a confiança no parceiro indispensável, gerada no esforço conjunto.

A equipe nasce da visão e se norteia por ela, mas se consolida, torna-se real, no desempenho.

Por isso, não se cria uma equipe com discursos; criam-se equipes com o trabalho. E fortes desafios.

7. Além disso, uma equipe exige habilidades complementares. A composição da equipe deve, naturalmente, observar que tipos de habilidades e conhecimentos são necessários para atingir suas metas, e supri-los com a escolha adequada de seus participantes. É preciso, entretanto, ressaltar que a relação não se restringe a habilidades e conhecimentos comumente referidos como "técnicos". Capacitação para tomar decisões rápidas e eficazes, negociar, persuadir, inovar, vender, conquistar clientes, criar motivação, entre outras, além de liderar, podem ser de extrema importância.

Convém notar que estamos distinguindo insistentemente **habilidade** de conhecimento. De modo geral, o recrutamento e a seleção de recursos humanos nas empresas, bem como seus planos de carreira, preocupam-se muito com o potencial intelectual e os conhecimentos de seus profissionais. Não há dúvidas de que são importantes, mas, na grande maioria dos casos, são importantes apenas como uma etapa necessária ao desenvolvimento de habilidades, ou seja, da capacitação para fazer. O mais importante, portanto, é que leve em conta se o candidato possui a habilidade necessária, porque é a habilidade que será usada na prática e não apenas o conhecimento. Acreditamos que não passaria pela cabeça de ninguém selecionar motoristas avaliando se sabem **como** se dirige um carro; o que importa é verificar se sabem **dirigir** um carro e se possuem as aptidões para fazê-lo com segurança. No entanto, quando se trata de capacitação para níveis mais altos de operações (engenharia, por exemplo) ou para atividades consideradas "intelectuais", muito freqüentemente se contenta em verificar o **nível de conhecimento** do candidato.

Insistimos: conhecer é saber como se faz; capacitação (habilidade) é saber fazer.

Além disso, há o problema da **inteligência emocional**, só agora colocada em evidência pela literatura especializada. Não adianta muito a capacitação, quando algum (e qualquer) tipo de desequilíbrio ou distúrbio emocional, crônico ou circunstancial, impede sua prática com plenitude.

Nos dias atuais, alguns fatores ligados à inteligência emocional se tornaram requisitos indispensáveis ao provimento da maioria das equipes: o gosto pelo aprendizado e a capacitação para aprender por conta própria (autodesenvolvimento) e de maneira constante e perene; a habilidade de lidar com pessoas (comunicação – relacionamento interpessoal, persuasão, negociação), a iniciativa e a determinação (espírito empreendedor), a criatividade, a automotivação, a auto-estima, a resistência à frustração, estão entre eles.

Observe-se que profissionais com todas essas características (potencial interpessoal, habilidades, conhecimentos, inteligência emocional) e, acrescente-se ainda, que se mantenham bem informados, são os profissionais hoje exigidos pelas empresas que se dispõem a disputar mercados e que a eles se referem como **talentos**.

E talentos como esses são absolutamente incompatíveis com chefes, em suas características autocráticas – os chefes não sabem como lidar com eles; não sabem conduzi-los nem como conseguir deles o melhor desempenho.

Daí a obsolescência do estilo gerencial que vingou no passado.

O que, por sua vez, nos remete a um outro e decisivo pressuposto para a existência real de uma equipe.

8. Equipe exige liderança. Exige a presença de um líder, nos moldes que caracterizamos. Um líder que possua as características que preconizamos como essenciais (visão, orientação para resultados, determinação e coerência) e que a elas agregue as habilidades complementares que o capacitam a conduzir eficazmente a equipe (das quais trataremos brevemente).

Um líder que faça parte intrínseca da equipe, não como um destaque, um "puxador", mas como um de seus integrantes, com uma função específica, e que sirva de referência aos demais pelo exemplo, e não apenas pelo discurso ou pelo comando.

9. Se atentarmos agora para os pressupostos que descrevemos, chegaremos fatalmente à conclusão de que mais um é essencial para que uma equipe seja eficaz em sua função de produzir os resultados esperados: um número pequeno de participantes. Variável, naturalmente, em função de suas metas e circunstâncias que envolvem sua atuação. Entre 10 e 20, na maioria das situações existentes numa empresa; comumente em torno de 12.

Mais do que isso impossibilita ou dificulta bastante a presença física e o exemplo do líder, impossibilita também, na prática, metas específicas comuns, abordagens e planos de ação comuns, confiança e responsabilidade mútuas etc.

Grandes números podem formar grandes "famílias", ou equipes "poéticas", cheias de boas intenções, amantes das exortações, dos discursos, dos churrascos de "congraçamento" – também importantes e necessários para o clima organizacional, mas não para produzir resultados.

Uma pequena analogia, a esta altura, talvez seja útil. O esporte comumente produz equipes em padrões que podem ser úteis às empresas. O futebol, por exemplo, ainda a maior paixão dos brasileiros.

Podemos considerar como equipe os jogadores (titulares e reservas) e o técnico. Um número pequeno de profissionais, todos orientados por uma mesma visão – os objetivos explícitos do clube que defendem –, e voltados para as mesmas metas, próximas e desafiadoras: o campeonato que estão disputando e, dentro dele, cada jogo. O técnico, no papel do líder, faz parte da equipe – não é necessariamente o melhor profissional nem o mais bem remunerado. Cada profissional tem o seu papel claramente definido – defender o gol, armar jogadas, desarmar jogadas, fazer gols etc., inclusive o técnico (orientar e coordenar as atividades da equipe em função de suas metas).

O líder (técnico), ouvindo seus parceiros e trocando idéias, define a estratégia da equipe para o campeonato, bem como a tática para cada jogo, onde, além de reafirmar o papel principal de cada um, define também quem apóia quem, ou quem cobre eventuais falhas de companheiros. E busca dos parceiros um compromisso formal com ela.

A presença e o exemplo do líder são fundamentais para a disposição e a garra da equipe. No momento do jogo, quando o técnico é obrigado a manter-se fora das quatro linhas ocupadas por seus parceiros, um dos jogadores é indicado para fazer o seu papel dentro do campo (o capitão).

Mas é do desempenho, da luta para vencer o desafio que nascem a confiança mútua, a responsabilidade dupla, o apoio mútuo, a integração e a coesão da equipe.

É quando o jogador adquire a consciência exata de que ele e os outros são realmente uma equipe e o resultado de um é o resultado de todos. Que não basta cumprir plenamente o seu papel, que há que se desdobrar para apoiar os companheiros no cumprimento de suas respectivas funções, pois dali não sairão alguns vencedores e alguns perdedores – ou são todos vencedores, e recebem os louros da vitória (inclusive o "bicho"), ou são todos perdedores, e não recebem nada (vencedores serão os seus adversários).

Assim nasce o espírito de equipe.

Acredito ser válido lembrar aqui o trabalho do técnico (líder) Luiz Felipe Scolari à frente da Seleção Brasileira de Futebol que conquistou o aplaudido pentacampeonato, quando destacava, mesmo algumas vezes a custo de algum critério técnico, a união, o comprometimento e a coesão da equipe: A FAMÍLIA SCOLARI.

Outro exemplo a ser lembrado é o de Bernardinho, técnico da vitoriosa Seleção Brasileira de Vôlei Masculina, depois de passar, com igual brilhantismo, pela igualmente vitoriosa Seleção Brasileira de Vôlei Feminina.

Em entrevista concedida à Revista *Veja*, em sua edição nº 1.764, de 23 de julho de 2003, ele destaca:

"Nenhum jogador brasileiro ganhou o prêmio de melhor jogador, mas o time foi campeão (da Liga Mundial). **Ponto para o grupo.** *No Mundial, Maurício foi eleito o melhor levantador e André Nascimento, o melhor atacante. Mas, na semifinal e na final, os dois deram suas vagas para Ricardinho e Anderson.* **Não há solistas, mas brilhantes componentes de orquestra.***"*

Em outra parte da entrevista, ele responde quando perguntado pelo entrevistador: "É obrigatório ser amigo de todos?"

"De forma alguma. Preciso respeitar os atletas, ser respeitado por eles e fazê-los acreditar que estou trabalhando pelo bem. E isto vale para os atletas. Se rolar amizade, melhor, mas não é necessário."

Respondendo outra pergunta, ele esclarece:

"Li muita coisa sobre Winston Churchill, o primeiro-ministro que dirigiu a Grã-Bretanha durante a Segunda Guerra. Aprendi muito ao conhecer a maneira corajosa com que ele liderou sua nação num momento tão delicado. Tenho muita coisa sobre o pesquisador Peter Drucker, talvez o principal guru da administração moderna. As teorias sobre planejamento estratégico de Jack Welch, ex-presidente da General Eletric, também foram úteis. Acabei de ler, em inglês, um livro cujo título é algo como os cinco desafios de um time, também sobre liderança e motivação."

É isto aí, **liderança, equipe** e... **autodesenvolvimento**.

> "A motivação não é uma relação entre duas pessoas ou entre o homem e a empresa, mas uma relação entre o homem e suas realizações."
> *Antônio Walter*

O Líder e a Liderança de Equipes
Algumas Habilidades Complementares

Levando-se em conta os pressupostos para que um grupo de profissionais funcione realmente como equipe, produzindo resultados satisfatórios, e levando-se em conta ainda as características e os anseios do ser humano e do "trabalhador de conhecimentos" de nossos dias, moldado pelos efeitos da alta tecnologia de comunicações, pela globalização dos costumes e pela plena consciência de seu direito à realização pessoal e profissional, é indispensável que o gerente desenvolva em si mesmo as habilidades essenciais à liderança, para garantir a adesão e o comprometimento de seus companheiros (ex-subordinados).

E acrescente a elas as habilidades complementares que garantam a disciplina e o compartilhamento de um abordagem comum – preservando-se a liberdade para criar e inovar –, além do alto desempenho determinado pelo desafio e conseqüentes confiança, responsabilidade e apoio mútuo.

Essas habilidades, passíveis de pequenas variações conforme a meta, para gerenciar a equipe e as circunstâncias do trabalho podem ser destacadas e agrupadas em três facetas da atuação do líder na equipe:

1. **O líder** como **EXEMPLO**

2. **O líder** como **COORDENADOR**

3. **O líder** como **ENERGIZADOR**

> "Antes de marcar um gol é preciso definir a meta!"
> *Provérbio grego*
>
> "Se pudéssemos primeiramente saber onde estamos e para onde vamos, saberíamos melhor o que devemos fazer e como fazê-lo."
> *Abraham Lincoln*

1. O Líder Como Exemplo

O primeiro discurso do líder é seu próprio comportamento.

Quando exerce suas atividades numa organização, o líder serve a três senhores: à organização, aos clientes da organização e aos parceiros de sua própria equipe.

O exercício das duas primeiras obrigações já exige, por si, um bom jogo de cintura. Não basta considerar, como se enfatiza muito atualmente, que o cliente é o rei, que é preciso satisfazer as necessidades do cliente e mesmo encantá-los. Tudo isso é verdade e merece a maior atenção. Mas não convém esquecer que os interesses do cliente não podem ser colocados acima dos interesses da organização, aos quais muitas vezes se contrapõem.

É preciso sensibilidade, flexibilidade e uma boa dose de habilidade para contornar o problema e unificar os interesses, o que exige capacitação especial nas artes de persuasão e de negociação, sem falar na criatividade que deve orientar e temperar as soluções.

A estrela-guia para essa atuação é o sonho maior da organização, que na linguagem atual convencionou-se chamar de **visão** – aquilo que a empresa pretende ser no futuro, isto é, o destino que traçou para si própria.

E, coadjuvando a visão, as atividades a que a organização se dedica, incluindo suas crenças, seus valores e seus princípios, traduzidos hoje numa só palavra – sua **missão**.

Mas o exercício das atividades relacionadas a seu terceiro senhor é que se constitui em sua base, em seu alicerce profissional.

Talvez você estranhe o fato de tratarmos o líder como servidor de seus parceiros, daqueles que o seguem.

Conta-se que, nos tempos da Revolução Francesa, estava Robespierre, um de seus principais líderes, sentado à mesa de um café de Paris, com alguns amigos, quando surgiu a multidão de revolucionários em passeata. Imediatamente, tomou um último gole, precipitadamente, levantou-se e gritou para os amigos: "Tenho de segui-los, eu sou o **líder** deles".

Se por um lado o líder deve encarnar as habilidades que levem seus parceiros a segui-lo, no sentido de buscarem os mesmos objetivos e o mesmo sonho, por outro, deve gerenciá-los, o que implica planejar, programar e organizar, gerando motivação e comprometimento.

Portanto, está a serviço de um sonho e a serviço daqueles que devem ajudá-lo a atingi-lo, estimulando-os e apoiando-os na realização de suas respectivas tarefas.

A motivação e o comprometimento dos membros da equipe representam o alicerce do trabalho que conduz aos resultados pretendidos.

Consegui-los é o primeiro papel do líder.

E não se consegue comprometimento apenas com o discurso. De nada adianta reunir a equipe em uma sala e, com belas e eloqüentes palavras, exortá-los ao comprometimento e à motivação.

O que pesa, o que mais contribui para a plena dedicação dos parceiros, é o exemplo do líder.

Antes de tudo a visão. É fundamental que o líder compartilhe com todos os seus parceiros a visão – bem como a missão – de sua organização, levando-os a compreendê-la plenamente e a **identificar nela os seus próprios sonhos, estabelecendo uma verdadeira comunhão de objetivos**.

A partir daí, a afirmação do comprometimento do líder, o seu exemplo pessoal, traduzido em todos os seus comportamentos, será a grande inspiração para os demais.

A ele deve agregar-se o exemplo de conduta no que se refere ao entusiasmo e à determinação com que persegue os resultados; ao respeito a seus parceiros e a todos os demais; à presença constante junto a equipe; à lealdade e à justiça na gestão; à dedicação ao trabalho.

O líder deve mostrar-se plenamente comprometido.

Comprometido com a instituição a que serve.

Comprometido com os clientes que procura conquistar e manter.

Comprometido com seus parceiros.

Ao compromisso com esses três senhores, acrescente-se, agora, um quarto compromisso, primordial e prioritário: **consigo mesmo**.

O compromisso com seu trabalho e com sua realização pessoal.

O compromisso com seus sonhos.

2. O Líder Como Coordenador

O segundo discurso do líder é a disciplina.

Para ser seguido, o líder precisa que confiem nele; para coordenar, o líder precisa confiar em seus liderados, pois a confiança é a base da disciplina sem coação.

A confiança é uma via de duas mãos – tanto deve funcionar num sentido como no outro.

1. Confiança

Conquistar a confiança dos liderados é uma questão de coerência (agir de acordo com o discurso), como já frisamos, aliada à credibilidade (só prometer o que pode cumprir, e fazer acontecer aquilo que promete), à discrição (ver, ouvir e calar – sempre uma boa norma, no que diz respeito ao respeito que devemos ao outro), à aceitação (aceitar os outros como são, sem julgá-los, que cada um tem o direito de ser como quiser, desde que respeite os limites de sua individualidade).

Confiar nos liderados é outra questão que se coloca na fronteira entre a liderança e a chefia. Comumente, o "chefe" tem dificuldades em confiar plenamente em seus subordinados – daí a necessidade de toda uma gama de rígidos controles, culminando na verificação detalhada, pelo próprio chefe ou por alguém por ele designado, da qualidade e dos resultados das tarefas desenvolvidas em seu "feudo".

Daí também a eterna discussão sobre delegação – a quem delegar, que tarefas delegar, quando delegar? Delega-se autoridade ou responsabilidade? Ou ambas?

Essa discussão já data de mais de 40 ou 50 anos!

A melhor resposta hoje, sem dúvida, é: "Não delegue!" E antes que atirem as pedras, um convite à reflexão.

O estilo gerencial adotado pelo mundo empresarial nos primórdios da revolução industrial, a partir dos modelos rigidamente hierarquizados das duas grandes instituições então existentes – o exército e a igreja – está hoje, como vimos discutindo, em franca extinção.

A sociedade da informação já mostra exaustivos sinais de sua incapacidade em absorver um regime em que cabe a uns poucos o exercício do poder de decidir, comandar e controlar, restando a todos os demais apenas a obrigação de executar.

À medida que a informação é colocada ao alcance de todos, tornando os homens mais conscientes e habilitados para tomarem decisões por si mesmos, esse modelo torna-se cada vez menos aceitável.

Mas o modelo autocrata de administração e gerenciamento não permaneceu todo o tempo com a mesma roupagem. Uma grande quantidade de pesquisas, estudos e experimentos foram alterando-lhe as feições através dos anos, humanizando seus métodos, dando-lhe um leve colorido de participação e abrandando-lhe a hierarquia.

Sem, entretanto, alterar em nada seus princípios: o gerente é o chefe – a área é dele, a responsabilidade é dele. Cabe a ele tomar as decisões e ter respostas para todas as questões. Durante quase todo o tempo, o lema predominante continuou sendo: "Se quer algo bem feito, faça-o você mesmo", "Subordinados existem para fornecer dados e realizar tarefas estanques".

Nesse contexto, o conceito de delegação foi o ápice do modelo. Fez com que o chefe chegasse a dividir, com alguns subordinados bem conceituados, uma parte de suas tarefas, autorizando-os a realizá-las com mais plenitude.

A delegação tornou-se uma maneira elegante de racionalizar o trabalho, através da distribuição de tarefas pelo chefe (que as mantinha, no entanto, sob seu controle e fiscalização); de permitir maior participação e, com isso, obter mais motivação do subordinado. E de deixar ao chefe mais tempo para tomar decisões, supervisionar e controlar.

Ainda assim, até hoje, nem todos os gerentes conseguiram apreender bem o conceito e sua prática. A capacidade de delegar tornou-se praticamente um fator distintivo entre o "bom chefe", o que delega e acompanha, e o "mau chefe", que assume para si a execução ou fiscalização da maior parte das tarefas, usando seus subordinados como coletores e fornecedores de dados.

Quando se fala hoje em novos estilos de gestão e na transformação dos gerentes-chefe em gerentes-líder, o conceito de delegação (como um instrumento de participação do subordinado) parece ficar imediatamente agregado ao conceito de líder, em vez de permanecer do outro lado da linha divisória, como a abertura máxima que se obteve dentro do conceito de chefia.

Afinal, qual é o conceito moderno de liderança, no discurso dos gurus de administração?

Warren Bennis, da South California University, considerado "papa" do assunto nos Estados Unidos, afirma: "*Há uma profunda diferença entre administração e liderança, e ambas são importantes: administrar significa ocasionar, realizar, assumir a responsabilidade, conduzir. Liderar é influenciar, guiar em direção a um curso, uma ação, uma opinião. Liderança é o que dá a uma organização sua visão e a capacidade para transformar essa visão em realidade. O novo líder é aquele que lança as pessoas à ação, que converte seguidores em líderes e que pode converter líderes em agentes de mudança*".

John Nasbitt considera que **o líder não precisa ter (saber) todas as respostas, ele pode encontra-lás no grupo**. Konosuke Matsushita, fundador da Matsuhita Eletric Ltda. e um dos mais conceituados empresários do Japão, mesmo sem conceituar liderança, afirmou em um de seus mais famosos discursos há mais de dez anos: *"Os negócios agora são tão complexos e difíceis, a sobrevivência das firmas tão aleatória, em um ambiente cada vez mais imprevisível, competitivo e cheio de perigos, que sua existência depende da mobilização diária de cada grama de inteligência de todos os seus funcionários".*

Também Peter Drucker, talvez o mais conceituado dos gurus, segue a mesma linha: *"Um líder eficaz sabe que a tarefa da liderança é a criação de energia e visão humana. Ele quer ter associados fortes: ele os encoraja, instiga. Na verdade, tem orgulho deles".*

Druker, como Bennis e outros, costumam usar uma feliz analogia para conceituar o que deve ser considerado hoje uma equipe de trabalho e definir o papel do líder: a equipe é uma orquestra e o líder seu regente. O papel do regente-líder é definir e compartilhar uma visão; traçar diretrizes; coordenar, sincronizar, energizar. Conhecer a partitura (não necessariamente saber tocar todos os instrumentos); confiar; estimular o aprimoramento dos profissionais (ultimamente, Drucker tem trocado a orquestra por um conjunto de *jazz* – sem partitura, criando e inovando a todo instante).

Diz ele: *"A primeira coisa é conseguir que o clarinetista continue se aperfeiçoando como clarinetista. Ele deve ter orgulho de seu instrumento. O oboísta não quer se tornar violinista. O violinista não precisa ter ambição de ser maestro. Os especialistas permanecem especialistas, tornando-se cada vez mais hábeis".*

Liderar, nesse sentido, deve ser uma função de homens e mulheres preparados para serem líderes, como o regente é preparado para ser regente – e não a função de excelentes técnicos que, para gozar de melhor *status*, mais privilégios e maiores salários, são transformados, num piscar de olhos, em chefes.

E que vem a ser exatamente delegar? "Transmitir poderes", como registra o *Aurélio*? Autorizar alguém a fazer algo por você, como acontece na empresa?

Ora, só se pode **delegar** aquilo de que se é dono ou de que se está investido. O gerente-chefe na administração ainda atual é considerado – formal ou informalmente – "o dono da área e de suas tarefas". Por isso, cabe a ele executá-las pessoalmente ou autorizar alguém a executá-las por ele – sob sua responsabilidade. Cabe a ele delegar ou não, já que a tarefa é **dele**.

Já no conceito de liderança, o líder é um coordenador (embora investido de responsabilidade pelos resultados) e um energizador. Não é o dono.

As diversas tarefas não são suas (já que sua tarefa é coordenar), são da equipe. Portanto, não pode delegar o que não é seu. Pode, sim, nomear profissionais de cada atividade para realizá-la; a tarefa é do profissional que está habilitado para executá-la.

Cabe ao líder coordená-la, sincronizando-a com as demais tarefas da equipe. Sua responsabilidade, compartilhada com todos os membros da equipe, é o resultado da execução da partitura como um todo (é a música), e não tocar cada instrumento.

Cabe ao maestro delegar ao violinista a função de tocar violino? Cabe ao treinador de uma equipe de futebol delegar ao goleiro a tarefa de defender o gol? Claro que não, pois tais tarefas não são, originalmente, nem do maestro nem do treinador; são, por definição, do violinista e do goleiro.

Portanto, o líder não delega: ele coordena o trabalho de profissionais responsáveis.

Talvez digam: "Mas isto é uma questão de semântica: na prática, não muda nada." E podemos concordar, em parte. A forma de distribuição e execução das tarefas pode não ser substancialmente afetada, porém a postura perante a tarefa e a equipe muda significativamente, tanto para o líder quanto para o liderado, pois o que é real e contundentemente afetado é a compreensão de que ser líder não é ser dono e cercar-se de privilégios – é assumir a responsabilidade pela coordenação do trabalho de profissionais competentes e respeitá-los em sua competência.

Uma questão de atitude, que condiciona uma imensa gama de comportamentos gerenciais. Entre estes os referentes à carreira profissional, que deixa de ser um galgar cargos de chefia cada vez mais abrangentes e investidos de poder (e cada vez mais escassos com a freqüente redução de **níveis** hierárquicos praticados nas empresas) e passa a ser um galgar níveis de competência pessoal, estimulando cada vez mais o desenvolvimento profissional em sua especialização, e desestimulando os *lobbies* e os artifícios (nem sempre muito éticos) para promoções.

O importante é que este conceito de profissionalização, ao invés de delegação, ajuda o "chefe" a se tornar um líder, compreendendo que os membros de sua equipe não devem mais ser vistos e tratados como "subordinados" ou subalternos – pessoas **contratadas para cumprir suas ordens** (para que ele, o chefe, atinja seus objetivos) –, mas como parceiros, buscando, cada um, com seus próprios recursos, fazer com que sejam atingidos os objetivos e as metas da equipe, para benefício de todos. E cuja única distinção é a especialização e a tarefa de cada um, sendo a do líder aquela de planejar (participativamente), coordenar e energizar.

Inclui, ainda, a compreensão de que o líder não é o "dono" de um feudo, que abrange pessoas, equipamentos e atividades, mas um coordenador de atividades realizadas por profissionais especialistas, em uma verdadeira equipe.

E mais: a compreensão de que **o líder é o guia para uma visão**.

Torna-se claro, portanto, que a confiança se alicerça na compreensão de que cada parceiro é um profissional responsável por sua tarefa e que melhor sabe planejá-la e executá-la, e não um subordinado, a quem pode delegar a atividade que for de sua própria conveniência. Portanto, cabe a ele, líder, preocupar-se com **o que deve ser feito**, deixando o **como fazer** para o profissional habilitado, que merece total confiança (**se não for o caso, que se o treine ou se o substitua**).

Mas confiança é mais ainda que isto. É também energizar, mostrando ao profissional que, dele, espera-se sempre o melhor.

As pessoas se sentem estimuladas a merecer a confiança que se deposita nelas. Se o líder as trata como boas pessoas, elas farão questão de serem boas pessoas, pelo menos para ele, para provar-lhe que as boas qualidades que vê nelas realmente existem. Não quererão jamais provar a ele o contrário, pois estariam destruindo não apenas a imagem que o líder faz delas, mas a confirmação (representada por ele) da imagem que **elas próprias têm delas**.

Assim, se o líder demonstra confiança na honestidade de seus profissionais, estes procurarão agir honestamente com ele; se demonstra confiança no trabalho deles, procurarão desempenhá-lo o melhor possível.

É um aspecto bastante interessante da natureza humana (e já bastante pesquisado e comprovado): quando se espera o melhor de uma pessoa e se demonstra isso, ela fará tudo para retribuir com o melhor de si. Sua vaidade e sua auto-estima o exigem. Sua necessidade de atenção e de reconhecimento a levarão a ver, no líder que assim procede, uma rara fonte de satisfação – e procurarão preservá-la.

Vale aqui observar que, salvo casos excepcionais (às vezes patológicos), as pessoas não erram intencionalmente, por querer errar. Comumente o erro se deve à falta de orientação adequada, falta de competência ou de atenção. Assim sendo, a solução do erro não é geralmente a punição, mas sim a orientação, o treinamento (ou substituição) ou o apoio em problemas pessoais circunstanciais.

Alguém já chamou esse fator de "efeito pigmaleão", numa analogia com a peça de G. Bernard Shaw, em que um venerável professor se propõe a transformar uma pobre e maltratada mendiga em uma refinada dama da sociedade – e o consegue, treinando-a e demonstrando acreditar nela.

Assim, a confiança é o primeiro passo do líder para exercer seu papel de coordenação.

> "Nunca digam às pessoas como fazer.
> Digam-lhes o que fazer e elas irão
> surpreender-nos com seu talento."
>
> *George Patton*

2. A Participação

A partir daí, a *participação*. Uma vez que, na equipe, cada um tem seu papel e, sua especialização, a diferença entre as pessoas, como participantes, está naquilo que fazem e não naquilo que são. Não importa se são gordas ou magras, ricas ou pobres, altas ou baixas, cultas ou nem tanto; importa o como e o quanto cada um contribui para os resultados da equipe.

O líder não deve esquecer que, como participante da equipe, ele se diferencia apenas pelo seu papel – como cada um dos outros também se diferencia por seus papéis específicos –, estando sujeito aos mesmos deveres e direitos.

Coordenar não confere ascendência sobre os outros. É obvio que a função exige o respeito dos demais, mas nem por isso exime o líder de também respeitar seus liderados, como profissionais e como seres humanos.

Tampouco exime o líder de presença permanente no grupo e de também "pôr a mão na massa", apoiando seus companheiros com as habilidades que tiver.

Sala decorada, banheiro privativo, carro com motorista, gratificações especiais, reverências bajulativas e outras distinções são coisas de chefe. **E chefe é figura de museu.**

Participar é estar presente, é atuar junto – sonhando, planejando e executando –, é compartilhar cada derrota e cada vitória; é **dividir a recompensa.**

O que não significa que os ganhos devem ser necessariamente iguais entre todos os membros da equipe; como também não devem, simplesmente, corresponder ao grau de competência ou notório saber de cada um, mas **à contribuição efetiva de cada um** para o desempenho da equipe (o que inclui seus resultados), tanto em termos de qualidade quanto de intensidade e importância.

Remunerar excepcionalmente um profissional competente simplesmente porque é reconhecidamente competente, sem que use toda a sua competência para o desempenho da equipe, é criar e alimentar medalhões – outra figura de museu.

Um homem que tem idéias brilhantes, mas não as expõe, ou habilidades extraordinárias, mas não as usa para conseguir resultados, vale exatamente a mesma coisa que um homem sem idéias ou sem habilidades.

Um líder competente, com grande habilidade de aglutinar, energizar pessoas e formar equipes, e que usa eficazmente essa habilidade, deve naturalmente ser valorizado, pelo efeito multiplicador de resultados que consegue, extraindo o melhor de cada um dos liderados.

Nada impede, no entanto, que um profissional técnico, de grande competência (realmente praticada) em sua especialidade, seja mais bem remunerado que seu líder, se esse não alcançar em sua função o mesmo nível de competência.

É bom ainda acentuar que o estilo participativo de gerência tem sido difundido largamente há muitos anos, mas muito pouco praticado, por não se ajustar adequadamente ao estilo autocrata-paternalista até então vigente. Enquanto a atitude (postura) do gerente for a de chefe, não há como admitir plenamente a participação. A aceitação racional do procedimento não implica sua efetivação, uma vez que os hábitos, os sentimentos e as emoções lhe são antagônicos.

Se não forem esses (hábitos, sentimentos e emoções) substituídos, adotando-se realmente uma postura de liderança, não há como ser plenamente participativo.

A insistência do discurso levou, naturalmente, à distorção da prática, tornando-a demagógica. Finge-se liderança, finge-se trabalho em equipe, finge-se participação, muitas vezes levando o fingir até ao exagero, para exaltar uma prática inexistente, com desperdício de energia e de produtividade – quando, por exemplo, o chefe decide que todos devem participar de tudo, independentemente de estarem habilitados ou não, de terem as informações necessárias à eficiência ou não (preservando, entretanto, para si as decisões ou práticas que realmente importam...).

O efeito desastroso do processo é que estimula, entre muitos empresários, a depreciação de práticas que hoje são essenciais e que são aprioristicamente marginalizadas, com inestimáveis prejuízos para as organizações.

"Liderança? Balela! Participação? Poesia! Trabalho em equipe? Já usamos há muitos anos: não há o que aperfeiçoar!"

E assim são muitas vezes mantidas as práticas do passado, com resultados evidentemente desastrosos nos choques com o presente. E o que é ainda pior: sem análise criteriosa das causas dos fracassos e atribuindo-se esses a fatores aleatórios, não há por que rever o processo. E vamos às reengenharias, às reestruturações e, naturalmente, a novos enxugamentos de quadros e pessoal!...

Trabalho em equipe exige liderança, exige confiança e exige **participação**.

E exige mais: **respeito**.

> "Trata os funcionários como parceiros e eles agirão como parceiros."
>
> *Fred Allen*

3. Respeito

É condição indispensável à coordenação de qualquer atividade o respeito aos que a exercem.

Respeitar é, antes de tudo, reconhecer e aceitar diferenças individuais. É o reconhecimento dos direitos do outro; de seu modo de ser, do seu espaço para viver e agir, de suas opiniões, por mais conflitantes que sejam com as nossas – como na frase atribuída a Voltaire: "Discordo totalmente de suas opiniões, mas defenderei até a morte seu direito de dizê-las!"

É reconhecer e aceitar suas maneiras, seus valores e suas crenças, seus defeitos e suas virtudes. Podemos não gostar de alguns maneirismos do outro, mas é direito dele conservá-los se quiser. E o reconhecimento desse direito é o respeito que mostramos por ele.

A liberdade é essencial para o homem e ele admira aqueles que a respeitam. Pensamos em liberdade não apenas como o direito de ir e vir, mas o de dirigir como bem entender nossa própria vida, de sermos o que quisermos ser, de fazermos o que quisermos fazer – desde que respeitemos os limites da liberdade do outro, e assumimos todas as conseqüências daquilo que fizermos ou que formos – concorde com elas ou não.

Aceitar um comportamento do outro não é tomá-lo como correto ou como modelo para sua própria prática – é apenas reconhecer o direito do outro de ser como quiser ser, desde que não cause prejuízos a outrem.

Quando o líder demonstra respeito pelo outro, aceitando-o pelo que ele é, sem julgá-lo e, portanto, sem fazer críticas ou ressalvas ao seu comportamento ou às suas características pessoais, ele se sente bem em sua presença, porque se sente à vontade, livre da berlinda em que todos nós de certa forma vivemos.

Isto se traduz em confiança: sabendo que não está sendo julgado, ele pode-se abrir, expor-se e libertar-se da autocensura, sem receio de ser apontado para a multidão. O que o torna plenamente acessível à coordenação do líder: nem ele nem seu trabalho estão sendo censurados; não há por que manter-se em defesa.

Aliás, não custa ressaltar o quanto é terrível o ato de julgar. Ainda que tivéssemos base para isso – e, no entanto, não temos; nunca temos. Muito pouco sabemos sobre a história dos que convivem conosco, sobre seus motivos e suas mazelas.

Com a agravante de julgarmos nossos semelhantes pela comparação com um padrão altamente tendencioso que somos nós próprios, com nossa particular concepção da verdade e nossos próprios valores. E, mais que isso, não com o nós verdadeiro, mas com a imagem que fazemos de nós, virtuosa, perfeita, previamente despojada de todos os defeitos e desvios, cuidadosamente escondidos no mais fundo de nossa inconsciência. Ao passo que, nele, tendemos a desconsiderar as virtudes e exaltar os defeitos.

No mínimo, não é justo.

Comumente é imoral.

Como exemplo, o psicólogo que seleciona pessoas para uma empresa. Está julgando? Sim, está. Mas não está julgando se o homem é ruim ou bom, se tem defeitos ou virtudes, se seus valores e seus hábitos são corretos ou não. Há um objetivo definido – um cargo a ser preenchido, que exige pessoas com pré-requisitos já estabelecidos.

O que faz o psicólogo, com técnicas definidas e com o **consentimento do candidato**, é comparar algumas de suas características pessoais com aquelas exigidas pelo cargo, e emitir um parecer: apto ou não **para aquele cargo específico**. Não se cogita de julgar o valor do candidato como ser humano.

Julgar por julgar a essência do ser é degradante. Embora tão comum, mesmo naqueles que, como nós, condenam o ato. Estigma difícil de ser eliminado, mas que, nem por isso, pode ser ignorado.

E, no entanto, há que se respeitar o direito de cada um de, ainda assim, julgar o que quiser e como quiser. Desde que assuma as conseqüências.

4. Planejamento

Para aglutinar as pessoas, coordenar as tarefas e ser um catalisador da equipe, há que se trabalhar junto desde o princípio.

O trabalho começa com um sonho que se transformou numa visão. Portanto, há que se começar compartilhando a visão. De maneira que todos a tenham e todos a vejam como uma fonte de benefícios, destacando-se uma grande realização pessoal.

Mas, sem esquecer que a visão é o norte, é o grande objetivo carinhosamente acalentado. Um objetivo forte, porém quase sempre distante demais para ser alcançado de um só fôlego. Faz-se necessário um planejamento cuidadoso, que inclua a aproximação através de uma cadeia de metas sucessivas.

Esta é uma tarefa para o líder, que não deve abrir mão dela.

Mas, por outro lado, é o momento de começar a exibir sua postura participativa, envolvendo aqueles que o cercam, cada um com sua especialização, de maneira a realmente aproveitar cada grama de inteligência existente na equipe, e de maneira a fazer com que cada um sinta que ali tem dedo seu e um pedaço de seu sonho, garantindo comprometimento, determinação e entusiasmo, que se estendem até o último passo.

Um líder inteligente cuidará de evitar sovinice de idéias, de tempo ou de análise de alternativas quando do planejamento. Não se furtará a definir o caminho com a máxima clareza, tornando o trabalho de coordenação posterior uma mera conseqüência.

Tanto quanto possível, irá além do tradicional e trivial **"metas – ações – prazos – responsáveis"**, utilizado na maioria das organizações.

Pelo menos três fatores mais devem ser examinados e definidos no planejamento:

1. O caminho a percorrer – comumente, ao se definir uma meta, pensa-se logo nas ações necessárias para alcançá-la: "Se sei onde quero chegar, que devo fazer para chegar lá?" Freqüentemente, uma pergunta é esquecida, cuja resposta poderia antecipar e clarear algumas dúvidas que surgirão mais tarde: "Em relação a essa meta, como estou **agora**?", "De que base ou recursos já disponho e com que posso contar?", "O que me falta?" Se fixo o meu ponto de chegada, é interessante especificar bem de **onde estou partindo**, para ter uma idéia mais precisa da distância a percorrer.

A conscientização desse estágio atual certamente forçará a definição do segundo fator.

2. Recursos para alcançar a meta – conhecendo minhas condições atuais em relação ao que pretendo conseguir, torna-se evidente a necessidade de prévia definição de recursos: "De que recursos necessito para atingir a meta?", "Dentre esses, de quais já disponho?" Conseqüentemente: "Que recursos me faltam? São indispensáveis?" Então: "Como vou **consegui-los**?"

Já se percebe que, se necessito de recursos de que não disponho, devo **prever** em meu plano de **ações** a maneira pela qual vou **consegui-los**, ou meu plano não se realizará.

E quando falamos de recursos, não estamos falando unicamente de coisas materiais como dinheiro ou equipamentos; falamos de tempo, local, condições físicas e, principalmente, **psicológicas** (coragem, determinação, criatividade, iniciativa, empatia, habilidade de persuasão e/ou negociação etc.). Recursos psicológicos ou físicos podem, conforme a meta, ser tão ou mais importantes que os materiais.

3. Que conseqüências advirão da busca ou mesmo do fato de alcançar cada meta? – quando traçamos qualquer objetivo, naturalmente pensamos nos ganhos que vamos ter, e isto é o que alimenta nossa motivação, pois o que realmente nos move, em qualquer ação, é a percepção de benefícios (materiais, psicológicos ou espirituais) que podemos auferir.

Assim, se, além daquele benefício que imaginamos quando definimos o objetivo, relacionamos todos os ganhos adicionais que pudermos ter, nossa motivação será, provavelmente, incrementada, potencializando nossa determinação.

Mas, a essa altura, mais importante que a análise dos ganhos é a análise das perdas que podemos ter, pois, por mais que só imaginemos ganhos quando traçamos um objetivo, sempre temos perdas. Afinal, a situação que vivemos hoje, por pior que seja, deve representar para nós alguns benefícios; caso contrário, já teríamos tomado alguma providência. **E esses benefícios iremos perder.**

Perdas abalam a motivação e a determinação.

Passamos anos e anos nos esmerando no trabalho e fazendo *lobbies* para virmos a ser chefes. E conseguimos, enfim, gozar de todos os benefícios da chefia.

A essa altura vem alguém dizer-nos que é preciso mudar, que a gerência pela chefia está ficando obsoleta (já vínhamos, inclusive, notando alguns sinais...), que os tempos modernos exigem liderança, que o trabalho em equipe é muito mais produtivo e menos desgastante etc.

Enfim, ficamos convencidos – ser líder é muito mais interessante: mais sucesso, ambiente mais saudável, menos estresse etc.

Tratamos, pois, de obter informações e conhecimento sobre o tema e nos propomos a nos transformar: de chefe-obsoleto para líder-moderno.

Perdas? Nenhuma, só ganhos.

A não ser aquela vozinha lá no fundo, que fazemos tudo para não escutar, e chegamos mesmo a negar que existe, mas que permanece insistentemente soprando para nosso cérebro inconsciente (que, como eminência parda, dirige nossas ações):

"E o *status*, como fica? E o prestígio? E o poder que o chefe tem? E os privilégios? Não mais a sala particular (imensa) com a mesa de mármore e vidro fumê? Seu banheiro privativo, seu carro com motorista, o olhar embevecido e submisso dos subordinados?"

Como fica a nossa vaidade, naquelas coisinhas que não confessamos para ninguém e nem para nós mesmos?

As perdas são grandes – materiais, algumas; psicológicas, a maioria, e mais fortes.

Quando analisamos as perdas, além de analisarmos os benefícios, e colocamos ambos em pratos diferentes da balança, podemos encontrar duas situações:

a) Pesam mais as perdas que os benefícios: o objetivo não vale a pena; é bobagem perdermos tempo com ele.

b) Pesam mais os benefícios – aí, sim, vamos em frente; conscientes das perdas, podemos eliminá-las ou minimizá-las, pois sabemos que os benefícios são maiores: sairemos ganhando. Tornando-as conscientes, perderão a força que têm, sobretudo quando atuam diretamente em nosso inconsciente, boicotando nosso esforço sem que nada possamos fazer.

Tal a importância da análise prévia de **perdas** e **ganhos** em qualquer objetivo que tenhamos, sobretudo aqueles relacionados ao nosso desenvolvimento pessoal.

No esforço de mudança de chefe para líder, existem fortes perdas e fortes benefícios.

E um fator a mais a considerar: as perdas nós as temos de qualquer maneira, é apenas questão de tempo, já que o cargo de chefe fatalmente se extinguirá.

Quando o planejamento é feito a várias mãos (ou cabeças, numa equipe), mais importante ainda essa análise, pois algumas perdas podem ser localizadas em um único participante, não sendo evidentes, ou significativas, para os demais. Se não identificadas, teremos um parceiro, consciente ou inconsciente, remando contra a corrente.

Vale lembrar que é comum, muito comum por sinal, que, como uma corrente, a força de uma equipe seja representada por seu elo mais fraco.

Outro ponto importante ao se iniciar um planejamento é verificar se o objetivo está definido com a máxima clareza possível. Em todos os seus elementos, e ainda, antes disso, **se permite alternativas**.

Explicando melhor: suponhamos um hipotético objetivo do líder de uma organização – "reduzir os custos da empresa na ordem de 20%". Ao se propor um objetivo dessa ordem, que tipos de ações podem ser pensadas? Provavelmente coisas como: enxugamento do quadro de pessoal (demissões); corte de despesas com passagens aéreas e hotéis quatro e cinco estrelas; economia no uso de material; congelamento de salários; corte de pessoal, de benefícios; mudança da sede para local menos ostensivo e outras medidas semelhantes, chegando até a cortes no lanche do pessoal.

Imagine que, antes de trabalhar esse objetivo, o líder e sua equipe se perguntem: "Para que reduzir os custos?" Teriam, naturalmente, respostas como: "Para aumentar os lucros", ou "Para sair do vermelho", ou ainda "Para superar a crise". Tal pergunta pode parecer óbvia, já que provavelmente foi a fonte do objetivo proposto. Mas, ao insistir nela, pode-se de repente tomar consciência de que o objetivo traçado não é realmente um objetivo, mas um meio para se atingir um objetivo maior ("aumentar lucros", por exemplo) – ou, talvez, apenas uma meta dentro do objetivo real.

O fato é que, passando-se a trabalhar com o objetivo real, não se fica mentalmente condicionado a "reduzir custos", mas abre-se um leque de alternativas, como, por exemplo, redefinir a atuação no mercado, criar novos produtos, obter maior produtividade através de maior comprometimento do pessoal, rever os métodos produtivos, reduzir retrabalho e desperdícios etc.; inclusive o "reduzir custos", que passa a ser **um dos itens**, sem a mesma força e abrangência anteriores.

(Aliás, "reduzir custos" nunca deveria ser uma meta para enfrentar crise, mas um princípio da empresa em quaisquer circunstâncias.)

O exemplo pode parecer muito banal, ser aparentemente óbvio, mas o princípio vale para qualquer objetivo, profissional ou puramente pessoal, e chega a ser desconcertante e altamente recompensador. Quando trabalhamos com esses objetivos reais (também chamados meta-objetivos), abrimos a mente para várias alternativas, ao invés de uma só opção, condicionada, que nos limita a visão e as ações.

Chega a ser surpreendente a maneira como normalmente reagimos aos problemas que enfrentamos.

Ao tomarmos conhecimento do problema, a primeira reação, conscientemente ou não, mas sempre calcada bem mais na emoção que na razão, é optarmos mentalmente por uma eventual solução, que acaba dispensando melhores análises dos fatos e se fixando como a principal (ou única) opção, transformando-se, finalmente, em objetivo e sobrepondo-se ao objetivo primário ou real (meta-objetivo).

Por isso se torna importante rompermos esse condicionamento, recorrendo-se lucidamente a perguntas do tipo "Para que quer isto?", que nos leva a resgatar o meta-objetivo e abrir o leque de alternativas.

Pode até acontecer que a opção que elegemos previamente seja, realmente, a única ou a mais viável, mas não é o mais comum.

Vejamos um exemplo de objetivo pessoal, algo bastante simples: comentamos com um amigo o nosso cansaço físico e mental após dois anos de trabalho e de problemas estafantes, e ele nos fala das maravilhas de um mês de férias na Praia do Arraial.

Imediatamente, fixa-se em nossa mente a idéia de que a solução de nosso problema é um mês de férias na Praia do Arraial – e isto definimos como objetivo.

E passamos a desenvolver ações para realizá-lo (apesar do alto preço, apresentar dificuldade de acesso, distância, falta de hospedagem no período de que dispomos etc.).

Se pararmos um pouco para nos perguntar: "Para que preciso ir à Praia do Arraial?", provavelmente passaremos a analisar genericamente as coisas que realmente nos descansam, e os locais onde podemos gozá-las – praias diversas, montanhas, parques, florestas, fazendas...

Com isto, podemos, de repente, ter um bom e variado número de alternativas, que não mais nos limitam.

E fica muito mais fácil a solução de nosso problema de férias.

Ao definir metas e planejar juntamente com sua equipe, o líder precisa estar atento para o próximo e o distante.

Para a árvore e para a floresta.

É preciso manter acesa a luz que ilumina a visão, para a qual todas as metas se dirigem e, ao mesmo tempo, manter-se focado na meta do momento, que absorve os esforços imediatos.

> "A melhor maneira de predizer o futuro é inventá-lo."
> **Alan Kay**

É preciso manter um olho nas atividades da própria equipe e outro na inserção delas nos programas da empresa como um todo, visando seus objetivos finais.

Curto, médio e longo prazos. Percepção da equipe no âmbito sistêmico: a equipe no todo.

5. Comunicação

A maior habilidade do líder como coordenador está na capacidade de, ao mesmo tempo, sincronizar as atividades dos diversos profissionais de sua equipe, em função da meta próxima, e cultivar a interação de sua equipe com as demais, na perseguição da visão comum da organização. E extrair de todos os liderados o melhor de cada um.

O líder deve ser um hábil comunicador.

Voltemos a uma organização chamada Você S.A.

Como qualquer outra organização, ela tem uma visão: sonhos. E tem objetivos e metas: emoções. E para realizá-los, **ações** (comportamentos). Numa abordagem simplificada, seu departamento de produção é composto por músculos, ossos, tendões e células nervosas. Esses, basicamente, são os responsáveis pelos comportamentos que levam às emoções, que levam à realização dos sonhos.

Mas, para funcionar, a produção requer matéria-prima que lhe forneça energia: alimentos e oxigênio. Necessita, portanto, a organização, de um departamento de suprimentos, que obtenha a matéria-prima do meio ambiente, que a embale adequadamente e a forneça para a produção. Para compô-lo, os aparelhos respiratório e digestório.

Como levar a matéria-prima aos elementos da produção (células)? Faz-se necessário, naturalmente, um serviço de transporte: o aparelho circulatório.

É o suficiente? Não. A geração e utilização de energia vão resultar em refugos e detritos que exigirão uma limpeza constante. Para isto, serviços gerais, como seus sistemas renal e de glândulas exócrinas.

Como a organização está sujeita a bruscas mudanças do meio ambiente e a ataques diversos à sua integridade, exige também um serviço de segurança, abrangendo leucócitos, sistema linfático e glândulas diversas.

Para um funcionamento harmônico e voltado para os objetivos da organização, é necessário um órgão de planejamento, controle e coordenação, que seja capaz de definir uma visão, estabelecer metas e respectivos planos de ação, perceber e analisar as oscilações do mercado (hábitat ou meio ambiente) e do meio interno (e adequar-se a elas) e controlar as ações em função dos resultados esperados.

Este órgão, que costuma ser chamado LÍDER, ou encéfalo, inclui o cérebro, o cerebelo, a ponte e o bulbo.

Com tudo isso, está pronta a organização para realizar seus sonhos? Ainda não. Por mais eficientes que sejam os diversos departamentos e serviços, por mais brilhante que seja o líder, nada funcionará com eficácia se este não contar com uma capacitação especial e seus respectivos veículos: COMUNICAÇÃO.

A capacidade para integrar e sincronizar, além de iniciar, direcionar e encerrar ações nos momentos exatamente adequados, pela difusão ampla e precisa de informações.

A habilidade de estimular e gerar motivação e comprometimento pela persuasão, pela negociação e pelo entusiasmo.

A habilidade de conviver e se relacionar com organizações semelhantes, estimando e sendo estimado.

A comunicação, em todas as suas nuances, é a matéria-prima da liderança. Sem seus mecanismos, o líder fica impedido de atuar.

A organização Você S.A. coloca à disposição de sua liderança toda uma extensa rede de nervos, receptores de sentidos e um eficaz sistema de glândulas endócrinas – que usa o sangue como veículo –, para possibilitar sua comunicação, tanto com órgãos e sistemas como com o meio externo.

Comunicações rápidas e específicas, sobretudo pelos nervos. Comunicações mais lentas, específicas ou difusas, principalmente pelas glândulas endócrinas.

Agora, sim, a organização está completa e apta a funcionar com eficiência.

Mas, como é uma organização que quer se perenizar, precisa criar sucessores. Para isso, dispõe de um sistema ou de um aparelho especial.

Digamos, para exemplificar o funcionamento da comunicação em Você S.A., que o líder planejou um comportamento que contribuirá para a satisfação de uma das metas da organização (satisfação de suas necessidades básicas): levantar um copo d'água.

O líder (cérebro), através de um dos órgãos dos sentidos (visão), informa-se sobre o copo d'água no meio externo e compara sua imagem com as experiências que estão registradas em sua memória, avaliando peso e distância.

Em seguida, envia comandos sucessivos (impulsos nervosos) aos músculos, que são envolvidos nos movimentos de aproximação e levantamento do copo, bem como aqueles que se encarregarão de suportar seu peso. Tais impulsos provocarão contrações sucessivas que definirão os movimentos necessários.

A precisão desses movimentos, entretanto, que deve ser absoluta, dependerá da correta avaliação do cérebro, que pode ser enganado por vários fatores, e da exata contração de cada fibra muscular, tanto em intensidade quanto em sincronia.

Para evitar erros ou enganos que prejudiquem os resultados, à medida que respondem a cada comando, um conjunto de fibras musculares envia sinais de retorno ao cérebro (também impulsos nervosos) informando-o da intensidade das contrações já consumadas.

De posse dessas informações, o cérebro compara o grau de contração já realizada com aquelas necessárias para cumprir sua avaliação (que é também constantemente revista), e envia novos comandos, recebendo seqüencialmente novos sinais de retorno, e assim sucessivamente, até que a operação se complete com a precisão mais absoluta que se possa desejar.

Ao conjunto desses sinais de retorno, das fibras musculares para o cérebro, deu-se o nome de *feedback*.

E foi esse o termo que Você S.A. emprestou à administração de todas as outras organizações, exatamente com o mesmo sentido.

Isto exige a atenção de gerente-líder, pois, talvez, o uso de *feedback* seja sua principal ferramenta de coordenação – avaliar periodicamente a meta, para confirmar se o conteúdo atende plenamente às expectativas, acompanhar passo a passo as ações para realizá-la, emitindo sinais constantes para os profissionais por elas responsáveis, indicando-lhes sua correção ou grau de desvio em relação aos resultados esperados, para que, se necessário, possam corrigi-lo a tempo.

Temos notado que o uso de *feedbacks* nas empresas sofreu flagrante deturpação, perturbando em muito sua eficácia. Freqüentemente é usado como elogio ou como crítica ao comportamento das pessoas – muito mais como crítica do que como elogio, e das mais acintosas.

Outras vezes é usado esporadicamente, sobretudo depois de as atividades serem completadas e alcançados os resultados, negativos, quando nada mais há a fazer para evitá-los.

Ou ainda nas avaliações de desempenho, para apontar aquilo que não deveria ter sido feito há seis ou oito meses, quando poderia ter sido corrigido.

O *feedback* não tem qualquer sentido de valorização ética ou moral. Sua finalidade, e daí o seu valor, é unicamente orientar as ações para os resultados esperados. É simplesmente uma informação para confirmar ou, principalmente, corrigir um rumo.

É uma ferramenta a ser usada pelo líder, não uma, duas ou dez vezes por ano, mas freqüentemente, durante todo o desempenho para alcançar um resultado.

Daí sua importância e a razão pela qual a precisão dos movimentos de Você S.A. é tão completa e absoluta.

É obvio, entretanto, que o uso de *feedback*, embora fundamental, não é o único fator importante na eficiência da equipe.

Um grande destaque deve ser dado também à transmissão de informações, que é uma das queixas mais freqüentes na maioria das empresas, e dos principais responsáveis por uma enxurrada de problemas.

Para começar, a objetividade. Informações não são dados. Dados são elementos que não têm qualquer significado para quem os recebe, ao passo que informações são comunicações que esclarecem dúvidas e agregam valor.

Da mesma forma que é ainda comum nas organizações a omissão, a sonegação e a manipulação na transmissão de informações, também é comum a difusão de dados, à guisa de informações, sem que nenhuma dúvida seja dirimida ou nada acrescentado às pessoas para sua eficiência ou sua qualidade de vida, e, no entanto, representando custos significativos em papel, em hora/máquina, em tempo, em esforço... e em paciência.

É necessário ao líder colher e difundir em sua equipe todas as informações – e não apenas dados – que sejam pertinentes à eficiência e à eficácia de sua equipe, bem como aquelas que contribuam para a qualidade de vida de seus parceiros. E fazê-lo com objetividade, oportunidade e completa transparência.

De certa forma, essa obrigação será facilitada pelo trabalho em equipe e por sua postura de liderança. Em um sistema gerencial que prima pela autocracia e pelo paternalismo, o planejamento e as decisões são de responsabilidade privativa dos chefes, que para tal precisam de informações, mas não sentem nenhuma necessidade de passá-las aos subordinados, pois a esses cabe apenas executar; a única informação de que precisam, portanto, é sobre o que devem fazer.

Não havendo necessidade de informar, por parte de quem detém a informação, ocorre naturalmente o desinteresse e a omissão.

Por outro lado, o sistema estimula os *lobbies* pela promoção e as disputas por poder e privilégios, o que leva à sonegação e à manipulação de informações – a idéia de que informação é poder gera a prática de escondê-las para ter mais poder sobre os outros ou, simplesmente, pela vaidade de se sentir superior a seus semelhantes.

Assim as dificuldades com o fluxo de informação se tornam naturalmente partes integrantes do próprio sistema. Por mais que se tente corrigi-lo, pouco se consegue sem corrigir o sistema.

Já em um sistema gerencial participativo, pelo trabalho em equipe e pela gerência por liderança, tais processos se orientam de maneira diversa. Como o planejamento é feito de forma participativa e as decisões são compartilhadas, cabendo inclusive a cada profissional aquelas atinentes ao seu trabalho, há interesse real e necessidade do líder, bem como de todos os membros de equipe, de que as informações sejam completa e rapidamente difundidas, para possibilitar e incrementar a eficiência e a eficácia, não havendo, pois, interesse de ninguém na omissão. Ou na sonegação.

Como todos estão voltados, não para o líder, mas para um interesse comum acima deste, que trará benefícios a todos, a disputa pelo poder é minimizada, desestimulando a manipulação das informações.

Assim, o processo de difusão se torna, em princípio, mais natural.

Cabe, entretanto, ao líder não se descuidar, em função dessa facilidade, já que esses, embora importantes, não são os únicos fatores que dificultam tal tipo de comunicação. Empenhar-se na difusão eficaz de informações objetivas e estimular toda a sua equipe a fazê-lo sempre continua sendo uma função prioritária sua.

As relações humanas são outro aspecto de vital importância na comunicação organizacional.

Embora tenha sido até agora um dos principais (senão o principal) fator de sucesso e da carreira profissional, relegando a segundo plano o conhecimento técnico e as habilidades operacionais, os cuidados com o desenvolvimento da habilidade de lidar com pessoas tem sido sempre visto com reserva.

Apesar de fazer parte do discurso prioritário das grandes empresas, sua aplicação não tem encontrado muita sustentação na prática, tradicionalmente incluída nas primeiras listas de redução de custos.

E não só por parte dos empresários e dos gerentes de primeira linha, mas também pelos demais, incluindo os funcionários favorecidos pelos programas de treinamento. Provavelmente porque o ser humano, cioso da preservação de sua boa imagem, dificilmente admite, mesmo para si próprio, que tem domínio precário dessa habilidade ou mesmo que possa aprimorá-la, sobretudo quando a deficiência lhe é apontada como "mau relacionamento".

Por outro lado, as pessoas, a partir dos altos executivos, parecem acreditar que a habilidade de lidar com pessoas é inata, ou "vem do berço", e que quem não aprendeu até agora, ao longo de anos e anos de convivência com pessoas, não tem jeito, como se fosse um traço indelével e imutável da personalidade.

E, além de tudo, não é percebida de maneira pragmática, como tendo vinculação direta com a obtenção de resultados, restringindo-se a influenciar o ambiente de trabalho.

E este é um dos maiores e mais desastrosos enganos que têm cometido empresários e gerentes.

A habilidade no relacionamento interpessoal é o principal fator de sucesso da grande maioria dos profissionais que alcançaram êxito e, conseqüentemente, das empresas.

O sucesso das empresas depende de sua competência em vender – produtos, serviços e idéias. Não basta uma excelente produção, seja em quantidade, seja em qualidade, seja em preço; é preciso vender o produto, isto é, fazer com que o cliente o deseje ardentemente, e o deseje mais que os produtos similares concorrentes – por que mesmo produtos da melhor qualidade e mais baixo preço têm concorrentes, criando opções para o cliente.

Até aí tudo bem – as empresas entendem e acreditam. E criam departamentos de vendas. E treinam vendedores para vender. O que muitas vezes não percebem é a amplitude que pode ser dada ao verbo **vender**.

Vender não é apenas expor um produto e descrever suas características. Vender é criar desejo de compra, é persuadir e negociar.

E não se vendem apenas produtos – vendem-se também serviços; e não se vendem apenas produtos e serviços – vendem-se também **idéias**.

Vendem-se imagens.

Quando vendemos produtos, estamos criando na mente do cliente uma imagem – uma imagem de gosto, de cheiro, de som, de visão, de conforto, de prazer, de paz, de facilidade... A imagem construída e mentalmente vivenciada cria o desejo; por isso ele compra, não o produto em si, mas a transformação da imagem do desejo em realidade. O produto se torna o meio material para realizar o desejo.

Um bom vendedor de sementes não fala sobre sementes, fala sobre o sabor, o aroma e a beleza dos frutos que elas produzem, pois a imagem que o cliente compra é a imagem dos frutos (com cheiro, gosto... e beleza). A semente é um mero instrumento de realização do desejo.

Quando vendemos um serviço, estamos criando imagens dos benefícios que, com ele, o cliente terá. E são esses benefícios que ele compra, sustentados pelos serviços que prestamos e que ele paga.

Quando convencemos alguém de alguma coisa, estamos vendendo uma idéia e ele compra a idéia pela imagem, criada em sua mente, dos benefícios que a idéia irá-lhe proporcionar.

Numa análise mais profunda, talvez pudéssemos concluir que, em última instância, o que sempre vendemos são idéias; vendemos ao cliente a idéia de usar (e comprar) nossos produtos, nossos serviços... e nossas idéias.

Assim, vender é convencer a comprar. Convencer a comprar é persuadir.

Quando se tenta vender um aparelho de som, por exemplo, o que se está fazendo é persuadir o cliente de que aquele aparelho é sua melhor opção para ouvir o som que ele deseja.

Quando um corretor vende um seguro de vida, está persuadindo o cliente de que aquela é a melhor garantia que pode oferecer a seus beneficiários.

Quando o pai persuade o filho a estudar, está vendendo a ele a idéia de que esta é a melhor garantia para seu futuro.

O gerente-líder consegue o melhor esforço de sua equipe **persuadindo**, isto é, **vendendo idéias**.

Encarando por esse prisma, somos todos vendedores – vendedores de idéias. Diariamente, a cada momento, estamos tentando convencer alguém de alguma coisa, ou, em outras palavras, estamos vendendo idéias.

Somos todos vendedores. Nem sempre, ou até mesmo raramente, bons vendedores, porque não nos preocupamos em aprimorar ou desenvolver essa habilidade. Confiamos demais (inconscientemente) no empirismo, na imitação, no ensaio-e-erro. Ou em nossa boa sorte.

Ou, quem sabe, como se diz no sertão, em que "Deus provê!" Assim, a empresa não vende apenas produtos e serviços para clientes externos. Ela vende idéias, e as vende para clientes externos e internos – de um setor para outro, de um gerente para seus subordinados, **de um líder para um parceiro**.

Ou vice-versa. Enfim, de uma pessoa para outra.

Somos todos vendedores e somos todos clientes.

Cliente não é somente aquele que compra o produto de nossa empresa. Cliente é a pessoa que compra uma idéia.

Quando nos referimos à habilidade de lidar com pessoas, estamos, em outras palavras, nos referindo, sobretudo, à habilidade de vender idéias, isto é, de **persuadir**.

Por isso, pessoas que sabem lidar com pessoas têm mais sucesso na empresa, porque sabem fazer exatamente aquilo de que as empresas mais carecem: vender. E vender no universo mais amplo possível, porque não se aplicam a vender apenas produtos, mas a convencer pessoas, **fora** e **dentro** da empresa.

Pena que a maioria dos empresários só treine vendedores, no sentido restrito do termo, para vender seus produtos e serviços; e não treine homens e mulheres para vender idéias.

Mesmo porque, e poucos já percebem isso, os mesmos princípios e as mesmas técnicas que se usam para vender produtos, desde um anzol até avião, se usam para vender idéias. Para convencer.

Tudo se resume quase totalmente à persuasão.

A questão passa a ser, então: que importância têm as relações humanas na persuasão?

Dois fatores são básicos na persuasão: a razão (a lógica dos argumentos) e a emoção.

Quando se pensa em persuadir alguém, normalmente se pensa nos argumentos que se vai usar. São importantes, realmente, mas não são tudo, e, muitas vezes, nem mesmo o principal.

O ato de aceitar, ou comprar, uma idéia (ou o produto ou o serviço que ela defende) implica uma decisão pessoal, e o ser humano (comprovadamente, por inúmeras pesquisas e estudos do processo decisório) decide muito mais influenciado pela emoção do que pela razão. Sentimentos e vaidades pesam mais na balança da decisão que lógica e argumentos.

Numa empresa, muitas vezes se colocam, conscientemente ou não (e nunca confessadamente), os interesses pessoais acima dos interesses da organização; entre duas alternativas que atendem razoavelmente aos objetivos da organização, a decisão penderá naturalmente para aquela que se coadune com os interesses de quem decide, **ainda que não seja a melhor**.

E não estamos falando de interesses monetários ou materiais unicamente, que são os mais óbvios, mas, sobretudo, daqueles que envolvem amizades (ou algo mais), vaidades, *status*, poder etc.

O mais importante, entretanto, é o peso da simpatia e da antipatia na decisão, seja pelo persuasor, seja pelo objeto da persuasão. O ser humano chega, muitas vezes, a preferir perder um négocio do que perder uma disputa pessoal ou atender aos interesses de um desafeto ou de alguém que lhe pareça antipático. Quantas vezes, numa importante reunião de negócios, se deixa de lado o objetivo para ganhar uma queda-de-braço?!

Por outro lado, o sentimento de simpatia ou de antipatia se manifesta como predisposição ao ouvir ou analisar argumentos. Se uma pessoa que nos pareça simpática e amiga nos apresenta uma idéia, tendemos a ouvi-la e a analisá-la prazerosamente, predispostos a aceitá-la (antes mesmo de tê-la entendido); se, ao contrário, se trata de alguém por quem nutrimos antipatia, bloqueamo-nos até mesmo para ouvir, raramente chegamos a analisar os argumentos, e ainda assim nos tornamos predispostos a negá-los acima de tudo.

> "O que puxa não é o cavalo, é a aveia."
> "Vender o benefício, não o produto!"
>
> *Provérbio hindu*

Não querer convencer pelas vantagens que atribuímos ao produto, mas pelos pontos em que o produto atinge o ideal da expectativa do cliente.

> "A força é o direito dos animais."
>
> *Cícero*

Não querer impor!

> "O desespero é a conclusão dos idiotas."
>
> *Disraeli*

Não bater em retirada quando a primeira resposta é "não!"

Perguntar, tratar de descobrir em que, emocionalmente ou pessoalmente, nosso produto pode atender ao cliente.

3. O Líder Como Energizador

O terceiro discurso do líder é o desafio.

A construção de uma equipe começa pelo compartilhamento da visão.

1. Visão

É papel do líder, antes de qualquer coisa, assumir a essência da liderança – encarnar a visão da empresa, incluir nela sua própria visão, traduzi-la em resultados e determinar-se a alcançá-los.

Em seguida, compartilhar a visão com seus liderados, transformando-os em parceiros do mesmo sonho e da mesma busca.

Compartilhar a visão é descobrir o que há de comum entre as aspirações de seus parceiros e de que maneira aquela visão contribui para realizar plenamente essa identidade.

Não havendo nenhuma identificação de idéias e sonhos, essa equipe não existirá ou não serão esses os parceiros.

Há, portanto, que se procurar os parceiros adequados.

Mas não é tão difícil compartilhar uma visão preexistente, já que ela é carregada de emoções e aspirações que costumam ser comuns aos mais diversos grupos dentro da mesma cultura, embora às vezes adormecidos ou recalcados pela carência de esperança, necessitando apenas de alguém que as desperte e as eleve, o que o líder pode fazer e reforçar com seu exemplo e **entusiasmo**.

Muitos se esmeram em construir uma visão para a empresa ou para si próprio, ora investigando sua própria mente, ora analisando o meio ambiente em que atua, avaliando as opções que ele apresenta, e buscando as palavras para compô-la.

É valido, mas não supera a visão espontânea, gerada por um grande sonho, que chega de mansinho, ou muitas vezes de repente, e vai-se instalando sem pedir licença.

Essa é a visão mais forte, e é a partir dela que se constroem os melhores castelos. Analisar o mercado e, a partir dele, traçar a visão possível não é o mesmo que ter um sonho e, a partir dele, descobrir como chegar lá, e determinar-se a fazê-lo.

No primeiro caso, a visão se torna mais racional, mais lógica e, por isso mesmo, menos envolvente. No segundo, é mais prenhe de emoções, gerando desafios e despertando o sentimento de orgulho. E o elo criado pela emoção é infinitamente mais forte.

Na verdade, nada torna o homem mais determinado do que o envolvimento emocional na luta pelo mais autêntico de seus sonhos.

2. Desafio

Para energizar a equipe que começa a construir, o líder trabalha, logo de início, a emoção contida na visão, usando seu próprio exemplo de entusiasmo e vibração e fazendo de sua esperança uma certeza.

A visão se torna o norte – é a bússola que orienta a equipe. É o objetivo final, mas não é o objetivo imediato; dificilmente o ser humano se alimenta de entusiasmo perene por um objetivo muito distante. Para manter acesa a chama, é preciso dividir o caminho em etapas, mas de maneira que se possa ver sempre a estrela-guia.

Carl Schultz nos inspira com uma frase: "Os ideais são como estrelas; nós nunca as alcançamos, mas, como os navegadores no mar, traçamos nosso rumo por elas."

Que se completa num aforismo de Earl Nightingale: **"Um objetivo, qualquer que seja, é o que dá sentido à vida."**

A visão dá sentido à luta do dia-a-dia. O líder carrega a bússola em suas mãos.

Já foi dito, quando tratamos dos pressupostos para que um grupo de pessoas atue como uma verdadeira equipe, que a força e a coesão desta vêm de seu próprio desempenho.

A visão dá o norte, mas não proporciona a força por longo tempo.

Cabe ao líder gerar energia.

É como uma longa viagem. Se tentarmos realizá-la num fôlego só, focando nossa mente todo o tempo na chegada ao destino final, certamente, em pouco tempo, ela se tornará cansativa e enfadonha, como um pesado fardo a carregar, o que certamente minará nosso entusiasmo pela viagem, nossa disposição, nosso humor e, conseqüentemente, nossa percepção do destino e nossa eficiência para alcançá-lo. Mas, se tivermos o cuidado de dividir a viagem em etapas e considerarmos o fim de cada uma como um destino em si mesmo, onde gozaremos de descanso e prazeres diversos próprios daquele local, a história será outra.

Cada etapa terá seu próprio sabor e nos proporcionará ganhos no prazer de viajar. Sendo curtos os caminhos, destinos serão próximos e poderão ser alcançados em pleno gozo de entusiasmo e disposição, tanto para nos divertimos quanto para iniciarmos a próxima jornada, depois de merecido repouso.

E o destino final estará em nossa mente, em prazerosa expectativa. Dividindo o caminho para a visão em etapas, o líder estará preservando a disposição da equipe; estabelecendo metas específicas para coroar cada etapa, estará dando sentido aos esforços da equipe; tornando tais metas desafiantes, de maneira a provocar o orgulho e exigir o máximo de cada um, estará gerando energia, tornando cada parceiro um lutador objetivo, persistente e entusiasmado.

Na verdade, o estabelecimento de metas próximas e, principalmente, o DESAFIO são os dois maiores recursos do líder para energizar a equipe.

É preciso cuidado, entretanto, para dosar o desafio: se fraco, possibilitando alcançar a meta sem muito esforço, não será suficiente para gerar energia; se muito forte, impossibilitando o alcance da meta, gerará frustração.

Essa atuação do líder tem importância especial no futuro da equipe, pois o sucesso sempre cria motivação e incentiva a novos sucessos, ao passo que um insucesso inicial tende a desestimular e quebrar o ânimo.

3. Desempenho

Outro ponto importante na organização da equipe é o desempenho – fonte da confiança, da coesão (espírito de equipe), da responsabilidade e do apoio mútuo.

Estabelecida a meta e transformada em desafio, é preciso, imediatamente, "pôr a mão na massa" e criar no grupo a percepção e a emoção de **estar fazendo**, de **já estar a caminho**.

Não é uma boa hora para longos prolegômenos, para fervorosos discursos, para churrascos ou coquetéis de integração – mesmo porque encontros e festividades sociais, quando muito, aproximam as pessoas socialmente (às vezes, até afastam e são uma ótima cultura para os disse-que-disse e as tradicionais "fofocas"), mas não criam **espírito de equipe no trabalho**.

Churrascos devem ser guardados para comemorações e comemorações devem ser reservadas para **resultados**. O início de um trabalho deve ser marcado pelo desafio e pela expectativa, pois nada ainda se construiu de fato para comemorar.

A alma da equipe é o desempenho, e **desempenho** é trabalho.

Mesmo a descontração do ambiente deve ser criada no próprio trabalho e tendo o trabalho como pivô. E esta é outra tarefa do líder em seu papel de energizador: através da boa qualidade de vida e da alegria, melhorar o ânimo das pessoas, aumentando sua disposição; criar laços de amizade e confiança, **favorecendo a liberdade de ação**, a cooperação espontânea e a redução da censura; promover o prazer em conviver e trabalhar junto, proporcionando maior empenho, e despertando o orgulho pelo trabalho bem feito e conseqüente aprovação dos companheiros; criar o clima ideal para o exercício da criatividade e da inovação, tão necessários hoje.

Descontração e alegria não devem, por outro lado, levar à indisciplina e ao desleixo. E normalmente não levam – a não ser que o desafio que a equipe enfrenta não seja vigoroso, que o líder seja omisso em sua presença e em seu exemplo pessoal de determinação e comprometimento, e que os profissionais não sejam valorizados em seu trabalho e em seus **resultados**.

4. Ambiente

Criar o ambiente adequado no trabalho começa pelo **respeito** à pessoa, como ser humano e como profissional.

Pelo respeito a todas as pessoas, e não apenas àquelas com as quais mais nos afinamos, pois faz parte do próprio respeito a aceitação das pessoas como elas realmente são.

Quando falamos em respeito, estamos nos referindo não só à aceitação, mas a diversos outros comportamentos, simples e corriqueiros todos eles, mas nem sempre praticados.

Por exemplo, **demonstrações de interesse** pelas pessoas, de um modo geral e, em particular, pelos membros da equipe.

Mostrar interesse pela pessoa é fazer com que ela sinta que sua existência tem importância para nós, que têm importância seus problemas, suas preocupações, suas alegrias, suas vitórias, seus anseios e suas esperanças. Uma boa maneira de mostrar isto é o hábito de fazer perguntas. Não perguntas focadas, ao estilo de inquérito policial, incisivas, diretas, exigindo respostas objetivas e muitas vezes monossilábicas, ou perguntas que invadam a privacidade do outro, mas aquele tipo de pergunta amistosa que leva o outro a falar de si mesmo, e das coisas que gosta de fazer (as pessoas gostam de falar das coisas que amam: de seus *hobbies*, de seus feitos e virtudes, de suas alegrias).

Quando lhes damos essa oportunidade através de perguntas interessantes, elas se sentem gratas, abrem o coração e nos retribuem mostrando também interesse por nós. Cria-se imediatamente um elo de ligação.

Nunca deveríamos nos esquecer de uma forte tendência comum aos seres humanos (e, talvez, até aos animais de um modo geral): **o ser humano tende sempre a retribuir aquilo que recebe.** Mostrando simpatia, recebemos simpatia; mostrando ódio, recebemos ódio.

Esse tipo de perguntas tem dois efeitos importantes, ambos muito interessantes para o ambiente de trabalho (ou qualquer outro): primeiro, desperta o interesse e a simpatia do outro por nós, criando um laço extremamente útil em todos os campos em que as relações humanas são importantes; em segundo lugar, o fato de o outro falar livremente sobre si mesmo e sobre as coisas de que gosta fornece-nos importantes informações sobre seus hábitos, costumes, crenças e valores muito úteis em nossa interação com ele.

O hábito de fazer perguntas estimula, por sua vez, o desenvolvimento de outro hábito que freqüentemente nos falta e que é outro forte mecanismo de geração de interesse e simpatia: o hábito **de ouvir**. E, no entanto, pouquíssimos sabem fazê-lo, apesar de ser uma das mais evidentes demonstrações de respeito pelo outro. Muito se usa repetir a frase:

"Deus nos deu dois ouvidos e uma boca, para ouvirmos mais e falarmos menos", frase esta atribuída a Diógenes, que viveu na Grécia antiga, há 2.300 anos.

Mais de 2.300 anos e a frase continua viva e repetida, a lembrar-nos que precisamos aprender a ouvir! E ainda não aprendemos.

Ouvir não é simplesmente olhar para o outro. É olhar e atentar. É prestar atenção a cada palavra, a cada frase, ao sentido de cada pensamento. É estar atento aos gestos e às expressões que enfatizam as idéias. É analisar e compreender. É inclinar levemente a cabeça como evidência de compreensão e estimular a continuidade da fala com ligeiras perguntas que denotem interesse.

Quando fazemos perguntas, e ouvimos realmente as respostas, e analisamos e consideramos as idéias nelas contidas, estamos dando ao outro uma grande demonstração de interesse e, acima disso, de respeito, porque, subliminarmente, estamos dizendo a ele que temos consideração por suas opiniões.

Por isso mesmo deveríamos sempre ter o cuidado de evitar dizer a alguém "Você está errado!"; com estas ou quaisquer outras palavras – ou gestos, como o balançar negativamente a cabeça ou agitar o dedo indicador frente ao nariz do interlocutor.

Quando fazemos isto, mostramos ao outro que não levamos a sério (e negamos mesmo) seu ponto de vista, que, por ser contrário ao nosso, está automaticamente errado; enfim, que não reconhecemos nele o direito de ter opinião. E, imediatamente, levanta-se uma tremenda barreira ao relacionamento.

Ninguém gosta de ouvir "Você está errado!" como muito bem frisou Dale Carnegie. E há maneira de contornar tais situações. Por exemplo, podemos concordar em parte com a opinião do outro, e depois voltarmos e expor a nossa, ou, se isto não for possível ou conveniente, repetir sua opinião e analisá-la, explicando, ponto por ponto porque não concordamos. O importante para o outro, na verdade, não é simplesmente concordarmos ou não, é mostrar a ele que ouvimos, que levamos a sério e que respeitamos seu direito de ter opiniões.

Isto sem falar de que ele pode estar certo. E nós, naturalmente, errados.

Um lembrete para mantermos, em frente aos olhos: a verdade freqüentemente é uma questão de interpretação.

Cada um tem a sua.

Também mostramos interesse – e respeito – pelas pessoas quando temos o cuidado de tratá-las pelo seu próprio nome – ou apelido, desde que ela prefira o apelido ao nome.

Nome todo mundo tem. Praticamente já sai com a gente da maternidade e muitas vezes já está conosco até há mais tempo. É nosso e nos apegamos a ele. Quando tudo o mais nos falta para sermos identificados na multidão anônima, para sermos individualizados, temos pelo menos o nosso nome. Desrespeitá-lo é, para a grande maioria de nós, desrespeitar nossas individualidade e integridade.

É como dizer a nós que não somos importantes, que somos apenas uma coisa, e, portanto, tanto faz a gente como outro qualquer. Ignorar o nosso nome é revelar ostensivamente que não valemos o esforço de procurar saber. Esquecer nosso nome é como dizer-nos que não ficou nenhum registro, que não valeu a pena.

Pelo menos é assim que comumente nos sentimos, mesmo fingindo que não ou fazendo o possível para ressalvar. O nome representa o **eu**, a individualidade. Ignorá-lo ou desrespeitá-lo é, apesar de todos os disfarces ditados pelas circunstâncias, uma ofensa pessoal.

E mesmo que cortesmente camuflado, não desprezaremos a oportunidade do revanchismo, fruto do ressentimento.

Quem quiser criar uma barreira ao relacionamento ou uma prévia má vontade do outro com relação à sua pessoa ou às suas idéias é só esquecer o seu nome; ou trocar o nome dele; ou simplesmente, escrever o nome dele errado. De longe ele notará o erro, mesmo que seja apenas uma letra trocada, entre centenas de outros nomes. Ele verá e, se for educado, procurará a primeira oportunidade para corrigir, disfarçadamente. Com discrição. Se não o for, o infrator saberá na hora. Mas o ressentimento, esse sempre fica.

Pequenos atos de boa vontade são, também, fortes sinais de interesse. Um cartão postal que se manda de uma viagem, uma lembrança que se traz, um favor que se presta desinteressadamente, isto é, sem cobrar nem esperar retribuição, tudo isso converge para mostrar ao outro que lembramos dele e que estamos disponíveis para ajudá-lo quando de nós necessitar.

Esse comportamento, quando usual e espontâneo, cria vínculos de gratidão, de simpatia e de amizade bastante fortes e, por que não dizer, créditos pessoais que exigem, efetivamente, retribuição, em forma de pequenos agrados, apoio e colaboração.

Cria naturalmente uma predisposição do outro para ajudar, quando necessário.

O respeito pela outra pessoa pode ser também demonstrado pela humildade. Não, obviamente, a humildade subserviente, a desvalorização ou depreciação de si mesmo, mas aquela humildade resultante da força e da segurança de quem é consciente de suas virtudes e sabe do que é capaz, não se sentindo compelido a provar nada a ninguém nem a se mostrar superior aos outros para suprir sua vaidade ou compensar seus complexos.

Falamos da simplicidade e da ausência de presunção que se opõem à prepotência, à autovalorização e à autopromoção narcisista.

Quando alguém costuma enaltecer vaidosamente suas próprias virtudes, ou de sua família, de sua empresa, ou qualquer outra coisa atinente a ele, é percebido como antipático, é rejeitado e, muitas vezes, odiado.

O auto-elogio pode criar, em quem os faz, ilusórios e efêmeros sentimentos de poder, de prestígio ou mesmo de ser estimado, mas cria em quem os ouve, principalmente quando reforçado pela arrogância, sentimentos de desconfiança, inveja ou inferioridade, todos e qualquer deles gerando antipatia e rejeição.

Sempre que alguém procura mostrar-se perante outros como superior, mais competente, mais culto, mais rico, mais inteligente, mais forte, mais viril, mais poderoso ou qualquer outro mais, seja por palavras, gestos ou quaisquer outras ações, torna-se, no mínimo, invejado (isto se consegue ser convincente), e a inveja não gera os melhores sentimentos.

Muito antes pelo contrário.

Talvez seja gostoso se sentir superior, mas, definitivamente, ninguém gosta de se sentir inferior. E não há como mostrar superioridade sem inferiorizar o outro.

Não se perde nada em mostrar-se humilde.

Com todo o respeito.

Um ambiente saudável, sedimentado pelo respeito às pessoas e pela aceitação delas como realmente são, evitando-se a todo custo censuras e julgamentos desnecessários, estimula as pessoas a liberarem sua criatividade, que é uma característica de todo ser humano.

Praticamente não existem seres humanos não-criativos; o que existe é um excesso de seres humanos bloqueados em sua criatividade por uma educação restritiva (em casa e na escola) e por empresas castradoras.

Liberando a criatividade, tornamos os seres humanos inovadores e mais orgulhosos de seu trabalho e de seus feitos.

5. Bom Humor e Entusiasmo

Além de criar desafios e proporcionar um ambiente favorável de trabalho, o líder pode – e deve – energizar ainda mais seus parceiros com o exemplo contínuo e permanente de alegria e, sobretudo, de **entusiasmo**.

Cultivar o bom humor é cultivar o amor pela vida, a alegria e a descontração. É viver com otimismo e esperança.

O bom humor minimiza os problemas, facilita as soluções, estimula o trabalho em equipe, reduz o estresse, combate a hipertensão, restringe as rugas, alegra o espírito, rejuvenesce o corpo e a mente.

Bom humor gera simpatia – porque é contagiante. Quando rimos, outros riem conosco, e gozam dos benefícios que gozamos com a alegria. É bom para o relacionamento interpessoal e suas conseqüências.

O entusiasmo, de certa forma companheiro do bom humor, é também contagiante, simpático e um irresistível gerador de autoconfiança e energia.

O homem que acredita e vibra com as coisas que faz tem muito mais *chances* de chegar ao seu objetivo.

O entusiasmo elimina barreiras emocionais e leva o ser humano a resgatar e a usar porção mais substancial de seus potenciais físicos e mentais.

O entusiasmo se irradia, contamina as pessoas em volta e realimenta. Cria forças para ir mais longe e dirige o homem para sua plena realização.

Esbanjando alegria e entusiasmo, o líder promove um bem excepcional a si mesmo e a toda a sua equipe.

6. Reconhecimento

Também não pode faltar na equipe, como energizador substancial, o **reconhecimento**.

E este tem uma história.

Talvez ninguém duvide hoje de que as ações do ser humano são voltadas para a satisfação de suas necessidades, e que essas são, se não totalmente, pelo menos em maioria quase absoluta, oriundas de um pequeno grupo de necessidades básicas, isto é, inatas e inerentes à natureza humana.

Abraham Maslow, o psicólogo americano que, ao que parece, melhor as estudou, descreveu-as com propriedade e reuniu-as em apenas cinco grupos, que emergem automaticamente, de forma hierarquizada.

As que primeiro aparecem são as chamadas **necessidades fisiológicas**, mais estreitamente ligadas à sobrevivência do indivíduo e da espécie. Abrangem necessidades como fome (necessidade de alimentos), sede, repouso, respiração, proteção contra intempéries, sexo etc., as quais, se não satisfeitas, provocam a morte (do indivíduo ou da espécie). Mas, se satisfeitas, ainda que parcialmente, garantem a vida e permitem o aparecimento das necessidades do segundo grupo: as **necessidades de segurança**, que buscam o provimento e a garantia do amanhã. O homem só se dá conta da emergência dessas necessidades, e se preocupa em satisfazê-las, quando todas as necessidade do primeiro grupo estão razoavelmente satisfeitas, não mais exigindo sua atenção de maneira absoluta.

Essas necessidades, quando satisfeitas, ainda que também parcialmente, permitem o surgimento daquelas do terceiro grupo: as **necessidades sociais**, que exigem do ser humano a convivência com seus semelhantes e o pertencer a grupos.

Estando os três primeiros grupos razoavelmente cobertos, vêm à tona as **necessidades de estima e apreciação**. É quando não basta mais ao homem pertencer a grupos e conviver com pessoas; sua natureza passa a exigir a estima e a apreciação delas.

Alcançando isto, volta-se o ser humano para suas necessidades mais elevadas: aquelas **ligadas à auto-realização**, onde vencer desafios e explorar ao máximo todos os potenciais disponíveis se tornam as grandes metas.

Se relegados à busca de satisfação de suas necessidades mais primárias, os seres humanos recalcam todas as demais, sobrepondo a busca de sobrevivência à segurança, à convivência social, ao orgulho e à própria realização.

No entanto, na maioria ou mesmo na totalidade dos grupos que atuam nas empresas, as necessidades do primeiro, do segundo e do terceiro grupo já se encontram, de uma forma ou de outra, talvez não totalmente saciadas, mas razoavelmente satisfeitas.

Assim, os homens, nesses grupos, exaltam as ações que possam angariar satisfação para as necessidades de estima e de apreciação.

Como essas, diferentemente daquelas dos três primeiros grupos, não se esgotam nem se saciam, buscando sempre satisfação cada vez maior, passam a conviver, numa mesma circunstância de vida, com a necessidade de auto-realização.

Desta forma, os seres humanos na empresa, além de garantir sua qualidade de vida, vivem fundamentalmente em função da realização pessoal e da apreciação dos outros.

O desempenho do homem na empresa exige o **desafio** das metas próximas e o **reconhecimento** de sua atuação.

Uma virtude ou, principalmente, um trabalho bem feito não reconhecido leva fatalmente à frustração e ao esmorecimento. E, algumas vezes, à revolta – com todas as suas conseqüências.

O reconhecimento envolve elogios, distinções e premiações.

Para elogiar, distinguir e premiar o líder não pode deixar de conhecer muito bem seus parceiros e acompanhar bem de perto seus desempenhos.

O elogio deve ser, antes de qualquer coisa, merecido. Deve ser dito pelo reconhecimento autêntico de algo que se é ou algo que se fez. Mas é preciso ser dito, pois o reconhecimento mudo quase nunca é percebido. E que seja publicado, para potencializar a satisfação do ego; mas que seja discreto, sem aquele tom solene dos discursos políticos, que só gera descrédito.

É muito conveniente, em meio a tanta bajulação na sociedade em que vivemos, que, ao fazer um elogio, por exemplo, a um trabalho realizado, que se comente algo sobre o trabalho, atestando que realmente o conhece, para que o elogio seja percebido como verdadeiro pelo elogiado.

O elogio gratuito, sem causa real, se confunde com bajulação, que, embora facilmente percebida, ainda assim é bem recebida por pessoas carentes de apreciação, demonstrando a força dessa necessidade; mas sempre torna malvisto e mal-recebido o bajulador, inclusive pelo bajulado.

Dois aforismos, pelo menos, corroboram a força dessa necessidade: um de Millôr Fernandes – **"Se a bajulação não dá resultado, não é por virtude do bajulado, mas por incompetência do bajulador"**; o outro, de José Naroskry – **"Protestamos contra críticas injustas, mas aceitamos aplausos imerecidos"**.

Ao elogiar, convém ainda observar a oportunidade, a ênfase e a dosagem das palavras, lembrando que o exagero, ou a ocasião inoportuna, pode deixar constrangido o elogiado ou ativar o despeito e a inveja de outros. Conquistar a simpatia e a dedicação de um à custa da antipatia e relaxamento de outros não é boa troca.

A distinção segue o mesmo caminho do elogio – é valiosa, embora sem o mesmo alcance daquele, onde, às vezes, uma só palavra é extremamente significativa; e também exige cuidados em sua aplicação.

A premiação, por sua vez também indispensável, deve traduzir plenamente o retorno ao comportamento e ao esforço despendido.

Pode envolver vários procedimentos e objetivos, mas não pode ignorar que o retorno em remuneração é o mais esperado, por permitir maior liberdade pessoal no investimento na qualidade de vida, por ser mais facilmente mensurável e por representar, freqüentemente, um símbolo de *status*.

A participação nos resultados – o que, na empresa, equivale a dizer "participação nos lucros" – é tão indispensável como compartilhar a visão, as metas e o desempenho.

Ao demonstrar reconhecimento, seja pelo elogio, seja pela distinção ou pela premiação, convém o líder, entretanto, não perder de vista os valores e as aspirações de seus parceiros, pois podem ser bastante diferentes dos seus. O que implica que uma palavra, um ato ou um prêmio que o líder considera bastante significativo para si pode não ser para o outro – ou ser até mesmo pejorativo.

Afinal, o reconhecimento deve enquadrar-se na escala de valores e de aspirações de quem o recebe.

Finalmente, é importante ser lembrado que, hoje, uma das grandes aspirações dos seres humanos, sobretudo aquelas das mais novas gerações, é o desenvolvimento pessoal, principalmente no trabalho e na profissão. Ignorar ou negar-lhes oportunidades de alcançá-lo é sempre uma grande fonte de frustração e um incentivo a procurar outra empresa. Ao passo que incentivar e apoiar o desenvolvimento pessoal é mais um forte fator de energização.

> "A compreensão da motivação humana deve partir da compreensão da situação humana."
>
> *Erich Fromm*

12 Coisas que Tornam Um Gerente (Muito) Competente
...o resto é conseqüência

*"O navio é seguro quando está no porto,
mas não é para isso que se fazem os navios."*
Almirante Grace Hooper

Um Resumo à Maneira dos Americanos

1. Uma visão

Que seja clara. Que seja forte. Que possa ser compartilhada.

Que se torne um grande objetivo e faça o trabalho realmente ter sentido, não apenas como trabalho, mas como a realização de uma vida, ou como importante etapa de um grande sonho.

2. Um bom mercado

Que seja um celeiro potencial de clientes para seu produto.

Mas, exige do gerente: **habilidade** para identificar e analisar clientes em potencial; **habilidade** para conquistar e manter clientes; habilidade para lidar com **fornecedores** e com a **comunidade**.

3. Um bom produto

Seja um artigo, seja um serviço, seja uma idéia.

Mas que seja conhecido pelo gerente em seus menores detalhes e, sobretudo, em todo o seu potencial para agregar valor e satisfazer os interesses dos clientes.

4. Um plano de ação

Que seja claro, prático e audacioso.

Mas viável e realista. O que exige do gerente, além de conhecimento e habilidade para elaborá-lo, também habilidade para implantá-lo e acompanhá-lo, e flexibilidade para reconhecer desvios e corrigir o rumo quando necessário.

5. Um bom discernimento

Ancorado no bom senso, na perspicácia e na sabedoria.

Capaz de levar o gerente a identificar e analisar, com segurança e ponderação, as habilidades e os conhecimentos necessários e indispensáveis para que sua equipe possa cumprir o plano de ação traçado e atingir as metas e o objetivo perseguidos.

6. Uma boa equipe

Comprometida com a visão e motivada por suas tarefas.

O que exige do gerente habilidade para selecionar **talentos** em potencial; para **compartilhar** a visão, o **poder** e os resultados; para **organizar** e **coordenar** o trabalho; para **disciplinar**; criar **desafios**; **estimular** e **energizar** pessoas.

7. Uma boa noção do comportamento humano

O que move o ser humano e determina suas crenças.

O conhecimento de alguns princípios da motivação humana e de alguns fatores que determinam sua visão do mundo e de si mesmo, suas verdades e suas crenças e, conseqüentemente, seus comportamentos tornam o gerente capaz de prever algumas ações e reações, de estimular e de extrapolar o conhecimento para processos de comunicação, de persuasão, de gerência, de liderança, de educação etc.

8. Uma boa gestão de si mesmo

Antes de tudo, o exemplo.

O bom gerenciamento das próprias emoções – a inteligência emocional – garante, além de um forte impulso para a felicidade e para a auto-realização, a base para a liderança e para os fatores hoje mais decisivos da competência profissional: a autoconfiança, o autocontrole, a automotivação e a empatia.

9. **Uma boa dose de liderança**

    É líder quem tem parceiros que compartilham sua visão.

    As habilidades de liderança não são inatas – podem ser desenvolvidas e aprimoradas. Quem é líder não é necessariamente um bom gerente, mas **o gerente que é líder** é o gerente de mais sucesso e de melhores resultados. É o nível mais alto da competência gerencial.

10. **Um bom relacionamento interpessoal**

    As relações humanas como ferramenta gerencial.

    Uma coisa que muitos ainda não entenderam é que boas relações humanas não apenas determinam um bom ambiente de trabalho, mas se constituem numa verdadeira e indispensável ferramenta que impulsiona a gerência, a persuasão, a venda e a comunicação em geral.

11. **Habilidade de persuasão**

    Afinal, liderar, gerenciar e vender é persuadir a aceitar e a acatar idéias.

    Persuadir é convencer pessoas a acatar idéias, não pela manipulação, por sugestionamento ou por falsas promessas, mas pela compreensão e conscientização de que são vantajosas para os próprios interesses: uma habilidade que pode ser aprendida e aprimorada.

12. **Uma respeitável determinação**

    A palavra-chave do sucesso.

    O conhecimento só produz resultados se gerar habilidades (capacitação para fazer). Habilidades só têm sentido se aplicadas em favor da realização pessoal. Isso é sabedoria.

    Tanto a aquisição de habilidades quanto sua utilização eficaz dependem de uma forte dose de DETERMINAÇÃO.

É como uma corrente – são **12** elos interdependentes. Ao mais fraco de todos corresponde a força da corrente. Mas todos juntos e igualmente bem cuidados são capazes de mover o mundo.

"Volto atrás sim. Com o erro não há compromisso."
Juscelino Kubitschek

Um Apoio ao Desenvolvimento
Cursos, Cursos... E Mais Cursos

Como já foi dito, não é fácil dormir ator e acordar diretor.

Por mais simples que possa parecer, não é fácil passar de um hábito de aprendizagem passiva para uma aprendizagem plenamente ativa, onde o aprendiz vislumbra, planeja e constrói o seu próprio desenvolvimento.

O ser humano é capaz, mas uma boa ajuda, um bom apoio pode encurtar muito o caminho e torná-lo menos áspero.

As escolas devem fazê-lo.

As empresas podem fazê-lo, investindo no estímulo, na valorização e, de maneira pragmática e inteligente, em cursos e programas específicos – em médio e longo prazos – de treinamento e desenvolvimento.

Desenvolvimento, no sentido de estimular e patrocinar a aquisição de conhecimentos.

Treinamento, no sentido de, através de exercícios contínuos e orientados no dia-a-dia de serviço, criar e/ou aprimorar as habilidades derivadas do conhecimento.

Mas é preciso cuidado. Métodos para adquirir conhecimentos e habilidades são bastante diferentes. Cursos, seminários, palestras são veículos de transmissão de conhecimento e informações, podendo também demonstrar exercícios, incentivar a motivação e o comprometimento e, como subproduto, gerar integração e coesão no grupo.

Mas não gera por si só novas habilidades. Ensinam como se faz, mas não criam por si mesmos capacidade para fazer.

As habilidades, ou capacitação para fazer, são fruto da aplicação persistente e determinada do conhecimento pelo aprendiz, em qualquer tipo de tarefas, operacionais ou não.

Não se pode esperar que o aprendiz saia de um curso sobre liderança como um líder pronto e acabado. Se for um bom curso, ele sairá com os conhecimentos necessários para desenvolver as habilidades de liderança e motivado a fazê-lo.

Será um líder se se dedicar aos exercícios que desenvolverão as habilidades necessárias, no dia-a-dia de trabalho (*on-the-job-trainning*). A empresa poderá ajudá-lo incentivando-o, e valorizando claramente seu esforço e seus resultados, através de um programa eficaz de **treinamento** em médio e longo prazos (de preferência com o sistema de "*coaching*").

Para obtenção de conhecimentos e estímulo à prática, nesse teor, existem hoje numerosos cursos e seminários na praça, nos mais diversos formatos e apresentações. É só manter o cuidado para selecionar aqueles que realmente prometem o que podem cumprir, sem tentativas mercadológicas de dourar a pílula.

Permita-me apresentar-lhe, embora de uma maneira jocosa, alguns deles em seus formatos característicos, pois já existem cursos para todos os gostos e para todos os bolsos. "Informática para principiantes?" É para já! Sai um "Aperfeiçoamento para Secretárias!", "Monte seu próprio MBA!", "Como ser feliz?" Tá no forno! "Educação sexual?" Está ótimo (talvez um pouco mais de pimenta?)! "O gerente moderno?" Demorou um pouco, mas tá quentinho...

Como você prefere? Escolha pelo conteúdo? Ou, talvez, pelo nome e pelo calibre do guru? Já tentou pela forma? Pois saiba que já os há formatados para as mais diversas preferências.

Duvida? Pois confira:

A Fonte do Tororó
Também conhecido como "Ciranda Cirandinha"...

É ótimo. A turma se solta e volta a ser criança – todos brincam de balõezinhos coloridos, jogam algodõezinhos, saltitam pela sala, fazem barquinhos e coisinhas de papel e palitos de picolé (bem depressinha, que é pra ver quem é mais esperto e acaba primeiro), trocam beijinhos e afagos, tão inocentes, para descobrirem que, no fundo, no fundo, continuam puros e bem intencionados (o que costuma ser verdade).

Tem um importante subproduto – além de ser divertido, costuma libertar (por alguns momentos) a imaginação e a criatividade, com uma saudável sensação de saudosismo e uma comunicação mais emotiva e transparente entre as pessoas (exigindo alguns cuidados com eventuais efeitos colaterais...). Muito válido pelos bons momentos que proporciona.

Perdidos na Selva
Mas com muita esperança de se encontrarem na cidade.

Este é para os espíritos aventureiros. Desperta o Indiana Jones que existe em cada um. Nada de beijinhos e outros afagos – é adrenalina pura. Um tal de pra cima e pra baixo, de pular de galho em galho, de enfrentar corredeiras, de noites sombrias na floresta...

Tudo para despertar o líder em cada um e para comprovar, mais uma vez, que, se "o mineiro só é solidário no câncer" (segundo Oto Lara Resende), os homens, em geral, se tornam solidários no desafio e na aventura (freqüentemente).

Depois, é só transferir a idéia (e as emoções vividas) para a "selva de pedra", passando a ver o profissional ao lado (e acima e abaixo) como um companheiro de aventuras... e não mais como concorrentes nas mesmas aspirações, nem como chefes, subordinados – essas coisas que lembram poder, *status*, vaidades.

Mas, tem pré-requisitos: *check-up* rigoroso, acompanhamento médico (bem de perto) e apoio psicológico (antes, durante e depois).

Olha Eu Aqui!
É um circo! E quem não gosta de circo?

Aqui, tudo é diversão da boa. Entre piadas e gargalhadas, o tema vai rolando. O apresentador é mestre-de-cerimônias, verdadeiro *showman*, a alma da festa – é preciso ser artista nessa corda-bamba.

Recheado de gestos, mímicas e mágicas fabulosas, extasia os espectadores, que se envolvem na onda de bom humor (onde não faltam momentos esfuziantes de puro *nonsense*), esquecendo as agruras do dia-a-dia e a batalha pela atenção do chefe, na luta com os problemas do trabalho.

É a teoria do aprender divertindo-se, pela alegria levada a sério. Extremamente a sério.

Quando nada, diverte-se. E alguma coisa fica...

Na cabeça: uma boa e saudável reminiscência.

LAVA-ROUPA (SUJA)
O paraíso das almas atormentadas.

Acabou-se a brincadeira. Nada de risinhos e gargalhadas, nada de balõezinhos, pois, **aqui (e agora!)** a coisa é séria. Mas séria mesmo, pra valer. Quanto mais choro, melhor – sinal de que a coisa vai bem (está sendo **profunda** e, conseqüentemente, funcionando a contento).

O choro é a verdadeira medida do resultado – ainda que sejam umas poucas lágrimas furtivas, uma voz entrecortada ou um breve soluço disfarçado.

Emoção! Sentimento!

É numa roda-viva que a roupa suja dos bastidores é lavada, publicamente, sem falsos pudores, dinamicamente. Em grupo. E, se no grupo há uma estrela, é a glória – vai para o centro da roda e... tome lá um *drycleaning* (lavagem a seco), que os povos antigos chamavam de "análise selvagem"... Percebem a profundidade?

Mas, no fim, tudo bem. TUDO BEM! De verdade, pode crer!

O que dá pra rir, dá pra chorar...

FEIRA *HIGH-TECH*
O fantástico show da tecnologia no país das Feiras High-tech *– maravilhas.*

O apresentador já não é o astro: muito menos (mas, muito menos mesmo) a platéia; o *show* é da **informática** e das **telecomunicações** (proibido celular **na platéia**) – alta tecnologia, sim senhor! De ponta! Última geração!

Pessoas não são importantes. Por que seriam, se está presente a parafernália do *datashow* e similares, jogando tudo no telão (gigantesco, – para enfatizar a nulidade da presença física do apresentador), em cores vivas e brilhantes de imagens fresquinhas, fabricadas na hora e carregadas de efeitos especiais fantasticamente virtuais?

Que importa se forem um pouco desvirtuadas!?

E a videoconferência, hein? hein?

Importa, sim, o tema – talvez não propriamente pelo conteúdo ou pela mensagem que transmite, mas pela plasticidade, pelo que se pode fazer com ele visual e auditivamente (enquanto o cheiro e o gosto não vêm).

High-tech! Pode levar a profundas reflexões sobre o domínio... da máquina... pelo homem.

SENTIMENTAL DEMAIS
Vamos todos ser felizes. OBA!

Às favas com a tecnologia! Somos pessoas, gente! Seres humanos! (Ao fundo, melodiosamente, quase num sussurro, *Feelings*, de Morris Albert.) Vamos ser felizes. A palavra mágica é...

E a fórmula, bem, a fórmula...

Aceita uma receita? Quem sabe um bom conselho? Olha como sou feliz.

Quem resiste a um apelo de felicidade? De sucesso, de realização pessoal? Mas, só se der para acreditar. Se puder ser sem mágicas, ilusionismo, prestidigitação, melhor. Quem sabe no caminho dos auto – autoconhecimento, autodesenvolvimento, auto-estima, autoconfiança etc. – com os pés no chão e de olho no funcionamento do cérebro e da mente?

FAZ-DE-CONTA
Era uma vez... o teatro da vida.

O participante é o ator. No palco – não da vida, mas, do teatrinho improvisado na sala de aulas. Representa um papel – não na vida, mas no *script* adredemente preparado, com algumas ações de improviso e falas livres, mas na obrigação de produzir, em tempo cronometrado, um resultado (obrigatoriamente mau, apesar das melhores intenções), que será escarafunchado, analisado, julgado e exposto à sanha dos circundantes em seus erros e deslizes, para mostrar **como não fazer** as coisas.

Vez por outra o protagonista funciona bem, consegue resultados invejáveis e arranca aplausos da platéia – um desastre para o apresentador: Como, então, corrigir os erros a que se propunha, se os erros não existem? E a dinâmica do curso, como fica?

Mas, isso é raro, muito raro. Afinal, os exercícios não são propostos (e maquiavelicamente preparados) para produzir e demonstrar erros?

Afinal, gente, é errando que se aprende (embora antigos gurus insistissem que o ideal era trabalhar os pontos fortes...).

CÁTEDRA
As universidades acabaram com os Catedráticos.
Onde mais poderiam ir os gurus?

Primeiro, o livro – *best-seller*, **Of Course**! Uma boa idéia (às vezes até mesmo inovadora, embora uma revisão de Aristóteles ainda costume dar ibope), alguma pesquisa de comportamento e opiniões, uma dose razoável de estatística, uma centena de depoimentos (só os favoráveis, pois não?), um bom recheio de rodeios e elucubrações... e um novo guru *is born* (e desponta um novo horizonte para a administração de empresas).

Daí, a inscrição num *bureau* agenciador de gurus e pé na estrada, com o respaldo de Harvard, da Ucla ou outras bem-votadas no momento.

De palestra em palestra, o modismo da temporada. Com direito a tapete vermelho, um belo púlpito num palco iluminado de primeira classe e uma platéia atenta e respeitável. Tudo muito solene e distinto, como convém.

Showman? Claro que não, mil vezes não! É o homem da cátedra, como nos bons e velhos tempos, ditando as regras – sempre repetindo a mesma aula, até o alvorecer da próxima plêiade.

Mas algumas sementes até germinam, pois a terra costuma ser da boa.

No frigir dos ovos (como se dizia nos vilarejos de antanho), pelo menos duas conclusões para estes comentários jocosos.

A primeira é que ainda se pode brincar com coisas sérias, sem perder o respeito e a compostura.

A segunda, bem, a segunda é que a forma dos cursos pode e deve ser um meio eficaz de enriquecimento do conteúdo – só é preciso não esquecer que um curso é apenas um meio de transmitir informações, organizar conhecimentos, propor práticas eficazes para o desenvolvimento de habilidades, gerar motivação e incentivar, incentivar, incentivar.

Só a **repetição do exercício pelo participante**, no seu cotidiano, poderá mudar comportamentos e atitudes e capacitá-lo realmente para o que se pretende. Dourar a pílula não a transforma em ouro.

Cursos são ferramentas essenciais – para municiar e estimular, e só isso podem prometer, qualquer que seja o método e a forma utilizada.

Se o *showman* municia e estimula, ótimo.

Se a descarga de adrenalina também o faz, ótimo.

Se a lavagem de roupa suja e as lágrimas dão novo alento, ótimo. Mas que não se transforme o meio em fórmulas mágicas que garantem o que não podem garantir.

E que não se esqueça de que o centro das atenções e a razão de ser do espetáculo é o **participante**.

É ele, sempre, a estrela do *show*.

Quando você participa de um curso, a estrela do *show* deve sempre ser **você**.

Uma Palavra Quase Final

Em nossas organizações convivem, hoje, lado a lado, a mais austera autocracia (ainda que gerando muitas vezes contínuos conflitos) e ambientes participativos e liberais que já despontam, prenúncio claro de que uma gerência por liderança autêntica é possível e se mostra evidentemente necessária para nos conduzir para o amanhã.

Ou para logo mais, à tardinha.

Convivendo com ambos os lados, autocracia e participação, então os gerentes de hoje, muitos deles formados há dez ou vinte anos, quando as acentuadas mudanças nos paradigmas do comportamento humano no trabalho apenas engatinhavam, mas ainda multiplicadores do estilo, influindo na formação dos novos gerentes.

Daí, provavelmente, a dificuldade de tantos gerentes e empresários em perceber claramente o estágio de transição: ainda ancorados na segurança do passado, focam sua percepção nos comportamentos antigos que ainda persistem à sua volta, fechando os olhos para tudo o mais, e afirmam para si mesmos:

"Não, nada mudou nas relações no trabalho. Tudo o que lemos nos jornais, nas revistas e nos livros, tudo o que pregam esses gurus a respeito de gerenciamento, são coisas ainda distantes, não são para o meu tempo. Talvez até aconteçam em outros países, com outra gente; aqui nada mudou e devo continuar com os mesmos procedimentos que me garantiram o emprego e sucesso até agora".

Outros, mais afoitos e menos conservadores, de olhos bem abertos, focam sua visão nos comportamentos "diferentes", "inusitados", "modernos", e se advertem: "É outro mundo, já estamos vivendo outra era. Preciso adaptar-me com urgência".

Esta é a transição – uma mistura de comportamentos e percepções, deixando grande parte dos gerentes e demais trabalhadores indecisos, confusos e inoperantes.

Alguns, acompanhando atentamente o processamento das mudanças, apostam firme num mundo realmente novo, com os novos comportamentos e estilos gerenciais absolutamente consolidados, tornando passado tudo o que vivemos e ainda presenciamos hoje. E vêem suas apostas confirmadas a cada dia, cada vez mais.

No Brasil, particularmente, ainda haverá espaço, por algum tempo, para o modelo antigo/atual em alguns setores de trabalho tipicamente braçal, embora com abrandamento progressivo do estilo gerencial e restrição contínua do próprio campo de trabalho. Mas, no que se refere aos setores de serviços e de trabalho intelectual, a história é bem outra: os conservadores não serão os sobreviventes de amanhã.

Já convivemos também com alguns efeitos dessa dicotomia: enquanto várias profissões vão sendo rapidamente extintas, sobretudo no trabalho braçal, tornando um grande número de habilidades profissionais absolutamente obsoletas, outras habilidades até então inexistentes, ou fracamente desenvolvidas, vão-se tornando cada vez mais necessárias e procuradas. O resultado imediato é, de um lado, um grande número de trabalhadores desempregados em função da inadequação de suas habilidades; do outro, empresas disputando, a peso de ouro, trabalhadores intelectuais para um volume de vagas que se torna cada vez maior.

Em meio a tudo isso, a luta das empresas pela adaptação e sobrevivência é pontilhada por medidas revolucionárias, pregadas pelos estudiosos da administração e implantadas, muitas vezes, entretanto, com precipitação, guiadas pelo pragmatismo e imediatismo da relação lucro/prejuízo.

A grande, e provavelmente necessária, ênfase que tem sido dada à globalização da economia e aos avanços tecnológicos, sobretudo na informática e telecomunicações, tem de certa forma mascarado a mudança maior no contexto social: a globalização dos costumes e transformações de paradigmas do comportamento humano – na sociedade, na família e, sobretudo, no trabalho.

Não deveríamos encarar, como muitos parecem fazer, a globalização da economia como a causa primária das transformações no mercado e alvo de todas as medidas de ajustamento. Talvez o enfoque devesse ser outro: a incansável curiosidade humana leva ao avanço tecnológico; este, por sua vez, pela ampla difusão de informações, desencadeia um processo de globalização de costumes e profundas alterações do comportamento humano – costumes globalizados significam expansão do consumismo, que cria campo fértil para rompimento de barreiras econômicas.

O homem é o princípio, o meio e o fim.

Quando, no processo de adequação da empresa à nova era, o homem é posto de lado, e ignorado como causa e conseqüência do processo de mudança, restringindo-se as medidas de adaptação aos ajustes estruturais e metodológicos, que são apenas sintomas e não atingem as verdadeiras causas das mudanças, **os resultados são freqüentemente desastrosos e mesmo caóticos**.

Como tem sido percebido por muitas empresas, e mesmo pelos pregadores de tais medidas salvadoras.

Algumas dessas medidas revolucionárias atingem em cheio o sistema gerencial.

Um exemplo claro, com conseqüência ainda em aberto, é a propalada redução de níveis hierárquicos. Foi das primeiras medidas que muitos empresários adotaram prontamente, ao ouvirem os gurus e redesenharem suas empresas. Reengenharia, *downsizing* e redução de níveis hierárquicos... uma fórmula mágica.

O problema é que a redução de níveis hierárquicos (de dez ou doze para quatro ou cinco, por exemplo) implica diretamente uma brusca alteração das relações no trabalho, exigindo, da maioria dos profissionais, uma boa aptidão para o autodesenvolvimento, pois necessitarão trabalhar em equipes, mais livres de controle, e entregues, muitas vezes, às suas próprias decisões.

O que acontece, na prática, é que tais funcionários foram treinados, durante toda sua existência profissional, a seguir determinações superiores, sob supervisão, acompanhamento e controle direto, sem muita opção de decisões próprias.

Esperar que um homem treinado durante anos para cumprir ordens se torne, da noite para o dia, um empreendedor, é esperar demais; no entanto, parece que isto é o que freqüentemente acontece: espera-se muito da capacidade de adaptação do homem. E sem qualquer apoio a ele.

Capacidade existe, e muita. Mas não na velocidade que se espera e com a ausência de erros e traumas que se acredita. Principalmente quando se trata de mudanças de paradigmas fundamentais, que envolvem atitudes e comportamentos carregados de fortes emoções.

Daí, fracasso. Pessoas perdidas, sem saber muito bem o que se espera delas e que rumo tomar.

O caminho está certo: redução dos níveis hierárquicos e adequação de relações trabalhistas. Mas é preciso antes, ou, pelo menos concomitantemente, treinar as pessoas e, principalmente, adequar o estilo gerencial às novas circunstâncias. O trabalho de equipe, com liberdade de ação, espírito empreendedor e autogerenciamento, passou a ser a tônica e, provavelmente, o melhor caminho, mas é incompatível com o atual estilo de chefias autocráticas.

São necessários hoje gerentes participativos que estimulem e despertem motivação; que descubram e indiquem o caminho; que tenham seguidores e não subordinados. Gerentes que liderem, conduzindo pelo comprometimento, e não apenas comandem militarmente, conduzindo pelas ordens unilaterais e pela obediência a elas.

Não significa isto que hoje não existam absolutamente líderes no Brasil. Que existem, existem, não temos dúvidas.

Todos conhecemos alguns, que podem, entretanto, ser contados no dedos. Imaginamos que outros estarão perdidos, contidos, escondidos por este Brasil afora.

Mas não precisamos, na época atual, apenas de alguns. Precisamos de muitos, de milhares – no lugar de cada gerente, de cada chefe, de cada político.

Não estamos falando de heróis. Muito menos de mitos ou símbolos. Não estamos falando dos grandes condutores de nações ou dos grandes benfeitores da humanidade.

Estamos falando do potencial do cidadão comum, do homem comum, da mulher comum. Daqueles homens e mulheres que coordenam trabalhos e conduzem grupos e equipes em busca de objetivos comuns; daqueles que representam classes ou pessoas.

Líderes de departamentos, líderes de empresas, líderes de equipes, líderes de classes, de turmas. Líderes ministros, líderes deputados, líderes senadores.

Líderes religiosos, governadores, prefeitos, vereadores. Professores líderes. Precisamos urgentemente de educadores líderes.

Em todos os lugares, em todos os níveis, em todas as classes, enfim, em toda a sociedade moderna, a liderança é necessária.

É preciso descobrir, estimular e formar líderes.

Quem sabe **você**?!

> "Podemos afirmar, com absoluta convicção, que nada de importante no mundo foi realizado sem paixão."
>
> *Georg Wilhelm*

Uma Palavra Final

Todos sonhamos. Todos podemos cultivar nossos sonhos. Todos podemos **VIVER** nossos sonhos.

Inclusive **VOCÊ**.

Felicidades!

"A princípio, as pessoas se recusam a acreditar que uma coisa nova e estranha pode ser feita; depois elas começam a ter esperança de que ela possa ser feita – então ela é feita e todo mundo se pergunta por que já não havia sido feita há séculos."

Francis H. Burnett

"Tudo se resume em mudar a própria cabeça."

John Lennon

**Afinal, O que é o Ser Humano
Senão uma Oficina de Sonhos?**

U·M·A O·F·I·C·I·N·A D·E S·O·N·H·O·S

Para contatos com o autor:

Tel./Fax: (31)3332-5133 ou (31)3295-0126
E-mail: estrategiapsicol@aol.com

Entre em sintonia com o mundo

QualityPhone:

0800-263311

Ligação gratuita

Qualitymark Editora
Rua Teixeira Júnior, 441 – São Cristóvão
20921-400 – Rio de Janeiro – RJ
Tel.: (21) 3860-8422
Fax: (21) 3860-8424

www.qualitymark.com.br
e-mail: quality@qualitymark.com.br

Dados Técnicos:

• Formato:	16×23cm
• Mancha:	12×19cm
• Fontes Títulos:	Belwe Cn BT
• Fontes Texto:	CG Ômega BT
• Corpo:	11
• Entrelinha:	13,5
• Total de Páginas:	328